会计师事务所执业行政监管案例
（上市业务卷）

KUAIJISHI
SHIWUSUO
ZHIYE XINGZHENG
JIANGUAN ANLI
SHANGSHI YEWU JUAN

戴琼　周艳 ○ 编

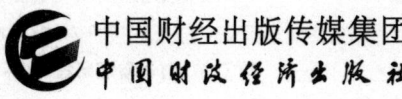

中国财经出版传媒集团
中国财政经济出版社

图书在版编目（CIP）数据

会计师事务所执业行政监管案例. 上市业务卷／戴琼，周艳编. ——北京：中国财政经济出版社，2023.7
ISBN 978-7-5223-2256-8

Ⅰ.①会… Ⅱ.①戴… ②周… Ⅲ.①会计师事务所－行政处罚法－案例－中国 Ⅳ.①D922.265

中国国家版本馆 CIP 数据核字（2023）第 094356 号

责任编辑：温彦君　　　　责任校对：徐艳丽
封面设计：智点创意　　　　责任印制：党　辉

会计师事务所执业行政监管案例（上市业务卷）
KUAIJISHI SHIWUSUO ZHIYE XINGZHENG JIANGUAN ANLI
(SHANGSHI YEWU JUAN)

中国财政经济出版社 出版

URL：http：//www.cfeph.cn
E-mail：cfeph@cfeph.cn
（版权所有　翻印必究）
社址：北京市海淀区阜成路甲 28 号　邮政编码：100142
营销中心电话：010-88191522
天猫网店：中国财政经济出版社旗舰店
网址：https：//zgczjjcbs.tmall.com
北京富生印刷厂印刷　各地新华书店经销
成品尺寸：170mm×240mm　16 开　16.25 印张　229 000 字
2023 年 7 月第 1 版　2023 年 7 月北京第 1 次印刷
定价：68.00 元
ISBN 978-7-5223-2256-8
（图书出现印装问题，本社负责调换，电话：010-88190548）
本社质量投诉电话：010-88190744
打击盗版举报热线：010-88191661　　QQ：2242791300

前　言

现阶段，会计师事务所是连接政府与企业的重要桥梁，是所有者与经营者之间的重要纽带，是独立于企业和政府之外的专业机构。会计师事务所一方面是国家对社会经济进行调控的具体执行者，国家通过制定相关法律法规、财政货币政策、金融税收制度等来实现对社会经济的调控，而会计师事务所的基本职能就是依据这些法律法规和政策制度对市场微观主体的经济行为和经营成果进行规范和调整，从而使国家意志在社会经济活动中得以实现，并最终实现资源的合理有效配置和"依法治国"；另一方面，会计师事务所也担负着塑造市场经济微观主体，规范企业经营管理活动的重要任务。注册会计师作为社会经济活动的监督者、企业经营管理活动的评价者、企业财务状况和经营成果的鉴证者，被形象地誉为"经济警察"和"经济裁判"，会计师事务所和注册会计师在评价市场经济中微观主体经营活动的效果和效率方面发挥着越来越重要的作用。

自1997年国家将国有企业的年终财务决算全部交由注册会计师审计后，在微观经济领域，会计师事务所的发展空间得以拓展，其社会监督职能得以加强；在宏观经济领域，国家也逐步扩大了会计师事务所对特定领域的专项活动审计监督，如加强了对科研课题经费的专项审计、财政资金绩效评价审计等，从而为注册会计师和会计师事务所参与宏观经济管理，促进国家宏观调控政策的具体落实创造了条件。

高质量的财务信息不仅对提高决策效率、增强市场信任度、促进经济繁荣发展至关重要，而且会直接影响宏观经济政策的制定和社会诚信体系的建设。随着会计师事务所和注册会计师在社会经济监督中作用的不断凸显，财政部和注册会计师行业协会也在不断加强和规范对会计师事务所和注册会计师的执业管理，在完善执业准则体系、规范执业底稿要求、压实职业道德准则、加大违规惩处力度等方面做了许多卓有成效的工作，出台了大量的规范性文件，力求提高审计质量，防范审计风险，减少审计失败给经济社会带来的负面影响。国际会计师联合会（International Federation of Accountants）在2021年发布的《实现高质量的审计》一文中指出，"数据表明，审计总体上是成功的。从全球范围来看，重大审计失败的数量和比例极低，不能因为个别事件，而放大审计存在的问题"；同时强调，"审计行业也应当高度重视审计失败带来的负面影响，严肃对待自身的公众利益角色，持续提高审计质量。"

当下正面临国外地缘政治冲突升级、国际环境更趋复杂严峻和不确定；国内经济发展面临需求收缩、供给冲击、预期转弱三重压力，社会经济发展形势尤其严峻。会计师事务所和注册会计师作为财务会计信息质量的重要"看门人"，一旦失责，将会使这些有瑕疵甚至是失实的财务会计信息流向市场和社会，给依赖这些信息作出决策的有关各方带来巨大风险，同时也不可避免地会给行业本身带来不可估量的信誉损失。2022年12月，北京注册会计师协会中小会计师事务所发展促进委员会（以下简称"中小所专委会"）发布的《北京地区中小会计师事务所发展状况与信息化建设调研报告》表明，占被调查对象64.24%的中小会计师事务所最期望中小所专委会为其发展提供执业风险防范，在各项预期中高居首位。这充分表明会计师事务所已经充分意识到执业风险防范对事务所长期持续稳定发展，以及注册会计师自身社会地位和社会声誉的重要作用。

《关于进一步规范财务审计秩序 促进注册会计师行业健康发展的意见》（国办发〔2021〕30号）要求注册会计师行业紧抓质量提升主线，守住诚信操守底线，筑牢法律法规红线。监管不是以惩罚为目的，但监管一定能为会计师事务所和注册会计师的执业风险防范提供保障并引发深刻反思。他山之石，可以攻玉。为此，笔者收集了近年来监管部门对事务所进行行政监管的经典案例，分别按照上市业务和非上市业务进行分类，并将其按照"事务所内部管理存在的问题""违反职业道德的情形""初步业务活动中存在的问题""未履行必要审计程序和获取充分审计证据""发表审计意见类型不当或披露不当""审计工作底稿或审计档案保管存在的问题"六大专题进行了整理。为更好地呈现案例原貌，让读者更容易从中获得第一手资料，笔者最大程度地保留了案例原有内容及案情分析，并将案例来源链接置于文后，便于读者检索查阅。

2023年3月14日，财政部印发的《注册会计师行业诚信建设纲要》明确指出，要"抓好诚信警示教育，健全警示教育制度，创新警示教育方式，适时编发违法失信案例和审计失败典型案例集，持续开展诚信教育现场教学、反面案例进继续教育课堂活动，建立健全以案说德、以案说规、以案说法、以案说责机制。"本书作为行业监管经验和会计师事务所完善内部管理的重要借鉴，旨在贯彻《注册会计师行业诚信建设纲要》精神，落实"以案说德、以案说规、以案说法、以案说责"，帮助注册会计师明底线、受警醒、知敬畏，提高风险防范能力，降低执业风险。希望本书的出版能对中小会计师事务所加强审计质量管理，完善内部控制制度起到重要的促进和推动作用。

在此，对相关监管部门的广泛支持和帮助，以及原案例来源表示感谢！

感谢财政部会计司和中国注册会计师协会领导们的关怀和鼓励，感谢北京注册会计师协会领导们的直接关心和支持，感谢中国财政经济出版社领导和编辑的大力支持！

戴琼

2023 年 5 月

目　录

第一章　事务所内部管理存在的问题 …………………………………（ 1 ）
　【案例01】　签字注册会计师未参与现场审计等问题 …………（ 1 ）
　【案例02】　内部治理、质量控制和独立性等存在问题 ………（ 7 ）

第二章　违反职业道德的情形 …………………………………………（ 12 ）
　【案例03】　未保持应有的职业怀疑等问题 …………………（ 12 ）
　【案例04】　未勤勉尽责等问题 …………………………………（ 15 ）
　【案例05】　审计独立性缺失等问题 ……………………………（ 19 ）
　【案例06】　未勤勉尽责和保持应有的职业怀疑等问题 ………（ 33 ）

第三章　初步业务活动中存在的问题 …………………………………（ 42 ）
　【案例07】　风险评估程序执行不到位等问题 …………………（ 42 ）
　【案例08】　未严格执行审计计划等问题 ………………………（ 47 ）
　【案例09】　重大错报风险评估错误等问题 ……………………（ 51 ）
　【案例10】　与前任注册会计师沟通不到位等问题 ……………（ 55 ）
　【案例11】　未合理利用专家工作等问题 ………………………（ 58 ）
　【案例12】　业务承接审批早于业务承接评价表等问题 ………（ 67 ）

第四章　未履行必要审计程序和获取充分审计证据 …………………（ 71 ）
　【案例13】　货币资金审计程序缺失或证据不充分等问题 ……（ 71 ）

【案例14】 未对内部控制重要环节执行穿行测试等问题 …………（74）
【案例15】 审计证据的生成日期晚于审计报告出具日等问题
　　　　　………………………………………………………（81）
【案例16】 实施函证（或替代测试）程序不到位等问题 ………（84）
【案例17】 收入和成本审计程序执行不到位等问题 ……………（93）
【案例18】 未执行截止测试（或执行不到位）等问题 …………（96）
【案例19】 未对业务管理系统实施相应审计程序等问题 ………（99）
【案例20】 公允价值变动损益审计程序执行不到位等问题 ……（106）
【案例21】 未对在建工程及借款费用资本化执行充分、适当的
　　　　　审计程序等问题 ……………………………………（111）
【案例22】 存货监盘程序执行不到位等问题 ……………………（116）
【案例23】 未识别出收入存在舞弊风险等问题 …………………（123）
【案例24】 内部控制测试程序存在重大缺陷等问题 ……………（128）

第五章　发表审计意见类型不当或披露不当 …………………（135）
【案例25】 审计报告发表的审计意见不当 ………………………（135）
【案例26】 与持续经营相关的重大不确定性披露不恰当等问题
　　　　　………………………………………………………（140）
【案例27】 未披露已识别的重大期后事项等问题 ………………（142）

第六章　审计工作底稿或审计档案保管存在的问题 …………（144）
【案例28】 审计工作底稿记录不恰当等问题 ……………………（144）
【案例29】 审计工作底稿存在错漏等问题 ………………………（147）
【案例30】 审计工作底稿缺失等问题 ……………………………（151）

附录　会计师事务所执业行政监管案例（上市业务卷）涉及法律
　　　法规及制度具体条款 …………………………………………（156）

第一章

事务所内部管理存在的问题

【案例01】签字注册会计师未参与现场审计等问题

案例简介：

2022年3月30日，JS监管局发布行政监管措施决定书，对HM会计师事务所（普通合伙）（以下简称"HM所"）及注册会计师谢某丽、杨某、常某媛、雷某臣因签字注册会计师没有参与现场审计工作等问题采取责令改正监管措施。

案例分析：

HM所在对MS股份有限公司（以下简称"*STMS"）相关鉴证业务执业过程中存在以下问题：

一、相关签字注册会计师没有参与现场审计工作

谢某丽作为公司鉴证业务的项目合伙人，自项目承接以来一直在境外，不能提供本人参与*STMS相关审计及鉴证工作，以及对审计项目进行指导、监督与执行的相关证据。签字注册会计师常某媛不能证明本人在签

署 HM 核字〔2021〕第 006 号、HM 审字〔2021〕第 119 号报告前进行现场审计工作，也未能提供其对审计项目进行指导、监督与执行的相关证据。

上述行为违反了《中国注册会计师审计准则第 1121 号——对财务报表审计实施的质量管理》第二十九条、第三十一条的规定。

二、业务承接程序执行不恰当

一是 HM 所与*STMS 的业务约定书未签署日期，于 2021 年 6 月 30 日出具了 HM 审字〔2021〕第 113 号报告。*STMS 于 2021 年 7 月 5 日公告董事会、监事会关于聘任 HM 所的议案。该议案 2021 年 7 月 21 日方经股东大会审议通过，HM 所未经*STMS 管理层决策即为其开展证券服务业务并出具报告。

上述行为违反了《中国注册会计师审计准则第 1111 号——就审计业务约定条款达成一致意见》第五条的规定。

二是在前任注册会计师对 2020 年财务报表发表无法表示意见且未取得前任注册会计师书面回函的情况下，HM 所认为管理层在重大会计、审计等问题上与前任注册会计师不存在意见分歧。

上述行为违反了《中国注册会计师审计准则第 1153 号——前任注册会计师和后任注册会计师的沟通》第七条、第十条的规定。

三、风险评估程序存在重大失误

一是在*STMS 上年度财务报表被出具无法表示意见，涉及前期差错更正对财务报表的影响，应收账款、合同资产余额的可回收性及减值准备计提的充分性，商誉未计提减值的合理性，大额其他应收款的商业实质及可回收性，内部控制的有效性等多项重大事项。HM 所仅将非经营性资金占用识别为重大错报风险领域，未识别并评估公司可能存在的其他重大错报风险，导致 HM 审字〔2021〕第 113 号报告的差错更正范围存在明显遗漏。

上述行为违反了《中国注册会计师审计准则第 1211 号——通过了解被审计单位及其环境识别和评估重大错报风险》第七条的规定。

二是在计划和执行公司 2020 年度财务报表会计差错更正后专项审计工作中，HM 所未确定财务报表整体及实际执行的重要性。

上述行为违反了《中国注册会计师审计准则第1221号——计划和执行审计工作时的重要性》第十条、第十一条的规定。

四、进一步审计程序存在重大缺陷

（一）未对公司内部控制有效性进行测试

HM所未执行与公司内部控制有效性相关的审计程序，但在HM核字〔2021〕第006号报告中，认可公司"2020年度财务报表审计报告中描述的内控重大缺陷已消除"的结论。

上述行为违反了《中国注册会计师审计准则第1231号——针对评估的重大错报风险采取的应对措施》第八条的规定。

（二）审计工作底稿严重缺失

HM所对*STMS涉及的前期差错更正事项发表意见，报告所附公司差错更正专项说明中明确列示了差错更正涉及2016年至2020年的报表科目调整情况。对涉及的2016年至2018年差错更正事项，未见HM所编制相关审计工作底稿。对2019年差错更正，HM所仅对货币资金执行了审计程序，未见应收账款、营业收入、应付职工薪酬等科目审计工作底稿。对2020年差错更正及报表审计，未见存货、长期应收款、营业成本、管理费用等科目审计工作底稿。HM所在对公司2021年半年报问询函的回复中称，对差错更正涉及的重要科目执行了访谈、分析、重新计算等审计程序，但未见相关审计工作底稿。

上述行为违反了《中国注册会计师审计准则第1101号——注册会计师的总体目标和审计工作的基本要求》第三十条、《中国注册会计师审计准则第1131号——审计工作底稿》第八条的规定。

（三）重要科目无审定明细表、无调整事项分析说明

*STMS在差错更正专项说明中明确列示了各科目调整前金额、调整金额、调整后金额，但审计工作底稿中未见相关科目调整前金额、审定金额及明细，未见关于差错更正事项的分析说明。如在HM审字〔2021〕第113号报告审计工作底稿中，对*STMS本部货币资金差错更正事项，无货币资金审定明细表，无货币资金各期差错对应关联方资金占用、虚构应收

账款回款的勾稽分析情况。在HM审字〔2021〕第119号、HM审字〔2021〕第124号、HM审字〔2021〕第125号报告审计工作底稿中，对*STMS子公司JDYL有限公司（以下简称"JDYL"）2016年至2020年收入差错更正事项，无营业收入、应收账款、合同资产等科目审定明细表，无各科目调整明细及分析，未将差错更正事项与取得的原始单据复印件进行勾稽核对。

上述行为违反了《中国注册会计师审计准则第1101号——注册会计师的总体目标和审计工作的基本要求》第三十条的规定。

（四）货币资金审计程序执行不当

一是货币资金函证程序执行不到位。对HM审字〔2021〕第113号报告，在*STMS货币资金科目存在重大错报的情况下，HM所仅对7家银行进行函证，函证金额仅占会计差错更正后货币资金余额的55%。对HM审字〔2021〕第119号报告，函证结果汇总表中显示全部回函，但底稿中未见部分银行询证函；函证过程控制记录不完整，未对函证地址、联系方式进行核对，部分银行函证未见回函快递单。

上述行为违反了《中国注册会计师审计准则第1312号——函证》第十二条、第二十一条的规定。

二是未关注货币资金异常情况。HM所取得的某银行A支行（即公司公告存在资金占用的账户）的银行对账单无银行盖章，HM所未关注该异常，未对该账户与公司账面记录进行双向核对，未执行进一步审计程序验证该银行存款准确性。

上述行为违反了《中国注册会计师审计准则第1301号——审计证据》第十一条、第十五条的规定。

（五）应收账款函证程序存在缺陷

一是HM所在HM审字〔2021〕第119号、HM审字〔2021〕第124号报告中，对公司2016年至2020年的会计差错发表鉴证意见，在收入存在大额差错情况下，未函证收入金额或应收账款发生额，未函证2019年及以前年度应收账款余额。二是HM所未记录函证样本的抽样标准、抽样过程，未见对抽样风险的应对过程。三是审计工作底稿中未见对函证保持控制的过程记录，如未核对公司提供的被函证单位地址信息是否与公开信息一致、未记录发函过程等。四是对部分应收款项发函或回函日期晚于报告日期、部分函证未收到回函的，未执行替代测试。五是针对部分回函不符的，未执行进一步审计程序。

上述行为违反了《中国注册会计师审计准则第1314号——审计抽样》第十五条、第十六条，《中国注册会计师审计准则第1312号——函证》第十三条、第十四条、第十九条、第二十一条的规定。

（六）未对收入会计差错更正取得充分适当的审计证据

一是公司对收入差错更正采取了结算当年调整和追溯调整两种不同方法，若统一为同一种调整方法，将对不同年度收入金额产生较大影响。HM所认可公司上述会计处理，但审计工作底稿中未记录采取不同调整方法的理由，未评估不同调整方法对财务报表的影响。二是客户访谈程序执行不当，审计工作底稿中仅归档了对部分客户访谈的视频截图，未记录访谈内容及客户反馈情况，未记录访谈结论，无法证实视频访谈的有效性。

上述行为违反了《中国注册会计师审计准则第1301号——审计证据》第十条的规定。

（七）商誉减值取得的审计证据不充分

公司大幅调减JDYL2016年至2020年收入及利润，同时对并购JDYL产生的商誉在2020年全额计提减值。HM所在对深圳证券交易所问询函的回复（HM核字〔2021〕第016号）中披露，JDYL在业绩承诺期（2016年至2018年）的业绩完成率仅为10.05%。HM所未关注2020年以前年度商誉是否存在明显减值迹象、是否需要补提商誉减值准备，审计工作底稿中所附2020年度商誉减值测试目的相关评估报告基于会计差错更正前财务数据作出，且评估报告已过期。针对2020年商誉减值，HM所未复核公司管理层的工作，未评价商誉减值所依据评估报告的管理层专家的胜任能力、未评价专家工作的恰当性，未核实评估范围及评估结论的合理性、评估假设和方法的恰当性、重要评估参数的准确性。

上述行为违反了《中国注册会计师审计准则第1301号——审计证据》第十条、第十二条的规定。

五、质量控制复核程序执行不到位

审计工作底稿中未见项目质量复核人员的复核记录。

上述行为违反了《中国注册会计师审计准则第1121号——对财务报表审计实施的质量管理》第三十四条的规定。

六、不恰当利用其他会计师事务所人员的工作

HM所在 *STMS鉴证项目中大量利用其他会计师事务所人员的工作，由其他会计师事务所合伙人深度参与鉴证工作，由其他会计师事务所人员担任项目经理。

上述行为违反了《中华人民共和国注册会计师法》第二十二条、第三十二条的规定。

谢某丽作为前述五个报告的签字注册会计师，对上述违规行为负有主要责任。杨某作为HM审字〔2021〕第113号报告签字注册会计师，对相关工作负有主要责任。常某媛作为HM审字〔2021〕第113号之外的四个报告的签字注册会计师，对相关工作负有主要责任。雷某臣作为前述五个报告的质量复核人员，对相关工作负有主要责任。

HM所存在上述多项执业问题，未勤勉尽责，未就上年度无法表示意见涉及事项影响是否已消除、前期会计差错更正事项是否完整准确获取充分审计证据。

上述行为违反了注册会计师法、注册会计师执业准则等多项规定，也违反了《上市公司信息披露管理办法》（证监会令第182号）第四十五条、第四十六条的规定。根据《上市公司信息披露管理办法》（证监会令第182号）第五十五条的规定，JS监管局决定对HM所采取责令改正的监督管理措施。

案例来源：

http://www.csrc.gov.cn/jiangsu/c103901/c2252312/content.shtml

【案例02】内部治理、质量控制和独立性等存在问题

案例简介：

2023年3月9日，SZ专员办发布行政监管措施决定书，对AD会计师事务所（特殊普通合伙）（以下简称"AD所"）因内部治理、质量控制及独立性等问题采取出具警示函的监督管理措施。

根据《中华人民共和国证券法》有关规定，SZ专员办牵头对AD所内部治理、质量控制、独立性及以下项目进行了检查：

一是BLX能源科技股份有限公司（以下简称"BLX"）2021年财务报表审计项目（报告文号：AD审字〔2022〕第2260号）；

二是GK集团股份公司（以下简称"GK"）2021年财务报表和内部控制审计项目（报告文号：AD审字〔2022〕第2078号、第2079号）。

案例分析：

AD所在对BLX 2021年财务报表审计项目（报告文号：AD审字〔2022〕第2260号）和GK 2021年财务报表和内部控制审计项目（报告文号：AD审字〔2022〕第2078号、第2079号）相关执业过程中存在以下问题：

一、内部治理、质量控制及独立性存在的问题

（一）内部治理存在的问题

一是总分所财务一体化管理执行不到位，部分分所未将业务收入归集到专用账户。二是人力资源质量控制执行不到位，存在部分合伙人在外部机构执业甚至兼任关键管理人员、部分后勤行政人员从事审计工作的情形。三是业务信息管理控制执行不到位，部分项目在信息系统中的报告复核和盖章申请审批完成日晚于审计报告日。四是监控质量控制执行不到

位,对部分新入伙的合伙人未开展内部巡检督导。五是计提补充执业风险金的执行标准不统一。六是未按规定和年度考核结果进行利润分配。

上述行为不符合《会计师事务所内部治理指南》第四十八条、第六十一条、第六十四条、第六十七条,《质量控制准则第5101号——会计师事务所对执行财务报表审计和审阅、其他鉴证和相关服务业务实施的质量控制》第三十一条、第四十四条、第四十六条、第六十三条的规定。

(二)质量控制存在的问题

一是业务承接和计划阶段,部分项目在承接与审批环节未遵循不相容岗位分离控制,部分项目的业务风险评估程序执行不规范,部分项目签字注册会计师未按规定取得内部执业资格证书即被委派执业。二是项目完成阶段,部分项目的审计总结分析工作执行不到位,部分项目未预留充足的复核时间,部分项目存在各级复核均未发现审计程序不到位或缺失、审计底稿存在多处明显错误或缺失的情形,部分项目组未恰当处理复核意见即出具审计报告。

上述行为不符合《质量控制准则第5101号——会计师事务所对执行财务报表审计和审阅、其他鉴证和相关服务业务实施的质量控制》第三十一条、第四十一条、第四十七条、第四十八条、第五十一条的规定。

(三)独立性存在的问题

部分项目组的独立性申报程序执行不到位。

上述行为不符合《质量控制准则第5101号——会计师事务所对执行财务报表审计和审阅、其他鉴证和相关服务业务实施的质量控制》第三十一条、第三十六条、三十七条的规定。

二、项目执业质量存在的问题

(一)BLX项目

1. 风险评估程序执行不到位。未充分了解公司及环境,在风险评估底稿中关于BLX关键客户、重要供应商的情况和研究开发活动记录不准确。

上述行为不符合《中国注册会计师审计准则第1211号——通过了解被审计单位及其环境识别和评估重大错报风险》第二十九条的规定。

2. 控制测试执行不到位。一是未对审计计划阶段纳入内部控制审计范围的全部主体实施了解和测试。二是对采购与付款循环、固定资产及投资循环测试控制运行的有效性时，获取的审计证据不足以评价控制在整个财务报表期间是否得到一贯执行。

上述行为不符合《中国注册会计师审计准则第1231号——针对评估的重大错报风险采取的应对措施》第八条、第十二条、第十四条、第二十八条、第二十九条的规定。

3. 实质性程序执行不到位。一是检查程序不充分，对银行存款、存货、应付职工薪酬、收入、销售费用、研发费用的部分检查程序未获取支持性证据或获取的支持性证据不具有充分性和适当性，对收入、存货的截止测试流于形式。二是询问程序不充分，部分重要客户的访谈记录缺少受访人签字和所在公司盖章。三是函证程序不充分，对银行存款、应收款、其他应收款、长期应收账款、存货的部分函证程序存在未按照审计准则要求发函、未保持对函证的有效控制、未恰当处理回函的不符情况、核实函证对象收件地址和联系人的程序不充分、未按照审计计划合理实施替代测试等问题。四是重新计算程序不充分，未对应付职工薪酬计提数进行测算和勾稽，存货与成本数据勾稽不一致未见底稿说明原因。五是分析程序不充分，在部分收入、成本、管理费用相关数据存在异常或分析程序得出的结论与获取的审计证据相矛盾的情况下，未追加必要的审计程序。

上述行为不符合《中国注册会计师审计准则第1231号——针对评估的重大错报风险采取的应对措施》第二十条、第二十七条、第二十八条、第三十条，《中国注册会计师审计准则第1301号——审计证据》第十条、第十三条、第十五条，《中国注册会计师审计准则第1312号——函证》第四条、第十三条、第十四条、第十九条、第二十一条、第二十三条，《中国注册会计师审计准则第1313号——分析程序》第五条、第七条的规定。

4. 质量控制执行不到位。一是独立性声明不完整。二是项目复核不充分，项目合伙人未充分复核重大事项和重大判断等重点审计领域。三是项目经理对不予函证的说明理由做出的复核意见不符合审计准则规定。四是审计报告在出具前，未充分按照复核意见完善审计程序和审计底稿。

上述行为不符合《中国注册会计师职业道德守则第4号——审计和审阅业务对独立性的要求》第四条、第五条，《中国注册会计师审计准则第1121号——对财务报表审计实施的质量控制》第二十九条、第三十条、第三十一条的规定。

(二) GK项目

1. 财务报表审计存在的问题。

(1) 未识别收购YT科技股份有限公司（以下简称"YT"）会计处理错报。GK收购YT，未对后续49%、5%、3%少数股东股权收购义务确认金融负债，不符合《企业会计准则第37号——金融工具列报》第十一条的规定，AD所未能识别上述错报。

上述行为不符合《中国注册会计师审计准则第1501号——对财务报表形成审计意见和出具审计报告》第十三条的规定。

(2) 收入审计程序执行不到位。一是截止测试执行不到位。AD所以开票时点测试卫教云业务收入是否存在跨期，但是该业务收入确认时点为出售产品及服务提供完毕并验收后，截止测试依据与收入确认政策不符。二是访谈获取的审计证据可靠性不足。AD所在对代理商访谈时获取的"账户由代理客户使用确认表"存在缺少开户人签字确认和同一开户人签字笔迹不一致等异常情况，未保持关注。

上述行为不符合《中国注册会计师审计准则第1301号——审计证据》第十条、第十五条的规定。

(3) 舞弊审计程序执行不到位。AD所未对管理层凌驾于控制之上的舞弊风险执行针对性程序，包括会计分录测试、复核会计估计偏向等。

上述行为不符合《中国注册会计师审计准则第1141号——财务报表审计中与舞弊相关的责任》第三十三条的规定。

(4) 往来账款函证替代测试执行不到位。AD所在对预付账款、其他应收款、其他应付款函证进行替代测试时，仅记录期初余额和借贷发生额，未见获取并查看相关审计证据的记录。

上述行为不符合《中国注册会计师审计准则第1312号——函证》第

十九条的规定。

（5）底稿记录不完善。细节测试普遍未记录抽样方法，且未就获取的审计证据进行详细记录；负债完整性审计底稿未归档；部分成本和交易性金融资产底稿存在信息缺失；货币资金审计底稿中未见第三方流水导出记录；收入函证替代测试及异常情况说明记录不清晰；银行回函归档不完整；部分底稿索引不清晰等。

上述行为不符合《中国注册会计师审计准则第1131号——审计工作底稿》第十条的规定。

2. 内部控制审计存在的问题。

（1）控制测试程序设计及执行不恰当。一是部分控制测试中，AD所以实质性程序执行结果判断内控设计和执行有效性，而非管理层是否有效设计并执行相关控制。二是部分控制测试执行不到位，AD所在检查采购交易是否有询价或招标记录、付款与合同规定是否一致时，测试样本凭证后附附件中无询价招标记录和采购合同，未执行进一步审计程序。

（2）控制测试时间范围不恰当。销售与收款循环、筹资与投资循环等控制测试中未就12月样本执行控制测试。

（3）底稿记录不完善。与管理层凌驾于控制之上的风险相关的控制测试未归档，部分底稿索引不清晰等。

上述行为不符合《企业内部控制审计指引》第十五条、第十七条，《中国注册会计师审计准则第1131号——审计工作底稿》第十条，《中国注册会计师审计准则第1231号——针对评估的重大错报风险采取的应对措施》第十条、第十六条的规定。

AD所的上述行为违反了中国证监会《上市公司信息披露管理办法》（证监会令第182号，以下简称《管理办法》）第四十五条、第四十六条的规定。根据《管理办法》第五十五条的规定，SZ专员办决定对AD所采取出具警示函的监督管理措施。

案例来源：

http：//www.csrc.gov.cn/szzyb/c101700/c7243832/content.shtml。

第二章

违反职业道德的情形

【案例03】未保持应有的职业怀疑等问题

案例简介：

2022年5月24日，JS监管局发布行政监管措施决定书，对JC会计师事务所（特殊普通合伙）（以下简称"JC所"）及注册会计师林某、徐某因在执业过程中未保持应有的职业怀疑采取出具警示函的监督管理措施。

案例分析：

JC所在对ZT科技股份有限公司（以下简称"ZT"）2020年度财务报表审计项目执业过程中存在以下问题：

一、未对信息系统数据准确性保持应有的职业怀疑

ZT互联网广告业务的财务核算高度依赖公司自身信息系统数据，公司客户和供应商的业务数据均通过API接口与公司信息系统对接。JC所对ZT信息系统核查的底稿显示，JC所无法对信息系统中公司客户和供应商运营数据的真实性、准确性和完整性进行验证。在此基础上，JC所依赖公

司做出的没有修改 API 参数的承诺，未对公司信息系统数据的可靠性及准确性保持合理怀疑。

上述行为不符合《中国注册会计师审计准则第 1101 号——注册会计师的总体目标和审计工作的基本要求》第二十八条的规定。

二、未对部分推广链接异常保持应有的职业怀疑

ZT 主要从事互联网效果类广告的营销和推广，公司在信息系统中记录了广告内容的推广链接。JC 所在审计过程中，通过点击链接的方式对互联网广告推广情况进行了穿透核查。JC 所对推广链接未成功打开的情况未保持应有的职业怀疑、未实施进一步审计程序，且在审计底稿中未予以完整记录。

上述行为不符合《中国注册会计师审计准则第 1101 号——注册会计师的总体目标和审计工作的基本要求》第二十八条，《中国注册会计师审计准则第 1131 号——审计工作底稿》第十条的规定。

三、未对函证程序保持必要的控制

ZT 互联网广告业务的客户和供应商注册地址均在境外。JC 所在审计过程中，对公司与 22 家客户和供应商的业务往来情况进行了函证，除一家公司的发函地址在境外，其他 21 家公司的发函地址均为境内地址，且相关地址主要由公司提供。JC 所未关注函证地址的异常，未对全部客户和供应商函证地址的准确性获取充分、适当的审计证据，无法保证回函真实可靠。同时，JC 所未将核实公司提供的部分被函证单位联系人和函证地址的过程完整记录在审计底稿中。

上述行为不符合《中国注册会计师审计准则第 1312 号——函证》第十四条，《中国注册会计师审计准则第 1131 号——审计工作底稿》第十条，《中国注册会计师审计准则第 1301 号——审计证据》第十条、第十一条和第十五条的规定。

JC 所的上述行为不符合中国注册会计师执业准则的有关要求，违反了《上市公司信息披露管理办法》（证监会令第 40 号）第五十二条、第五十三条的规定。林某、徐某作为签字注册会计师，对上述违规行为负有主要

责任。根据《上市公司信息披露管理办法》（证监会令第 40 号）第六十五条的规定，JS 监管局决定对 JC 所采取出具警示函的监督管理措施，并记入证券期货市场诚信档案。

案例来源：

http://www.csrc.gov.cn/jiangsu/c103901/c3214133/content.shtml。

【案例04】 未勤勉尽责等问题

案例简介：

2022年5月26日，GD监管局发布行政处罚决定书，对ZJ会计师事务所（特殊普通合伙）（以下简称"ZJ所"）及注册会计师陈某和马某山因未勤勉尽责等问题予以责令ZJ所改正，没收业务收入130万元，并处以130万元罚款；对陈某、马某山给予警告，并分别处以3万元罚款。

案例分析：

ZJ所在对RT实业股份有限公司（以下简称"RT实业"）年报审计执业过程中存在以下问题：

一、ZJ所在RT实业2018年年度审计时未勤勉尽责

（一）应收账款科目风险应对程序存在缺陷

在风险识别与评估阶段，ZJ所将应收账款列为认定层次的重大错报风险，且列为特别风险，并制定了相应的审计方案。在实施过程中，实质性程序存在以下缺陷：

第一，未对第三方代付应收账款的异常情况保持职业怀疑。审计期间，ZJ所获知JH贸易有限公司（以下简称"JH贸易"）等三家已注销客户的应收账款将分别由FH化工助剂有限公司、JG鞋业有限公司（以下简称"JG鞋业"）两家公司代为偿付。ZJ所在对两家代付方公司进行走访过程中，获取了代付人与被代付人"实属同一家公司"与二者为"关联企业"或者"生意上的朋友关系"等相互不一致的审计证据，未能对第三方代付应收账款的异常情况保持合理的职业怀疑，就代付人与被代付人之间的真实关系、代付款的原因、代付义务的成立时点等商业实质方面追加必

要的审计程序,获取充分、适当的审计证据。

第二,未对函证实施过程保持控制。ZJ所选择以现场发函方式对HW塑胶实业有限公司、WLH塑胶制品有限公司两家已注销客户进行函证,但将询证函在现场走访时交给其代付方公司JG鞋业,之后直接从RT实业财务总监处取得回函。

上述行为不符合《中国注册会计师审计准则第1101号——注册会计师的总体目标和审计工作的基本要求》第二十八条,《中国注册会计师审计准则第1301号——审计证据》第十条、第十五条和《中国注册会计师审计准则第1312号——函证》第五条、第十四条的规定。

(二)关联方事项风险应对程序存在缺陷

在风险评估与识别阶段,ZJ所将关联方关系、资金占用及违规担保列为财务报表层次的重大错报风险,且列为特别风险,并制定了相应的审计方案。在实施过程中,ZJ所识别出可能表明存在管理层以前未向注册会计师披露的关联方关系或交易的安排或信息,但未确定相关情况是否能够证实关联方关系或关联方交易的存在。

第一,RT实业与供应商的资金往来金额显著超过采购金额,存在超出正常经营过程的重大交易。RT实业2018年对HT塑胶有限公司(以下简称"HT塑胶")、ZY农资有限公司(以下简称"ZY农资")、YJ农资有限公司(以下简称"YJ农资")三家供应商付款金额高达审计底稿所记录采购金额的5.8倍;在无销售业务的情况下,RT实业2018年对三家供应商收款金额高达采购金额的3.51倍;RT实业对因上述异常资金往来构成供应商占用资金计提了利息收入。ZJ所在审计过程中发现了上述异常情况,但未能保持职业怀疑,进一步获取充分、适当的审计证据。其中,针对付款金额的异常情况,ZJ所仅在审计底稿中做出预付货款和供应商转贷的定性解释,未执行计算复核上述原因导致的具体金额等进一步审计程序,以对上述付款原因的真实性及合理性获取充分、适当的审计证据;针对收款金额的异常情况,ZJ所未予以应有关注,未实施审计程序对上述收款的性质和原因进行核实;针对三家供应商对RT实业构成大额资金占用的异常情况，ZJ 所仅确认资金占用利息的金额，未能执行进一步审计程序对大额资金占用的性质及合理性获取充分、适当的审计证据。

第二，函证程序明显失控。ZJ 所对 HT 塑胶、YJ 农资、ZY 农资三家供应商分别现场走访并发函，其后收到邮寄回函。但 ZJ 所未从被函证单位处直接取得回函，回函寄件人为 RT 实业财务总监，寄件地址为 RT 实业办公地址。ZJ 所也未对三家供应商回函快递单号一致的异常情况保持职业怀疑，未对回函地址、回函人身份及回函快递路径进行核对。

第三，采购与付款循环内控测试存在明显异常迹象。针对 RT 实业采购业务中"请购、采购合同、入库、发票、入库记账、付款"等内部控制活动，ZJ 所在内控测试中执行了审计抽样，合计抽取了 41 个样本，涉及 HT 塑胶、YJ 农资、ZY 农资三家供应商的样本共 20 个，其中有 18 个样本存在"采购付款金额显著大于采购合同和发票金额""付款日期早于采购合同签订日期"等明显异常，剩余 21 个样本中则仅有 2 个样本存在异常，且样本的采购金额相对较小，异常性相对不明显。ZJ 所未对上述样本异常情况保持职业怀疑，并进一步获取审计证据以消除疑虑。

此外，RT 实业采购业务中"针对预付款项实施定金制度、比例付款管理，建立预付账款台账管理制度，对大额或长期预付款项，定期进行追踪核查，分析占款合理性"等内部控制活动实际并未运行，ZJ 所未对上述内部控制活动执行风险评估、内控测试等审计程序，其关于上述内部控制活动得到执行并有效运行的审计结论，缺乏充分、适当的审计证据。

二、ZJ 所出具的 RT 实业 2018 年年度审计报告存在虚假记载

经另案查明，RT 实业 2018 年度通过虚构 JH 贸易等三家已注销客户的销售回款，虚增利润 1 224.69 万元，占 2018 年年报披露利润总额的 6.87%，导致 2018 年年报存在虚假记载。RT 实业在 2018 年度累计向 ZY 农资、HT 塑胶、YJ 农资等关联方采购原材料入库金额 41 903.02 万元（不含税），占 RT 实业 2018 年年报披露净资产的 13.16%，公司未按规定在 2018 年年报中披露上述关联交易情况。

ZJ 所作为 RT 实业 2018 年度财务报表的审计机构，出具了标准无保留

意见的审计报告，并已收取审计费用 130.00 万元，签字注册会计师为陈某、马某山。

上述行为不符合《中国注册会计师审计准则第 1101 号——注册会计师的总体目标和审计工作的基本要求》第二十八条，《中国注册会计师审计准则第 1323 号——关联方》第八条、第十六条、第十七条、第二十二条，《中国注册会计师审计准则第 1312 号——函证》第五条、第十四条，《中国注册会计师审计准则第 1231 号——针对评估的重大错报风险采取的应对措施》第八条、第十条和《中国注册会计师审计准则第 1301 号——审计证据》第十条、第十五条的规定。

ZJ 所及相关人员在为 RT 实业 2018 年度财务报表提供审计服务过程中未勤勉尽责，所出具的审计报告存在虚假记载，上述行为违反了《中华人民共和国证券法》（2005 年修正版）第一百七十三条的规定，构成《中华人民共和国证券法》（2005 年修正版）第二百二十三条所述的"证券服务机构未勤勉尽责，所制作、出具的文件有虚假记载、误导性陈述或者重大遗漏"的行为。签字注册会计师陈某、马某山是对上述违法行为直接负责的主管人员。

根据当事人违法行为的事实、性质、情节与社会危害程度，依据《中华人民共和国证券法》（2005 年修正版）第二百二十三条的规定，GD 监管局决定：

（1）责令 ZJ 所改正，没收业务收入 130 万元，并处以 130 万元罚款。

（2）对陈某、马某山给予警告，并分别处以 3 万元罚款。

案例来源：

http://www.csrc.gov.cn/guangdong/c104558/c3008971/content.shtml

【案例 05】 审计独立性缺失等问题

案例简介：

2022年2月25日，中国证监会发布行政处罚决定书，对TT会计师事务所（以下简称"TT所"）因审计独立性缺失等问题予以责令改正，没收TT所业务收入197.03万元，处以1 182.18万元的罚款，并暂停从事证券服务业务1年；对吴某堂给予警告，并处以100万元的罚款；对刘某斌给予警告，并处以50万元的罚款；对刘某辉给予警告，并处以30万元的罚款。

案例分析：

TT所在对WY实业投资控股股份有限公司（以下简称"*STWY"）审计执业过程中存在以下问题：

一、审计独立性缺失

（一）承诺对*STWY2019年度财务报表不出具否定或无法表示意见的审计报告并约定或有费用

2020年2月初，刘某辉向吴某堂推荐*STWY2019年年度财务报表审计业务，2月24日，刘某辉通过微信将*STWY年度财务报表审计业务《2018年报无法表示意见问题及处理思路》和《600145STWY2019-05-09审计报告》等相关资料发给吴某堂，同时称"2019年年报不能出具无法表示意见及否定意见报告，可以使（是）保留意见"，吴某堂回复"知道，我这边商量一下"。吴某堂初步了解后，有了承接*STWY2019年年度财务报表审计业务的意愿。3月10日，吴某堂决定通过TT所承接*STWY2019年年度财务报表审计业务，草拟了业务约定书并发送给刘某辉，随后吴某堂和刘某辉就业务约定书的条款进行了讨论、修改。同日，*STWY时任董事长黄某和刘某辉要求吴某堂出具"承诺函"（即《审计业务约定书补充协议》），承诺不对*STWY2019年度财务报表出具否定或无法表示意见的审计报告，吴某堂也反过来提出要求若TT所受到处罚，*STWY需对TT所进行补偿。3月17日，刘某辉将《审计业务约定书补充协议》发给吴某堂，吴某堂在《审计业务约定书补充协议》中补充了要求*STWY继续聘请TT所为2020年年报审计机构以及*STWY要对TT所可能面临的处罚进行赔偿相关内容，并将修改后的《审计业务约定书补充协议》发给了刘某辉。3月26日，吴某堂打印了*STWY2019年《业务约定书》和《审计业务补充约定书》，加盖了TT所公章并交给黄某，黄某当天加盖了*STWY公司印章，并将双方用印的版本返还给吴某堂。双方签署《审计业务补充约定书》主要内容如下："一、乙方（TT所）知晓甲方（*STWY）2018年会计师事务所审计意见中所述问题的原因，并与甲方一起协调讨论确定了后附的《2018年报无法表示意见问题及处理思路》；二、甲方按照后附的《2018年报无法表示意见问题及处理思路》提供审计所需要的资料和文件，全力配合乙方完成审计工作；三、在甲方满足上述第二条的情况下，乙方承诺不会出具否定或无法表示意见的审计报告；四、如果因为甲方原因，导致出具了否定或无法表示意见的审计报告，甲方应按《审计业务约定书》的条款正常支付相应的审计费；五、如果在甲方满足上述第二条的情况下，乙方还是出具了否定或无法表示意见的审计报告，甲方有权不支付相关的审计费，并可要求乙方赔偿等额的审计费；六、如果在甲方满足上述第二条的情况下，乙方出具了非否定或无法表示意见的审计报告，甲方承诺继续聘请乙方作为2020年度年报审计机构，乙方和甲方一起持续、健康、稳定、向上共同成长；七、如乙方因出具非否定或无法表示意见的审计报告导致乙方及签字注册会计师受到监管部门处罚的，则甲方应赔偿乙方及签字注册会计师因处罚的损失，包括罚金及名誉损失费50万元，以及法律诉讼损失。"*STWY与TT所于2020年3月26日签订《审计业务补充约定书》，TT所承诺对*STWY2019年度财务报表不出具否定或无法表示意见的审计报告。

(二) 承诺对因签字导致的行政处罚给予赔偿

刘某斌于 2020 年 8 月 5 日与 TT 所签订劳动合同，2020 年 8 月 23 日申请将注册会计师执业关系转到 TT 所，在原拟签字注册会计师拒绝签署*STWY 相关审计报告后，吴某堂与刘某斌沟通签署*STWY 相关年度财务报表审计报告事宜，要求刘某斌签署*STWY 相关审计报告，刘某斌担心签署*STWY 相关审计报告会被行政处罚，要求 TT 所出具承诺书，对可能导致的行政处罚给予其补偿。2020 年 8 月 25 日，吴某堂将加盖 TT 所公章的承诺书扫描版通过微信发给刘某斌，承诺书主要条款如下"感谢你作为 WY 实业控股股份有限公司 2018 年度、2019 年度审计报告签字注册会计师所做的大量工作，对此事务所承诺：1. 如此审计报告给你带来行政处罚的罚款，由事务所承担所有罚款。2. 如果此审计报告给刘某斌带来严重的行政处罚（行业禁入），事务所会给您人民币 30 万元作为经济补偿……4. 审计报告签字费在收到审计费后会按规定时间支付给你，没有收到审计费本年也一定支付。项目组绩效工资在此审计报告接受证监局质量检查结束后支付。"

(三) 承诺支付居间费

TT 所通过刘某辉承接*STWY 年度财务报表审计业务。2020 年 8 月 27 日，刘某辉方拟定了书面居间协议，协议对居间业务的相关费用作了进一步明确。协议主要包容包括"一、委托事项：1. 乙方（HSC 贸易有限公司）接受甲方（TT 所）委托，居间引荐甲方和*STWY 洽谈，并最终促成甲方与*STWY 签订《审计业务约定书》。2. '居间成功'是指甲方与*STWY 签订书面的审计业务约定，并完成委托事项。""四、居间报酬的计算方法、支付时间和支付方式：1. 本项目居间报酬为甲方与*STWY 所签业务约定书总额的 20%。截至 2020 年 8 月 27 日，所签业务约定书的总额为 2 750 000.00 元（贰佰柒拾伍万圆整），产生居间报酬为 550 000.00 元（伍拾伍万圆整）"。该协议因吴某堂团队在审计期间被隔离在外地未能签署，吴某堂团队回本地后，TT 所该项目被监管部门检查，刘某辉未与吴某堂补签书面协议，截至 2021 年 4 月 30 日，TT 所尚未收到全部审计费用，居间费用也未支付。

（四）违规修改审计报告内容导致出具的审计报告存在虚假记载和重大遗漏

1. TT 所更改 HZY2018 年净资产审计报告的审计意见类型。2020 年 7 月下旬，*STWY 年度财务报表审计原拟签字注册会计师、项目经理在完成 HZY2018 年度财务报表审计工作后，拟对 HZY2018 年净资产审计项目出具保留意见的审计报告，刘某辉和黄某明确表示不能接受 TT 所对 HZY2018 年净资产审计项目出具保留意见。在刘某辉、黄某施压下，吴某堂要求该注册会计师更改审计意见。最终该注册会计师辞职，TT 所更换签字注册会计师，在未执行进一步审计程序以消除保留意见产生基础的情况下，最终更改 HZY2018 年净资产审计项目审计意见类型。

2. TT 所根据相关方要求删除审计报告中重要内容。2020 年 5 月 24 日，HZY 与某市自然资源局签署《某市××市场用地规划调整开发协议》（以下简称"开发协议"），约定 HZY 对某市××市场进行规划调整并重新开发。根据开发协议，如果 HZY 2020 年 8 月 24 日前未拆除完毕，视为 HZY 放弃开发，某市自然资源局收回土地使用权，如 HZY 原产权证书办理了抵押手续，也应该在 2020 年 7 月 20 日内办理解抵押手续。TT 所在审计报告资产负债表日后事项中提及"HZY 于 2020 年 6 月开始拆迁，终止房屋出租、场地使用权出租业务，拆迁重建阶段，××市场预期开发期间经营活动产生的现金流为负数。拟取得投资方相关安排尚未形成明确协议，导致其结果具有不确定性"。但未就开发协议中关于 8 月 24 日前未拆除完毕，视为 HZY 放弃开发，自然资源局收回土地使用权和强制性要求解除抵押的事项予以披露。经查，TT 所在审计报告初稿中，拟对开发协议进行完整披露，但在黄某、刘某辉的要求下，删除了关于"8 月 24 日前未拆除完毕，视为 HZY 放弃开发，自然资源局收回土地使用权"部分内容。

3. TT 所关于*STWY2018 年度和 2019 年度财务报表审计报告复核工作

实际上依赖刘某辉团队完成。刘某辉团队深度参与*STWY2018年度和2019年度财务报表审计报告的复核工作，并直接修改审计报告相关内容。刘某辉团队、TT所团队和黄某建有关于*STWY2018年度和2019年度财务报表审计报告复核的微信群，群成员包括TT所吴某堂、刘某斌等人，刘某辉及其团队成员以及*STWY黄某，由刘某辉团队在群内提出修改意见或直接修改，TT所团队根据意见修改审计报告。

上述行为不符合《中国注册会计师职业道德守则第1号——职业道德基本原则》第十条、第十一条、第十三条，《中国注册会计师审计准则第1101号——注册会计师的总体目标和审计工作的基本要求》（2019）第二十条、第二十五条、第二十六条、第二十七条，《中国注册会计师审计准则第1111号——就审计业务约定条款达成一致意见》（2016）第五条、第九条，《中国注册会计师职业道德守则第3号——提供专业服务的具体要求》第三十条、第三十三条，《中国注册会计师职业道德守则第4号——审计和审阅业务对独立性的要求》第一百五十九条，《中国注册会计师执业准则第1332号——期后事项》第九条、第十条、第十一条，《中国注册会计师审计准则第1121号——对财务报表审计实施的质量控制》第三十三条、第三十四条、第三十五条、第四十条的规定。

二、TT所出具的文件存在虚假记载和重大遗漏

经证监会另案查明，*STWY2018年和2019年年度报告存在虚假记载和重大遗漏。TT所于2020年3月26日与*STWY签订《审计业务约定书》，承接*STWY2019年度财务报表审计业务。2020年8月3日，*STWY召开股东大会，通过了聘请TT所为公司年度财务报表审计机构并予以公告，2020年7月25日至8月31日因疫情原因，TT所审计团队被隔离在外地。2020年9月TT所与*STWY重新签订2018年《审计业务约定书》（2020-证字001号）、2019年《审计业务约定书》（2020-证字002号）、2019年《审计业务约定书》（2020-证字003号）、2019年《审计业务约定书》（2020-证字004号），负责对*STWY2018年和2019年年度财务报表以及某市HZY投资有限责任公司（*STWY子公司，以下简称"HZY"）2018

年净资产、2019年年度财务报表进行审计。2020年8月25日，TT所对*STWY2018年和2019年年度财务报表出具了带保留意见的审计报告，对HZY2018年净资产审计项目和2019年年度财务报表出具了标准无保留意见审计报告，截至2021年4月22日，TT所已向*STWY开具了发票并收到*STWY支付的审计费199万元（含税，税率1%）。

三、收入审计存在严重缺陷

（一）协助修改租金抵账协议，审计程序存在严重缺陷

HSZY有限公司（以下简称"HSZY"）、HZY、*STWY三方签署《租金抵账协议》，其中约定*STWY子公司HZY将ABC市场的房产出租给HSZY，以抵偿*STWY欠HSZY的款项。2019年12月31日，HZY根据发票确认租赁收入130万元。经查，该《租金抵账协议》于2020年年报审计期间倒签，协议未约定租赁的具体房产，HSZY既未实际租赁ABC市场房产，也未对相关房产进行管理转租或收到转租租金，协议未实际履行，相关债务未抵销。根据相关审计工作底稿，TT所审计人员在第一次现场审计中，发现公司该笔租金收入只有发票，公司无法提供合同并拒绝配合实施现场走访程序，存在重大异常，并进行了调减，同时记录在底稿中并经吴某堂复核，吴某堂也发现了公司针对该笔收入仅存在发票未提供相关合同异常情形。在第二次现场审计中，吴某堂协助*STWY修改租金抵账协议，要求HZY和相关方尽快盖章，并据此在审计报告中确认了HZY该笔2019年租金收入130万元。

（二）未实施充分审计程序核实贸易收入真实性

*STWY子公司YYHJ系*STWY2018年和2019年贸易收入主体。2018年5月，YYHJ分别与SBTZ有限公司（以下简称"SBTZ"）、AXSM商贸有限公司（以下简称"AXSM"）签署铁精粉采购与销售合同。YYHJ根据上述采购与销售合同，分别确认2018年、2019年营业收入1 338.54万元、212.66万元。

TT所审计人员在第一次现场审计中发现*STWY贸易收入存在重大异常，存在贸易收入对应的采购方与销售方的工商注册地址一致；在账上看

到有相应的存货，但在实物盘点时却没有相应的存货等异常情况，且公司财务人员离职、变动较大，提供给项目组的收入确认资料不齐备，建议调减该收入。第二次现场审计时，在风险评估中对收入已识别存在重大错误风险和特别风险情况下，未实施特别审计程序获取比第一次现场审计更有效证据，原拟签字注册会计师明确提出调减*STWY2018年和2019年贸易收入的意见。后续实施了函证程序，但仍然存在重大缺陷（详见下文关于函证程序部分）。签字注册会计师更换为刘某斌后，刘某斌称其在签署报告前复核底稿未发现相关问题，签署报告后整理底稿时发现关于YYHJ铁精粉销售收入仅获取了发票，但是没有合同、发货单、结算单，并要求公司补充提供合同、发货单、结算单，但公司只提供了合同和2019年的结算单，发货单和2018年的结算单直至2021年4月30日仍未获得，因审计报告已经出具，刘某斌修改了底稿。签字注册会计师吴某堂签署报告前对于审计底稿中记录的事项未认真复核，对原拟签字注册会计师提出的意见未予以采纳。TT所在相关收入存在舞弊风险情况下未进一步实施审计程序以核实其真实性，确认了*STWY2018年和2019年有关YYHJ的贸易收入。

（三）未实施必要审计程序核实物业费收入真实性

经另案调查，某市DSY物业服务有限公司（以下简称"DSY"）2019年物业费收入合同安排明显不合理，不符合收入确认条件。一是2019年1月1日至2019年8月29日，DSY不是会计核算的主体。DSY于2019年8月30日设立，根据《企业会计准则——基本准则》，设立的企业才能成为会计核算的主体，才能进行会计确认、计量、记录和报告。二是根据HZY与DSY签订的《物业管理委托合同》，从2019年11月18日开始，HZY才将ABC市场委托DSY管理，2019年1月1日至2019年11月17日，DSY无权委托某市HTD物业服务有限公司（HZY原股东实际控制，以下简称"HTD"）代管ABC市场。三是2019年12月31日倒签协议约定2019年委托经营管理不具有合理性。针对上述情况，原拟签字注册会计师明确提出DSY2019年物业费收入属于合同安排、财务造假，不同意确认该收入，如果*STWY坚持确认该笔收入，要在审计报告中将该事项列为保留事项，该注册会计师的意见吴某堂知悉并进行了讨论；刘某斌未关注合同签署时间，但关注该收入无对应的成本，也对该收入提出过质疑，并要求HTD补充出具了说明，说明由HTD承担物业管理成本、发票由HTD向商户开具。至本案调查时，HTD尚未将物业费款项支付给DSY。

最终，TT所仅在HTD补充出具由HTD承担物业管理成本的情况说明后，认可*STWY确认相关收入，没有实施必要的审计程序以及发表恰当的审计意见。

（四）未实施充分审计程序核实保理业务收入

2019年12月，*STWY子公司SZ市YY科技有限公司（以下简称"YY科技"）受*STWY委托，与DF商业保理有限公司（以下简称"DF公司"）签订保理合同，约定将*STWY享有的2.38亿元债权作价2.66亿元转让给DF公司。*STWY在收到7590万元应收债权转让款后，又通过孙公司HBJS科技发展有限公司（以下简称"HBJS"）以产品采购款和对外借款的形式转出上市公司。

TT所在第二次现场审计中发现*STWY2019年7590万元保理资金在收到后以预付账款和其他应收款的形式转出，并将预付账款调整至其他应收款，TT所仅获取了保理合同、委托付款协议、与所转让债权相关的民事判决书、收款单据，对资金来源和去向以及交易的商业实质存疑，认为存在与债务人串通舞弊风险并明确提出了需进一步执行向债务人核实的程序。但是TT所在函证程序存在瑕疵的情况下（详见下文关于函证程序部分）未保持职业怀疑，最终并未进一步执行审计程序核实该笔营业外收入的真实性，未发现*STWY虚增营业外收入。

（五）修改、删除审计底稿

针对*STWY贸易收入问题，负责收入科目审计的项目组成员在第一次现场审计时对*STWY子公司YYHJ2019年的贸易收入存疑，认为未获取充分适当的审计证据，不认可其收入确认，并记录于底稿中。签字注册会计师刘某斌出报告前没有关注，在整理底稿时才发现。为掩盖审计中发现的问题，修改了底稿，并要求公司补充提供合同和结算单（2018 年的结算单未提供）。审计底稿中多处审计说明和审计结论相互矛盾，如 2019 年应付账款替代测试表底稿中记录审计说明："已检查合同、发票、结算单，未发现异常，对期初余额进行检查未发现异常，详见 2018 - FD2 - 5 - 1"；审计结论："由于未获取充分适当的审计证据，无法证实应付账款的真实、准确"。2018 年应付账款替代测试表底稿中记录审计说明："已检查合同、发票、结算单，未发现异常，对期初余额进行检查未发现异常，详见 2018 - FD3 - 1 - 2"；审计结论："由于未获取充分适当的审计证据，无法证实应付账款的真实、准确"。上述问题表明 TT 所在期后整理底稿时，修改部分底稿，但未来得及全面删改底稿。

综上，TT 所明知 * STWY 收入存在舞弊或重大错报风险，却未执行充分的审计程序以核实其真实性，即在审计中予以认可，并在审计报告日后补充审计程序，为掩盖审计中发现的问题修改审计底稿，导致审计报告存在虚假记载。

TT 所上述行为不符合《中国注册会计师审计准则第 1101 号——注册会计师的总体目标和审计工作的基本要求》第二十八条，《中国注册会计师审计准则第 1131 号——审计工作底稿》（2016）第十五条，《中国注册会计师审计准则第 1141 号——财务报表审计中对舞弊的相关责任》（2010）第二十四条、第三十三条，《中国注册会计师审计准则 1211 号——通过了解被审计单位及其环境识别和评估重大错报风险》第二十八条、第二十九条、第三十条，《中国注册会计师审计准则 1301 号——审计证据》第十条，《中国注册会计师审计准则 1323 号——关联方》第十六条，《中国注册会计师审计准则 1501 号——对财务报表形成审计意见和出具审计报告》（2019）第十二条的规定。

四、函证程序存在缺陷

（一）未对应收账款、应付账款函证保持控制

TT 所审计底稿记录，YYHJ 因向 AXSM 销售铁精粉形成应收账款，2019 年 12 月 31 日和 2018 年 12 月 31 日余额分别为 6 043 893.50 元、

3 577 016.70元。YYHJ底稿"应收账款函证结果汇总表"记录被审计单位因疫情原因未能盖章询证，函证程序无法实施，通过电子邮件函证的形式替代，并附有邮箱地址为"'某信'53×××486@qq.com"的肯定性回函（邮件回复时间2020年7月30日晚上9：45）以及询证函的扫描件，底稿中未记录发出邮箱的信息，也未记录核实"某信"53××××486@qq.com邮箱地址为AXSM所有的过程。

TT所审计底稿记录，YYHJ因向SBTZ采购铁精粉形成应付账款，2019年12月31日和2018年12月31日余额分别为4 566 968.92元（含调整前运费金额为4 797 847.92元）、2 0793 50.96元。YYHJ底稿"应付账款函证结果汇总表"记录被审计单位因疫情原因未能盖章询证，函证程序无法实施，已实施替代程序，并附有邮箱地址为"'某北'53×××11@qq.com"的肯定性回函（邮件回复时间2020年7月30日晚上8：53）以及询证函的扫描件，底稿中未记录发出邮箱的信息，也未记录核实"某北"53×××11@qq.com邮箱地址为SBTZ所有的过程。

TT所通过邮箱函证替代函证，但是函证前并未向公司获取邮箱地址并核实其真实性，而是将吴某堂的邮箱给了*STWY。收到邮箱回复函证情况后，也未核实回复函证邮箱的真实归属，未关注到询证函金额存在错误且对方予以确认的情况。在出具审计报告后，补充实施函证程序时，仍然通过*STWY将函证给到SBTZ和AXSM，未对函证过程实施有效控制。

（二）其他应收款函证程序执行不恰当

TT所其他应收款审计底稿记录，截至2019年12月31日，应收ZYQK国家贸易有限公司（以下简称"ZYQK"）1.6亿元、RZZF货物代理有限公司（以下简称"RZZF"）9 000万元、TJQY塑料制品有限公司（以下简称"TJQY"）5 000万元、ZSY科技有限公司（以下简称"ZSY科技"）3 000万元。时任*STWY监事、YYHJ法定代表人李某安排非*STWY人员黄某1与TT所审计人员吴某校对接，黄某1安排林某杰与吴某校对接具体事宜，黄某1和林某杰未在*STWY及其下属公司任职，办公地址在A区某大厦南塔11楼某投资公司，自称以前与*STWY有合作，并代管YY

科技和 AMDY 科技有限公司（*STWY 子公司，以下简称"AMDY"）、HBJS 公章、账务资料、税务登记系统账号密码、网银等资料。林某杰向吴某校提供了 ZYQK 等四家公司的联系方式和联系地址，TT 所审计人员根据林某杰提供的联系地址发出了快递。2020 年 7 月 29 日，吴某校收到了林某杰从 A 区××北路 4002 号某酒店发来的快递，内容为 ZSY 科技的回函。2020 年 7 月 29 日 18：04 吴某校通过微信向林某杰进行了确认并进一步要求林某杰帮忙提供其余三家未回函的联系方式，后来吴某校收到了 ZYQK、RZZF 的回函，快递单显示都是 2020 年 8 月 11 日上午寄出的，未收到 TJQY 的回函。吴某校未与 ZYQK 这四家公司的函证联系人联系过。

TT 所发现提供函证联系人、联系方式及联系地址的黄某 1、林某杰非*STWY 员工的异常情况，未保持职业怀疑；发现黄某 1、林某杰代管 YY 科技和 AMDY、HBJS 公章、账务资料、税务登记系统账号密码、网银等资料的异常情况，未保持职业怀疑；从林某杰处获取四家拟函证公司的联系人、联系方式及联系地址，未核实函证联系人的真实身份；发出函证后，从林某杰处收到 ZSY 科技回函并与林某杰进行了确认，林某杰确认由其寄出而非函证对象寄出，未对回函的真实性保持怀疑，也未将上述异常情形予以记录。

（三）营业外收入函证程序执行不恰当

TT 所营业外收入审计底稿记录，2019 年*STWY 将享有的 2.38 亿元债权作价 2.66 亿元转让给 DF 公司，并在收到 7 590 万元应收债权转让款后，确认为营业外收入。TT 所对 DF 公司和 BSYW 科技有限公司（以下简称"BSYW"）实施了函证程序。

TT 所根据林某杰提供的 DF 公司和 BSYW 联系人、联系方式及联系地址进行函证，关注到林某杰提供的 BSYW 与 DF 公司的函证地址一致的异常情形未保持职业怀疑，发现 BSYW 的函证地址和其注册地址不一致的异常情形，仅向林某杰确认，未向函证对象确认其身份，也未将函证中发现的异常情况记录在底稿中。

综上，TT 所在对*STWY 审计的函证工作中，对 YYHJ 应收账款、应付账款函证失去控制,执行*STWY其他应收款和营业外收入的函证程序时,对存在的多处异常情况未予以应有的关注,未执行进一步审计程序消除异常情况,也未将异常情况在底稿中记录,导致审计报告存在虚假记载。

上述行为不符合《中国注册会计师审计准则第1312号——函证》第十四条、第十七条、第十八条、第十九条、第二十一条、第二十三条的规定。

五、投资性房地产审计存在缺陷

*STWY聘请ZZ资产评估有限公司(以下简称"ZZ评估")对HZY2018年12月31日和2019年12月31日全部股东权益价值进行了评估,2020年8月26日ZZ评估出具了相关资产评估报告。2020年8月,*STWY召开董事会,决定自2019年1月1日起对投资性房地产的后续计量模式由成本计量模式变更为公允价值计量模式。同月,*STWY在披露2019年年报的同时对2018年报表数据进行了差错更正,将原计入固定资产及无形资产的HZY房屋建筑物及土地使用权,调整确认为投资性房地产,并根据2019年底基准日的评估报告,确认2019年度投资性房地产公允价值变动收益2 231.13万元。根据另案调查,ZZ评估相关资产评估报告涉嫌按照预设值倒轧,重要参数存在明显问题。

TT所在利用ZZ评估的工作时,未考虑ZZ评估出具的相关报告使用的重要假设的合理性,未对评估报告中参数设置进行有效复核。TT所抽查了部分物业进行租金价格比对,但选取的物业信息数量较少且与ABC市场不具有可比性,未关注到评估机构设定单位租金价格显著高于实际,空置率参数设置显著低于实际。TT所依赖评估机构ZZ评估出具的评估报告,未对*STWY投资性房地产的核算获取充分、适当的审计证据即对相关会计处理予以认可,导致未能发表恰当的审计意见。

上述行为不符合《中国注册会计师审计准则1421号——利用专家的工作》第九条、第十三条、第十四条的规定。

六、未能准确获取与识别*STWY关联方关系

*STWY2019年财务报告中披露的其他应付款——关联方往来期初数为8 659 733.12元,期末数为20 785 425.40元,*STWY其他应付款底稿中非合并范围内关联方（底稿FJ1）期初审定数为8 600 628.91元,期末审定数为8 813 212.91元。关于*STWY2019年财务报告其他应付款关联方往来期末数与*STWY底稿中其他应付款期末审定数差异较大的原因,TT所方解释是因为编制底稿时未将HSZY等主体列示为关联方,在编制合并报表时又将HSZY等主体错误作为关联方披露,导致2019年年报中其他应付款关联方交易期初数和期末数包含的关联方不一致,吴某堂对上述情况表示"我不清楚具体情况"。上述情况表明,TT所未能准确获取与识别*STWY关联方关系,导致2019年度财务报表审计报告中期初与期末关联方认定口径前后不一致,进而导致*STWY2019年年报中其他应付款关联方交易信息披露错误。

上述行为不符合《中国注册会计师审计准则1323号——关联方》第十一条、第二十九条的规定。

七、质量控制存在缺陷

TT所*STWY年度财务报表审计项目原质量控制复核人在复核*STWY年度财务报表审计项目后拒绝签字,由项目签字注册会计师吴某堂同时担任质量控制复核人。签署审计报告前,吴某堂未审阅完底稿,没有发现审计报告存在的问题;刘某斌仅复核了审计报告和实质性底稿的电子版,没有完整复核所取得的审计证据。TT所复核工作流于形式,对于发现的异常没有保持职业怀疑,未执行进一步审计程序以核实相关业务真实性,最终在相关审计人员拒绝签字、审计团队被隔离期间未完成审计程序的情况下,出具了*STWY相关审计报告。

综上,TT所未按规定执行复核程序,审计报告签发前注册会计师未按规定履行复核职责,也未经独立项目质量控制复核人员复核等行为不符合《中国注册会计师审计准则第1121号——对财务报表审计实施的质量控制》第三十条、第三十一条、第三十三条、第三十四条、第三十五条、

第四十条和《中国注册会计师审计准则第 1301 号——审计证据》第十条的规定。

证监会认为,TT 所在对 *STWY2018 年、2019 年年度财务报表审计过程中未勤勉尽责,未能实施充分、必要的审计程序并获取充分、适当的审计证据以对财务报表形成恰当审计意见,出具的审计报告存在虚假记载和重大遗漏,情节严重。TT 所的行为违反了《中华人民共和国证券法》第一百六十三条的规定,构成《中华人民共和国证券法》第二百一十三条第三款的情形。

吴某堂为 *STWY2018 年和 2019 年年度财务报表审计项目的项目合伙人、签字注册会计师,刘某斌为该项目签字注册会计师,二人是 TT 所出具相关审计报告存在虚假记载的直接负责的主管人员。刘某辉作为注册会计师,向 TT 所推介审计业务并约定居间费用,影响 TT 所发表审计意见,直接参与并组织人员参与 *STWY 相关审计报告复核工作,协助 TT 所出具相关审计报告,是上述行为的其他直接责任人。

根据当事人违法行为的事实、性质、情节与社会危害程度,依据《中华人民共和国证券法》第二百一十三条第三款的规定,证监会决定:

(1) 对 TT 所责令改正,没收 TT 所业务收入 197.03 万元,处以 1 182.18 万元的罚款,并暂停从事证券服务业务 1 年;

(2) 对吴某堂给予警告,并处以 100 万元的罚款;

(3) 对刘某斌给予警告,并处以 50 万元的罚款;

(4) 对刘某辉给予警告,并处以 30 万元的罚款。

案例来源:

http://www.csrc.gov.cn/csrc/c101928/c2346843/content.shtml。

【案例06】未勤勉尽责和保持应有的职业怀疑等问题

案例简介：

2022年7月12日，中国证监会发布行政处罚决定书，对XCGH会计师事务所（特殊普通合伙）（以下简称"XCGH所"）因未勤勉尽责和保持应有的职业怀疑等问题予以责令改正，没收业务收入108.49万元，并处以216.98万元罚款；对姚某春、赵某红、白某盈给予警告，并分别处以30万元罚款。

案例分析：

XCGH所在对BBL股份有限公司（以下简称"BBL"）提供审计服务时存在以下问题：

BBL对外披露的2018年度财务报告虚增当年期末银行存款737 975 363.28元，占期末总资产的24.38%；虚增营业收入141 640 334.31元，占对外披露营业收入的17.25%；虚增利润总额53 791 660.78元，占对外披露利润总额的24.67%；未如实披露其他非流动资产报表项目预付工程款3.3亿元。

BBL对外披露的2019年度报告虚增当年期末银行存款1 097 554 969.81元，占期末总资产的34.93%；未如实披露其他非流动资产报表项目预付工程款3.3亿元。

BBL 2018年年度财务报表审计工作起初由XCGH所的A分所（以下简称"A分所"）开展，2019年2月下旬，鉴于存在BBL始终不配合在银行自助柜员机上打印银行对账单、贸易交易业务缺乏实物流转记录等现场审计问题，导致A分所无法获取充分适当的审计证据。A分所决定退出

BBL审计项目，并将现场审计发现的问题及A分所决定退出BBL项目的想法通过电话向XCGH所首席合伙人姚某春进行了汇报。A分所将现场审计遇到的问题总结形成了《BBL项目现场审计情况说明》（以下简称《现场情况说明》），该《现场情况说明》姚某春、赵某红、白某盈均阅知，同时2018年BBL年度财务报表审计期间，白某盈将《现场情况说明》传达给了项目组成员。

2019年2月27日，XCGH所风险管理与质量控制委员会会议（姚某春主持）决定变更BBL审计项目合伙人为赵某红。2019年3月初，A分所退出BBL的2018年年度审计工作，由XCGH所总部（以下简称"总部"）继续承做BBL 2018年年度财务报表审计项目，签字注册会计师更换为赵某红、白某盈。

2019年10月29日，XCGH所风险管理与质量控制委员会会议决定，总部继续担任BBL 2019年年度财务报表审计机构，签字注册会计师为赵某红、白某盈，项目经理为白某盈。

XCGH所为BBL 2018年至2019年的年度审计机构，对BBL 2018年度、2019年度财务报表出具了标准无保留意见的审计报告。

一、XCGH所在BBL 2018年年度财务报表审计中未勤勉尽责

（一）XCGH所在对货币资金的审计中未勤勉尽责的情况

在2018年年度财务报表审计中，对货币资金的审计XCGH所违反审计准则的规定，未保持应有的职业怀疑，未从银行获取BBL基本户的银行存款对账单，也未采取有效的替代审计程序，未考虑审计受限对审计意见的影响，未有效控制函证过程，未获取银行存款真实性相关的充分适当的审计证据，未能将审计风险降低至可接受的水平，以至于未能发现虚增基本户银行存款的舞弊行为。XCGH所将货币资金存在性认定的固有风险评估为高风险以及XCGH所在对货币资金的审计中未勤勉尽责的具体情况如下：

1. XCGH所将货币资金存在性认定的固有风险评估为高风险，计划重点审计，基本户为关键银行账户，A分所提示了银行基本户审计方面的

风险。

2. 在对货币资金循环的内部控制审计中，XCGH 所未保持应有的职业怀疑，未关注到职责不分离的内控缺陷。

3. 在 A 分所项目组遇到 BBL 不配合打印对账单等审计范围受限情形下，XCGH 所未能消除审计受限的影响，未采取有效的替代审计程序，未评价审计受限可能对审计意见的影响。

（1）在控制测试和实质性程序中，XCGH 所未关注到 BBL 所提供的对账单存在异常情况，未采取有效的进一步审计程序。

（2）在实质性程序中，因 BBL 不配合，XCGH 所自助打印基本户银行对账单的审计工作受到限制。

根据 BBL 2018 年度财务报表审计工作安排（对审计计划的修改），为了确定银行账户的真实性，规定审计人员从自助柜员机上打印银行账户的流水。同时，A 分所提交给总部的《现场情况说明》中提到，因为现场审计人员对公司的销售回款等银行流水及期末余额存在怀疑，所以要求对账单的打印必须在审计人员的受控状态下。

BBL 基本户属于公司主要账户，在 A 分所项目组执行实质性审计程序中，A 分所项目组于 2019 年 1—2 月曾多次前往开户行所在支行，要求 BBL 配合在该银行网点自助柜员机打印基本户对账单，都未能成功。相关情况已在 A 分所提交的《现场情况说明》中详细阐述，且总部项目组已阅知。2019 年 3 月初，总部承接后，BBL 仍然不配合在自助机上打印基本户对账单，该所总部项目组没能从银行独立获取基本户的对账单。

因为 BBL 不配合，XCGH 所未能独立从银行获取基本户银行对账单，在审计范围受限的情况下，A 分所和总部针对该基本户未采取有效的替代程序，也未能从柜台打印基本户对账单，XCGH 所自助打印基本户银行对账单的审计工作受到限制。

4. 在 A 分所已充分提示审计风险的情况下，XCGH 所未恰当评价 A 分所项目组所获 BBL 基本户询证函的可靠性，未按照审计计划实施函证程序，未获取充分、适当的审计证据。XCGH 所的审计结论所依据的银行函证,是 A 分所函证执行人未对函证保持应有的职业怀疑和有效的过程控制情况下获取的虚假询证函。

上述行为,XCGH 所违反了《中国注册会计师审计准则第 1502 号——在审计报告中发表非无保留意见》第八条、第十条、第十二条、第十三条、第十四条,《中国注册会计师审计准则第 1142 号——财务报表审计中对法律法规的考虑》第二十七条,《中国注册会计师审计准则第 1101 号——注册会计师的总体目标和审计工作的基本要求》第十七条、第二十条、第二十二条、第二十八条、第三十条,《中国注册会计师审计准则第 1141 号——财务报表审计中与舞弊相关的责任》第九条、第十三条,《中国注册会计师审计准则第 1231 号——针对评估的重大错报风险采取的应对措施》第二十五条、第二十六条、第二十七条,《中国注册会计师审计准则第 1312 号——函证》第十四条、第十七条、第二十三条,《中国注册会计师审计准则第 1301 号——审计证据》第三条、第十条、第十一条,《中国注册会计师审计准则第 1502 号——在审计报告中发表非无保留意见》应用指南,《中国注册会计师审计准则第 1312 号——函证》应用指南,《中国注册会计师审计准则问题解答第 12 号——货币资金审计》,《中国注册会计师审计准则问题解答第 2 号——函证》和《中国注册会计师审计准则问答解答第 1 号——职业怀疑》的规定。

(二)XCGH 所在对销售收款循环的审计中未勤勉尽责的情况

XCGH 所在 BBL 2018 年度财务报表审计对销售收款循环的审计中,违反多项审计准则的规定,未保持应有的职业怀疑,未获取支持内控有效运行的充分适当的审计证据,未获取对 BBL 造假对手方公司收入确认相关的充分适当的审计证据,未能将评估的营业收入的高风险降低至可接受的水平,以至于未能发现 BBL 虚增其对造假对手方某公司营业收入的财务舞弊行为。XCGH 所将营业收入确定为可能存在重大风险的审计领域以及 XCGH 所在对销售收款循环的审计中未勤勉尽责的具体情况如下:

1. 风险评估中将营业收入确定为可能存在重大风险的审计领域。

2. 在针对销售与收款的穿行测试审计程序中,XCGH 所未获取充分适当的审计证据以支持内部控制"可依赖""健全有效"的审计结论。

3. 在销售收款的控制测试中，XCGH 所未能发现收入确认时点的内部控制缺陷。

4. 在针对 BBL 造假对手方公司销售收入的穿行测试中，XCGH 所未保持应有的职业怀疑，未审慎评价审计证据，未关注到所有销售业务的出库单出库日和销售发票开票日为同一天，销售数量与出库量、发票数量不一致等异常情况，未获取充分适当的审计证据，未采取进一步的审计程序。

5. 在针对造假对手方公司销售业务的穿行测试及实质性程序中，XCGH 所未获取样衣产前确认表、客户确认回单、货运单、物流单、品控记录、车辆出入库记录等重要审计证据，不能证明组织生产的货物及设计服务已经提供给 BBL 造假对手方公司，以至于未获取收入确认真实性相关的充分适当的审计证据，未关注到 BBL 对 BBL 造假对手方公司收入确认的舞弊风险迹象。

6. 总部项目组接手审计前，A 分所已提示无法获取与收入相关的充分适当审计证据的风险，而总部项目组对于 BBL 造假对手方公司的销售收入审计中未充分关注该风险和获取相应审计证据。

上述行为，XCGH 所违反了《中国注册会计师审计准则第 1141 号——财务报表审计中与舞弊相关的责任》第九条、第十三条，《中国注册会计师审计准则第 1101 号——注册会计师的总体目标和审计工作的基本要求》第十七条、第二十条、第二十二条、第二十八条、第三十条，《中国注册会计师审计准则第 1301 号——审计证据》第三条、第四条、第五条、第六条、第十条、第十一条和《中国注册会计师审计准则第 1231 号——针对评估的重大错报风险采取的应对措施》第二十五条、第二十六条、第二十七条的规定。

（三）XCGH 所在对其他非流动资产的审计中未勤勉尽责的情况

XCGH 所在对 BBL 2018 年度财务报表审计和专项审核中，对其他非流动资产的审计违反审计准则的规定，未能有效执行审计程序，未保持应有的职业怀疑，未审慎评价审计证据，未获取充分适当的审计证据，未能有效核实预付工程款的合法性和真实性，未能将评估的特别风险降低到可接受的低水平，未能发现 BBL 未如实披露其他非流动资产和募集资金使用情况等问题。

从 2017 年起，BBL 开始建设子公司 YQQ 联合设计有限公司（以下简称"YQQ 公司"）及其 YQQ 项目（含创意设计中心项目及全球时尚设计生态圈项目，以下简称"YQQ 项目"），项目承包方为 YGS 集团有限公司（以下简称"YGS"）。

1. A 分所已经跟总部提示了工程项目的审计风险，XCGH 所将其他非流动资产项目评估为特别风险领域。

2. XCGH 所未保持应有的职业怀疑，未关注到《土石方施工委托协议》签订日期早于其所依据政府文件发布日期的异常情况，未采取进一步审计程序。

3. XCGH 所未保持应有的职业怀疑，未关注到承包方对第三方供应商的采购合同订立日期、预付工程款日期早于第三方供应商成立日期的异常情况，未采取进一步审计程序，以至于未发现虚假的承包方网银交易。

4. XCGH 所未保持应有的职业怀疑，未充分关注 BBL 向承包方 YGS 提前支付工程款的异常情况，未采取进一步程序核实预付工程款合法性问题。

5. XCGH 所未关注到承包方 YGS 采购材料的到货情况。

上述行为，XCGH 所违反了《中国注册会计师审计准则第 1101 号——注册会计师的总体目标和审计工作的基本要求》第十七条、第二十二条、第二十八条，《中国注册会计师审计准则第 1301 号——审计证据》第十条、第十一条和《中国注册会计师审计准则第 1231 号——针对评估的重大错报风险采取的应对措施》第二十五条、第二十六条、第二十七条的规定。

二、XCGH 所在 BBL 2019 年年度财务报表审计中未勤勉尽责

（一）XCGH 所在对货币资金的审计中未勤勉尽责的情况

XCGH 所在对 BBL 2019 年年度财务报表审计的货币资金审计中，违反

审计准则的规定，未保持应有的职业怀疑，未独立从银行获取基本户的对账单，未监督或独立获取网银流水，未有效控制基本户函证过程，未获取银行存款真实性相关的充分适当的审计证据，以至于未能发现虚增银行存款的财务舞弊行为。

（1）将货币资金项目评估为可能存在重大错报风险领域，基本户属于公司的关键银行账户。

（2）尽管 GD 证监局提示风险要求重点关注货币资金的真实性，XCGH 所在 2019 年年度财务报表审计中依旧未能消除审计受限的影响，未能从银行获取基本户对账单，未采取有效的替代审计程序。

（3）XCGH 所未保持应有的职业怀疑，未选择适当的被询证者，未有效控制邮寄函证过程，以至于获取了虚假的银行询证回函。

上述行为，XCGH 所违反了《中国注册会计师审计准则第 1141 号——财务报表审计中与舞弊相关的责任》第九条、第十三条，《中国注册会计师审计准则第 1301 号——审计证据》第三条、第十条、第十一条，《中国注册会计师审计准则第 1312 号——函证》第十四条、第十七条，《中国注册会计师审计准则第 1231 号——针对评估的重大错报风险采取的应对措施》第二十五条、第二十六条、第二十七条，《中国注册会计师审计准则第 1502 号——在审计报告中发表非无保留意见》第八条、第十条、第十二条、第十三条、第十四条，《中国注册会计师审计准则第 1312 号——函证》应用指南，《中国注册会计师审计准则问答解答第 1 号——职业怀疑》和《中国注册会计师审计准则问题解答第 2 号——函证》的规定。

（二）XCGH 所在对其他非流动资产审计中未勤勉尽责的情况

在对 BBL 2019 年年度财务报表审计和专项审核的其他非流动资产审计中，XCGH 所违反审计准则的规定，未保持应有的职业怀疑，未审慎评价审计证据，未关注到审计证据的异常情况，未能有效核实 YQQ 项目中预付工程款的真实性，未能获取充分适当的审计证据及将评估的特别风险降低到可接受的低水平，以至于未能发现 BBL 未如实披露其他非流动资产的问题。

1. XCGH所将其他非流动资产项目评估为特别风险领域。

2. XCGH所未保持应有的职业怀疑，未关注到YQQ项目承包方向第三方供应商的采购合同订立日、预付工程材料款日早于第三方供应商成立日的异常情况，未采取进一步审计程序，以至于未发现虚假的承包方网银付款交易。

3. XCGH所未保持应有的职业怀疑，未获取充分适当的审计证据，未按程序取得承包方YGS的账户资金流水。

4. XCGH所未保持应有的职业怀疑，未关注承包方YGS采购材料的到货情况。

上述行为，XCGH所违反了《中国注册会计师审计准则第1101号——注册会计师的总体目标和审计工作的基本要求》第十七条、第二十二条，《中国注册会计师审计准则第1141号——财务报表审计中与舞弊相关的责任》第九条、第十三条，《中国注册会计师审计准则第1301号——审计证据》第九条、第十条、第十一条和《中国注册会计师审计准则第1231号——针对评估的重大错报风险采取的应对措施》第二十五条、第二十六条、第二十七条的规定。

XCGH所在2018年、2019年年度财务报表审计中未勤勉尽责行为，违反了《中华人民共和国证券法》第一百六十三条的规定，构成《中华人民共和国证券法》第二百一十三条第三款所述的情形。XCGH所首席合伙人姚某春，明知存在BBL不配合XCGH所从银行打印基本户对账单的审计受限等问题风险，后续却未关注相应问题的应对措施及风险消除情况，以至于在审计受限尚未消除且未采取有效替代程序获取充分适当审计证据的情况下，审批签发同意出具无保留意见审计报告的处理意见，是上述行为直接负责的主管人员。签字注册会计师赵某红、白某盈是上述行为直接负责的主管人员。

根据当事人违法行为的事实、性质、情节与社会危害程度，依据《中华人民共和国证券法》第二百一十三条第三款的规定，证监会决定：

（1）对 XCGH 所责令改正，没收业务收入 108.49 万元，并处以 216.98 万元罚款；

（2）对姚某春、赵某红、白某盈给予警告，并分别处以 30 万元罚款。

案例来源：

http：//www.csrc.gov.cn/csrc/c101928/c7144570/content.shtml。

第三章

初步业务活动中存在的问题

【案例07】风险评估程序执行不到位等问题

案例简介：

2022年12月19日，中国证监会SZ监管局发布行政监管措施决定书，对TJ会计师事务所（特殊普通合伙）（以下简称"TJ所"）及注册会计师余某耀、李某霞因风险评估程序不到位等问题采取监管谈话措施。

案例分析：

TJ所在对ZY科技股份有限公司（以下简称"ZY科技"）审计项目执业过程中存在以下问题：

一、初步业务活动执行不到位

《业务保持审批表（适用于连续承接）》中，TJ所对于"客户经营状况是否发生重大变动以及对其财务状况产生不利影响"的评价结果为"否"，评价与实际情况不符。

上述行为不符合《中国注册会计师审计准则第1121号——对财务报

表审计实施的质量控制》（2019）第二十六条的规定。

二、风险评估程序执行不到位

一是了解和评价被审计单位整体层面的内部控制不到位。TJ 所对公司内部层级审批相关控制活动，执行的审计程序包括"检查授权管理制度及审批单"，但 TJ 所获取的审计证据不包括审批单，仅为各项制度文件。

二是了解销售与收款的业务流程不到位。ZY 科技收入分为两大类，其中一类为技术及维保服务，TJ 所未了解与该类业务收入确认相关的内部控制。

三是舞弊风险因素评价与实际情况不符。TJ 所编制的《舞弊风险因素调查问卷》中关于管理层是否存在业绩压力以及是否在被审计单位中拥有重大经济利益等结论与公司实际情况不符。

四是认定层次的重大错报风险评估与财务报表层次重大错报风险评估不匹配。TJ 所在将管理层凌驾于控制之上、公司业绩及财务状况可能存在舞弊风险识别为财务报表层次重大错报风险的情况下，未将与业绩相关的成本和占资产比重大的存货识别为重大错报风险。

上述行为不符合《中国注册会计师审计准则第 1211 号——通过了解被审计单位及其环境识别和评估重大错报风险》（2019）第十四条、第十五条、第二十三条和第二十九条的规定。

三、穿行测试执行不到位

一是采购与付款循环穿行测试执行不到位。TJ 所在采购与付款循环部分底稿中未及时更新公司采购订单的审批流程，相关底稿描述不一致；TJ 所对采购订单审批的关键控制点实施程序时，未检查采购订单系统审批情况，对该关键控制点实施的穿行测试不到位。

二是销售与收款循环穿行测试执行不到位。审计底稿中记录公司发货流程包括"客户签收联由物流公司返还公司存档"，但 TJ 所未获取货物签收联，穿行测试结论却为控制设计有效并得到执行。

上述行为不符合《中国注册会计师审计准则第 1211 号——通过了解被审计单位及其环境识别和评估重大错报风险》（2019）第十六条、第二十三条,《中国注册会计师审计准则第1301号——审计证据》(2016)第十条的规定。

四、控制测试执行不到位

一是采购与付款循环控制测试执行不到位。TJ所对"检查采购订单是否经过审批"关键控制点测试时,获取的证据中,部分采购订单签字人与公司采购订单审批的规定不符,TJ所获取的审计证据与控制有效的检查结论矛盾,也未在底稿中说明原因。

二是销售与收款循环控制测试执行不到位。TJ所对"检查订单上是否经过适当的批准"关键控制点测试时,部分样本检查的是销售合同而非销售订单的审批情况;TJ所对关键控制点"检查销售订单与销售合同内容是否一致"测试时,将销售订单与销售合同进行了比对,但销售订单内容为直接引用的销售合同内容,核对不充分。

上述行为不符合《中国注册会计师审计准则第1231号——针对评估的重大错报风险采取的应对措施》(2019)第八条、第十条、第十七条,《中国注册会计师审计准则第1301号——审计证据》(2016)第十条的规定。

五、未关注应收账款预期信用损失计提的合理性

检查发现,ZY科技未根据账龄法和迁徙率法下计算的预期信用损失差异调整2021年应收账款信用损失计提比例,且不同年份采用的平均迁徙率标准未保持一致。TJ所将应收账款的收回性及信用减值损失识别为认定层次的重大错报风险,且差异已超过应收账款实际执行的重要性水平,但TJ所未关注公司2021年采用的平均迁徙率、应收账款预期信用损失计提的合理性。

上述行为不符合《中国注册会计师审计准则第1101号——注册会计师的总体目标和审计工作的基本要求》(2022)第二十九条,《中国注册会计师审计准则第1321号——审计会计估计(包括公允价值会计估计)和相关披露》(2010)第二十三条的规定。

六、函证程序执行不到位

一是对回函不符事项调查不到位。对 3 份回函不符的函证，TJ 所对其中 2 份仅获取了合同与销售出库单等原始凭证，对其中 1 份为核实发票金额与回款金额之间的差异，均未调查回函不符的原因。

二是实施的替代测试不充分。TJ 所对 6 家未回函客户实施替代测试时，仅核查了应收账款借方发生额，未针对应收账款的贷方发生额检查相关的回款原始凭证。

上述行为不符合《中国注册会计师审计准则第 1312 号——函证》（2010）第十九条和第二十一条的规定。

七、研发资本化审计程序执行不到位

2021 年公司费用化研发投入 12 211.48 万元，资本化研发投入 2 203.72 万元，2020 年公司无资本化研发投入。TJ 所对研发项目资本化实施审计程序时，获取了公司关于项目是否进入开发阶段的判断表，但对于公司判断的合理性未获取充分的审计证据。对比同行业可比公司时，未说明选取依据，也未说明 ZY 科技资本化比例合理的理由。

上述行为不符合《中国注册会计师审计准则第 1301 号——审计证据》（2016）第十条的规定。

八、费用相关审计程序执行不到位

2021 年公司管理费用为 7 367.38 万元，较上年增长 54.93%，销售费用为 9 012.07 万元，较上年增长 78.78%，TJ 所将"费用确认真实性、完整性"评价为认定层次重大错报风险。TJ 所对费用执行审计程序时未保持应有的职业怀疑：

一是辞退福利核实不到位。ZY 科技 2021 年辞退福利较上年增加 315.79 万元，TJ 所向人力资源部经理访谈了解辞退员工原因，但未核实访谈中解释说明的合理性。

二是未评估大额销售费用的合理性。2021 年公司某类销售费用较上年增加 650 万元。TJ 所未核对该类销售费用中已签署合同的比例，也未实施进一步审计程序以核实相关销售费用的合理性。

上述行为不符合《中国注册会计师审计准则第 1101 号——注册会计师的总体目标和审计工作的基本要求》（2022）第二十八条，《中国注册会计师审计准则第 1301 号——审计证据》（2016）第十条的相关规定。

九、底稿记录不到位

TJ 所在编制审计底稿时，对于实施的审计程序存在多处记录不全或未记录的情况。

上述行为不符合《中国注册会计师审计准则第 1131 号——审计工作底稿》（2022 年）第十条和第十一条的规定。

SZ 证监局认定，TJ 所的上述行为不符合中国注册会计师执业准则的有关要求，违反了《上市公司信息披露管理办法》（证监会令第 182 号）第四十五条、第四十六条的规定。根据《上市公司信息披露管理办法》第五十五条的规定，决定对 TJ 所及签字注册会计师余某耀、李某霞采取监管谈话措施。

案例来源：

http：//www.csrc.gov.cn/shenzhen/c104320/c6916696/content.shtml。

【案例 08】未严格执行审计计划等问题

案例简介：

2022 年 6 月 10 日，GD 监管局发布行政监管措施决定书，对 LX 会计师事务所（特殊普通合伙）（以下简称"LX 所"）及注册会计师梁某海、马某因制定的个别审计计划未实际执行等问题采取出具警示函措施。

案例分析：

LX 所在对 GZ 市××制药股份有限公司（以下简称"××制药"）审计项目执业过程中存在以下问题：

一、制定的个别审计计划未实际执行

一是对其他应收款较大的发生额或余额进行查验时，未按照审计计划对公司部分关联方进行查验。二是审计工作计划中，LX 所将应收款项真实性减值的风险评估为高风险，涉及的账户及认定包括应收账款的计价与分摊、其他应收款的计价与分摊、资产减值损失的准确性或完整性，计划实施的应对程序包括"⑥评价坏账准备计提的适当性：检查应收账款坏账准备计提和核销的批准程序，取得书面报告等证明文件。评价计提坏账准备所依据的资料、假设及方法；复核应收账款坏账准备是否按经股东（大）会或董事会批准的既定方法和比例提取，其计算和会计处理是否正确；⑦通过比较前期坏账准备计提数和实际发生数，以及检查期后事项，评价应收账款坏账准备计提的合理性"。此外，根据应收账款《进一步审计程序表》，LX 所计划"检查原始凭证，测试账龄核算的准确性"以及"评价坏账准备计提的适当性"，根据其他应收款《进一步审计程序表》，LX 所计划"获取或编制其他应收款账龄分析表……分析收款时间是否与合同相关要素一致"以及"检查坏账准备……记录测试过程"。经查看审计工作底稿，LX 所获取了应收账款/其他应收款的账龄明细表，计算了各账龄对应的坏账准备计提比例，除此之外，无执行审计工作计划及《进一步审计程序表》计划的其他审计程序的记录，没有获取相关的审计证据。

上述行为不符合《中国注册会计师审计准则第 1301 号——审计证据》第十条的相关规定。

二、控制测试执行不到位

执行货币资金循环控制测试时，LX 所对银行存款支出凭证是否得到适当审批进行了抽查，对于抽查的部分银行存款支出凭证经审批的收款方与会计处理不一致的情况，未认定为控制偏差并且未在审计工作底稿中说明未认定为控制偏差的原因。

上述行为不符合《中国注册会计师审计准则第 1231 号——针对评估的重大错报风险采取的应对措施》第十七条的相关规定。

三、函证程序执行不到位

一是未对在本期内注销的部分银行存款账户进行函证，且未在审计工作底稿中说明未实施函证的理由。二是未对回函不符的部分询证函执行替代测试。三是未进一步获取审计证据以消除对询证函回函的可靠性产生疑虑的因素。部分询证函回函地址和发函地址不一致，或回函方名称不一致，或回函寄件人和发函收件人不一致，或回函的快递单未显示邮寄地址，LX 所未对上述情况执行进一步审计程序以核实发函地址、收件人的真实性和回函的可靠性。四是未对询证函保持充分的控制。未关注到企查查检索的部分被询证者的地址与××制药提供的地址不一致的情况，在"被询证者名称、地址是否已核对正确"处填为"是"，未对地址不一致的原因进行说明。

上述行为不符合《中国注册会计师审计准则第 1312 号——函证》第十二条、第十四条、第十七条、第二十一条的相关规定。

四、对银行存款的细节测试执行不到位

一是对 HBTJ 中药饮片有限公司（以下简称"HBTJ"）银行存款执行

审计时，获取的部分银行对账单未加盖银行印章，LX所未在审计工作底稿中对原因进行说明，未评价上述事项是否影响审计证据的可靠性以及是否需要执行进一步审计程序。二是对大额银行存款收支凭证进行查验时，个别用款审批单的审批不完整，细节测试结果为"有授权审批，原始凭证内容完整"。LX所未对审批不完整的异常情况进行说明，无执行进一步审计程序的记录。三是根据××制药2019年年报披露，2019年6月10日、2019年7月2日HBTJ共支付YZT中医健康管理有限公司（以下简称"YZT公司"）资金往来3 906.35万元，2019年6月11日、2019年7月11日共收到YZT公司资金往来3 906.35万元，截至2019年12月31日双方往来余额为0。经检查审计工作底稿，HBTJ于2019年6月10日支付2 000.00万元，于2019年7月2日支付1 904.00万元，两次支付合计3 904.00万元；于2019年6月11日收到1 900.00万元，2019年7月11日收到2 001.812.00万元，合计收到3 901.812.00万元。LX所抽取的银行回单不齐全，且未充分关注到部分银行回单摘要备注为"借款"的情况，未获取充分适当的审计证据以判断银行存款余额的准确性、真实性。

上述行为不符合《中国注册会计师审计准则第1301号——审计证据》第十条的相关规定。

五、审计工作底稿存在错漏

一是未在审计工作底稿中记录了解被审计单位及其环境的部分内容。二是舞弊风险因素评估底稿、风险评估结果汇总表和潜在风险评估结果存在记录错误。三是在函证结果汇总表中将个别未回函的询证函记录为收到回函。四是未保留部分发函快递单据。五是执行银行存款本期发生额分析时，未对确定大额银行存款收支的大额标准以及抽查期间的理由进行说明。六是对大额银行存款收支凭证进行查验时，未保留抽查的部分大额资金支出的用款审批单。七是部分审计工作底稿索引号存在错误。

上述行为不符合《中国注册会计师审计准则第1211号——通过了解被审计单位及其环境识别和评估重大错报风险》第三十五条，《中国注册会计师审计准则第1131号——审计工作底稿》第十条的相关规定。

LX 所的上述行为不符合中国注册会计师执业准则的有关要求，违反了《上市公司信息披露管理办法》（证监会令第 40 号）第五十二条、第五十三条的规定。梁某海、马某作为××制药 2019 年年报审计项目的签字注册会计师，对上述违规行为负有主要责任。

　　根据《上市公司信息披露管理办法》第六十五条的规定，GD 监管局决定对 LX 所采取出具警示函的行政监管措施。

案例来源：

　　http：//www.csrc.gov.cn/guangdong/c104560/c3507742/content.shtml。

【案例 09】 重大错报风险评估错误等问题

案例简介：

2022 年 9 月 26 日，中国证监会发布行政处罚决定书，对 XGM 会计师事务所（以下简称"XGM 所"）因未获取合理保证、重大错报风险评估错误等问题予以没收审计业务收入 343.87 万元，并处以 343.87 万元罚款；对注册会计师陈某给予警告，并处以 5 万元罚款；对注册会计师杨某华、赵某给予警告，并分别处以 25 万元罚款；对注册会计师于某给予警告，并处以 20 万元罚款。

案例分析：

XGM 所在对 YM 煤电控股集团有限公司（以下简称"YM 控股"）审计执业过程中存在以下问题：

一、未获取合理保证，重大错报风险评估错误

XGM 所在实施风险评估程序时，已经注意到 YM 控股货币资金收支全部纳入 HN 能源化工集团（以下简称"HN 能化"）预审管理，XGM 所在了解被审计单位内部控制时，未将结算中心存款纳入 YM 控股货币资金循环，未充分了解与结算中心存款相关的内部控制，未综合运用询问被审计单位内部人员和其他程序评价与结算中心存款相关的内部控制设计与执行情况，仅获取了上级部门下发的文件和了解结算中心存款的核算流程，仅依据 HN 能化对 YM 控股及其他子公司资金实行统一管理符合国家政策规定，即形成 YM 控股在 HN 能源化工集团资金管理中心（以下简称"资金管理中心"）开立的账户以及资金的存取、计息、对账与企业在银行开立的账户并无差异的结论。

XGM所没有保持职业怀疑，没有针对YM控股资金管理中心存款账户开立在HN能源化工集团财务有限公司（以下简称"财务公司或HN能化财务公司"）且账户名称为HN能化，货币资金已划转至HN能化，需经HN能化审批后方可支取的情况进行分析判断，未认识到可能导致财务报表发生重大错报的情形，错误评估货币资金领域重大错报风险。

二、XGM所出具的审计报告存在虚假记载

经证监会另案查明，YM控股2017年至2019年财务报告存在虚增货币资金等信息披露违法行为。XGM所为YM控股2017年至2019年财务报表提供审计服务，出具了无保留意见的审计报告存在虚假记载。

在审计过程中，XGM所分别与YM控股及其子公司单独签订《审计业务约定书》，三年财务报表审计费用分别为122.00万元、122.00万元、120.50万元，合计364.50万元（含税，税率6%）。

三、审计程序不恰当，没有获取充分审计证据，审计意见错误

（一）2018年、2019年，XGM所将"存贷双高"的风险列为财务报表层次重大错报风险，并指出对货币资金、短期借款、长期借款等实施详尽的实质性测试程序。在实质性测试程序中，与2017年相关科目的审计程序相比，XGM所没有保持职业怀疑，没有针对上述重大错报风险设计并执行特别的审计程序，获取的审计证据不充分，导致其未进一步分析YM控股资金管理中心存款是否已被HN能化占用。

（二）另案查明，YM控股收到的资金均被自动归集至其在HN能化财务公司开立的账户；当其在财务公司账户资金存量较大时，资金管理中心会向该单位下达《资金调度通知书》，要求其将一定数量的货币资金转至HN能化在财务公司开立的账户；YM控股将被划转到HN能化账户的资金记为"货币资金——资金管理中心存款"。XGM所向财务公司、资金管理中心发函未得到回函，经与YM控股的管理层沟通，在其答复财务公司、资金管理中心均为集团内部单位、无需回函的情况下，登录HN能化财务系统账户查询"结算中心存款数据"，与YM控股账面记录进行核对。资金管理中心是HN能化的资金集中管理部门，但并非金融机构，同时YM

控股需经审批后方可使用该部分资金。XGM 所没有针对货币资金已划转至 HN 能化,需经 HN 能化审批后方可支取的情况进行审慎评价和判断,没有审慎评价审计证据,没有对结算中心存款列报认定保持必要的职业怀疑,未能区分出资金结算中心存款与可以被随时支取的货币资金在性质或功能上的差异,出具了存在虚假记载的审计报告。

(三) XGM 所 2017 年在对货币资金进行审计时,未按审计计划对大额收支是否跨期进行核查,也未说明原因。

(四) XGM 所在 2017 年对银行函证时采用跟函方式,但 XGM 所工作底稿中记录的回函日期与函证日期不一致;此外,部分银行的回函日期晚于审计报告出具日,XGM 所在未收到银行回函时,未执行其他替代程序,也未在审计底稿中记录相关原因。

四、XGM 所项目复核工作存在缺陷

在质量控制复核过程中,XGM 所未充分关注货币资金领域重大风险评估结论的恰当性,未恰当评价结算中心存款列报重大问题审计证据的充分性、合理性,在明知 YM 控股资金管理中心存款账户开立在 HN 能化财务公司且账户名称为 HN 能化,货币资金划转至 HN 能化的情况下,未对项目组作出的重大判断和据此得出的结论作出客观评价。

五、XGM 所 2018 年《审计业务约定书》签署不规范

经查,XGM 所于 2019 年 3 月 30 日出具 YM 控股《2018 年度审计报告》,但 XGM 所与 HN 能化《审计业务约定书》上签署时间为 2019 年 6 月 12 日,与 YM 控股《审计业务约定书》上的签署时间为 2019 年 4 月 10 日。

综上,XGM 所的上述行为不符合《中国注册会计师审计准则第 1211 号——通过了解被审计单位及其环境识别和评估重大风险》(2010) 第九条、第十五条、第十六条、第二十八条,《中国注册会计师审计准则第 1101 号——注册会计师的总体目标和审计工作的基本要求》(2010) 第二十八条、第三十条,《中国注册会计师审计准则第 1301 号——审计证据》(2016) 第十条、第十一条,《中国注册会计师审计准则第 1231 号——针对评估的重大错报风险采取的应对措施》(2010) 第二十四条,《中国注册

会计师审计准则第 1501 号——对财务报表形成审计意见和出具审计报告》（2010）第十二条、第十四条，《中国注册会计师审计准则第 1312 号——函证》（2010）第十四条、第十九条、第二十三条，《中国注册会计师审计准则第 1131 号——审计工作底稿》（2016）第八条，《中国注册会计师审计准则第 1111 号——就审计业务约定条款达成一致意见》（2016）第九条，《质量控制准则第 5101 号——会计师事务所对执行财务报表审计和审阅、其他鉴证和相关服务业务实施的质量控制》（2010）第五十二条的规定。

证监会认为，XGM 所及相关人员在为 YM 控股 2017 年至 2019 年财务报告提供审计服务过程中，未勤勉尽责，所出具的审计报告存在虚假记载。上述行为违反了 2005 年修订、2014 年修正的《中华人民共和国证券法》（以下简称"《中华人民共和国证券法》（2005 年修正版）"）第一百七十三条、《中华人民共和国证券法》第一百六十三条的规定，构成《中华人民共和国证券法》（2005 年修正版）第二百二十三条及《中华人民共和国证券法》[1] 第二百一十三条第三款的情形。

根据当事人违法行为的事实、性质、情节与社会危害程度，依据《中华人民共和国证券法》（2005 年修正版）第二百二十三条和《中华人民共和国证券法》第二百一十三条第三款的规定，证监会决定：

（1）对 XGM 所没收审计业务收入 343.87 万元，并处以 343.87 万元罚款；

（2）对陈某给予警告，并处以 5 万元罚款；

（3）对杨某华、赵某给予警告，并分别处以 25 万元罚款；

（4）对于某给予警告，并处以 20 万元罚款。

案例来源：

http://www.csrc.gov.cn/csrc/c101928/c6032102/content.shtml。

---

[1] 本处《中华人民共和国证券法》是指 2019 版。

【案例10】 与前任注册会计师沟通不到位等问题

案例简介：

2022年12月21日，中国证监会HN监管局发布行政监管措施决定书，对DY会计师事务所（普通合伙）（以下简称"DY所"）及注册会计师高某、彭某勇因与前任注册会计师沟通不到位等问题采取出具警示函措施。

案例分析：

DY所在对HN自贸区JM传媒股份有限公司（以下简称"JM股份"）审计项目执业过程中存在以下问题：

一、与前任注册会计师沟通不到位

2022年3月1日，JM股份公告年度财务报表审计机构由ZT会计师事务所（特殊普通合伙）（以下简称"ZT所"）变更为DY所，2022年3月17日，DY所向ZT所发函沟通，至JM股份2021年财务报表审计报告日后才收到ZT所回复函，回复函对JM股份换所原因表述为："不详"。未见DY所在接受JM股份2021年财务报表审计业务委托前，通过其他方式与前任注册会计师进行沟通。

DY所在接受JM股份2021年财务报表审计业务委托前，未得到前任注册会计师的答复，在此情况下，未见DY所考虑是否接受业务委托。

上述行为不符合《中国注册会计师审计准则第1153号——前任注册会计师和后任注册会计师的沟通》第七条、第十条的规定。

二、风险评估程序执行不到位

JM股份2019—2020年财务报表由ZT所执行审计业务，并连续两年发表非无保留意见，DY所对JM股份2021年财务报表审计系DY所首次执行 JM 股份审计业务，DY 所在评估 JM 股份 2021 年财务报表重大错报风险时，未评价导致对 JM 股份上期财务报表发表非无保留意见的事项的影响。

上述行为不符合《中国注册会计师审计准则第 1331 号——首次审计业务涉及的期初余额》第十一条，《中国注册会计师审计准则第 1211 号——通过了解被审计单位及其环境识别和评估重大错报风险》第二十九条以及《中国注册会计师审计准则第 1301 号——审计证据》第十条的规定。

三、对存在减值迹象的款项未单独进行减值测试

经检查 DY 所审计底稿，发现 JM 股份存在以下长期拖欠且有客观证据表明发生减值的款项：JM 股份应收 HN 省农民专业合作社联合会借款，该债务人出具的还款承诺函无明确还款期限和还款金额，且该承诺函中已表明该债务人拟申请注销清算，未见相关审计证据表明该债务人注销清算后，其自身债务由谁承担，如何处理。

上述迹象表明债务人很可能无法履行还款义务，根据 JM 股份报表附注"重要会计政策及会计估计"内容，上述款项应单独进行减值测试，而 DY 所未单独对其进行减值测试。

上述行为不符合《中国注册会计师审计准则第 1301 号——审计证据》第十条规定。

四、审计底稿编制不完善

DY 所在 JM 股份 2021 年财务报表审计底稿"F29 期初余额审计程序表""F31 关联方审计程序表"中写明已执行相关审计程序，但审计底稿相关审计记录不完善。

上述行为不符合《中国注册会计师审计准则第 1131 号——审计工作底稿》第十条"注册会计师编制的审计工作底稿，应当使得未曾接触该项审计工作的有经验的专业人士清楚了解：（一）按照审计准则和相关法律法规的规定实施的审计程序的性质、时间安排和范围；（二）实施审计程序的结果和获取的审计证据；（三）审计中遇到的重大事项和得出的结论，以及在得出结论时作出的重大职业判断。"的规定。

DY 所在 JM 股份 2021 年财务报表审计项目中的前述情形违反了中国注册会计师执业准则和中国注册会计师职业道德守则的有关要求，违反了《非上市公众公司监督管理办法》（证监会令第 190 号）第六十条，《非上市公众公司信息披露管理办法》（证监会令第 191 号）第四十条的规定，高某、彭某勇作为 JM 股份 2021 年财务报表审计项目的签字注册会计师，对上述行为负有主要责任。

根据《非上市公众公司监督管理办法》（证监会令第 190 号）第六十七条，《非上市公众公司信息披露管理办法》（证监会令第 191 号）第四十七条的规定，HN 监管局决定对 DY 所及两名签字注册会计师高某、彭某勇采取出具警示函的行政监管措施，并记入证券期货市场诚信档案。

案例来源：

http：//www.csrc.gov.cn/hainan/c104738/c6922535/content.shtml。

【案例 11】未合理利用专家工作等问题

案例简介：

2022 年 11 月 25 日，GD 监管局发布行政监管措施决定书，对 SN 会计师事务所（特殊普通合伙）（以下简称"SN 所"）未合理利用专家工作等问题出具警示函。

案例分析：

SN 所在对 XH 互动娱乐股份有限公司（以下简称"XH 娱乐"）和 HLK 创意家居股份有限公司（以下简称"HLK 公司"）审计执业中存在以下问题：

一、XH 娱乐审计项目相关问题

（一）未合理利用专家工作。一是受疫情影响，在对 XBYR 库存现金、存货、固定资产进行监盘时，SN 所均选择了远程视频监盘的方式。上述资产净值合计 6 824.95 万欧元，折合人民币 49 274.10 万元。SN 所项目组内无精通西班牙语的成员，监盘时依赖 XH 娱乐工作人员进行翻译，未聘请专业翻译人员参加监盘工作。二是在对 XBYR 进行审计时，SN 所获取了大量西班牙语合同复印件，对于合同复印件与原件是否一致，SN 所未执行相关审计程序进行验证。同时，对于相关西班牙语合同，SN 所主要依赖网络翻译软件进行核查，SN 所底稿中保存的部分翻译记录存在语意不明的情况，但 SN 所未聘请专业翻译人员进行核对。

上述行为不符合《中国注册会计师审计准则第 1421 号——利用专家的工作》第八条的规定。

（二）风险评估程序执行不到位。一是针对与 XH 娱乐业务相关的重要法律法规，未关注落实情况。2021年8月，国家新闻出版署发布《关于进一步严格管理切实防止未成年人沉迷网络游戏的通知》（国新出发〔2021〕14号），要求严格限制向未成年人提供网络游戏服务的时间、严格落实网络游戏用户账号实名注册和登录要求。SN所未设计并执行程序，关注XH娱乐游戏用户年龄及XH娱乐对未成年用户提供游戏服务时是否严格履行相关法规要求。二是未按风险评估程序制定的审计计划执行审计程序。SN所未按总体审计策略及具体审计计划工作底稿中确定的IT审计方案，对不同游戏用户IP地址是否存在重复的情形执行审计程序。

上述行为不符合《中国注册会计师审计准则第1211号——通过了解被审计单位及其环境识别和评估重大错报风险》第十四条和《中国注册会计师审计准则第1201号——计划审计工作》第十一条的规定。

（三）控制测试程序执行不到位。一是控制测试程序存在以下缺陷：XH娱乐2021年游戏业务推广费2.21亿元，但对与XH娱乐游戏业务推广费相关的询价、比价环节关键控制点，SN所未执行控制测试；在执行IT审计穿行测试时，SN所未选取境外游戏进行穿行测试；SN所在IT审计中选取XH娱乐重要游戏业务"冒险岛"作为检查样本，但未分析其用户行为是否合理；XH娱乐玩具业务销售收入3.48亿元，其中外销收入占比77.97%，但SN所在检查XH娱乐玩具业务送货单时，未抽取外销业务相关单据进行检查；根据不同销售模式，XH娱乐玩具业务分别按送货单签收时间、铁路托运单时间、装船提单时间确认收入。但SN所在执行销售业务内部控制重新执行程序时，未对送货单、铁路托运单、装船提单进行检查；在对XH娱乐玩具业务执行控制测试时，SN所仅抽取了母公司的业务单据，未对其他相关子公司的业务单据进行检查。二是未对发现的异常情况予以充分关注。SN所IT审计中抽取的个别游戏用户充值金额较大，但实际在线天数较少，SN所未执行进一步审计程序进行关注。三是审计底稿编制存在错漏。SN所对于付款业务的内控测试，设计了4个主要控制点并进行了检查，但在编制的"采购业务内控关键点检查测试表——采购活动"中，将其中两个主要控制的检查结果记录为"N/A"。

上述行为不符合《中国注册会计师审计准则第 1301 号——审计证据》第十条，《中国注册会计师审计准则第 1231 号——针对评估的重大错报风险采取的应对措施》第八条，《中国注册会计师审计准则第 1314 号——审计抽样》第十五条、第十七条、第二十一条，以及《中国注册会计师审计准则第 1131 号——审计工作底稿》第十条的规定。

（四）未对异常事项予以充分关注。一是 2021 年 2 月，XH 娱乐分别以 190 万元和 110 万元将 CDXL 互动科技有限公司（以下简称"CDXL"）19% 和 11% 的股权转让给 CDXL 原股东石某、山某严。该股权账面原值合计 800 万元，处置前净值合计 743.38 万元，该股权交易产生资产处置损失 443.38 万元。对此，SN 所获取了 CDXL 的资产负债表、股权转让协议，并查询了相关工商信息，但未获取 XH 娱乐处置该资产的相关内部决策材料，也未分析 XH 娱乐折价将该股权转让给原股东的合理性。二是 2021 年 4 月，XH 娱乐以 1 元的名义价格将 GZJH 宏风网络科技有限公司（以下简称"GZJH"）28.44% 的股权转让给外部企业 LH 创业投资有限公司（以下简称"LH 创投"）。该股权账面原值 1 697.40 万元，处置前净值 1 431.72 万元。LH 创投受让 GZJH 股权后，又于 2021 年 7 月以 1 元的名义价格将 GZJH 股权转让给 XHTT。对于上述业务，SN 所仅查询了相关工商信息，未执行其他程序。三是 2021 年，XH 娱乐共有 5 个游戏项目停止开发，共涉及研发投入 3 505.17 万元，SN 所未获取相关资料确认停止开发原因，也未执行进一步的程序进行关注。

上述行为不符合《中国注册会计师审计准则第 1101 号——注册会计师的总体目标和审计工作的基本要求》第二十八条、第二十九条、第三十条和《中国注册会计师审计准则第 1301 号——审计证据》第十条的规定。

（五）函证程序执行不到位。一是在对 XH 娱乐子公司 LX（香港）实业有限公司执行函证程序时，SN 所获取的某商业银行澳门分行的回函是邮件回函。某商业银行澳门分行先将该回函邮件发送至 XH 娱乐工作人员佘某奕的工作邮箱，再由佘某奕转发给 SN 所。二是对于 XY 银行 DF 支行、ZS 银行 YC 支行、ZS 银行 YX 支行、ZG 银行 ST 分行、ZG 银行 ZA 支行 5 家银行地址，SN 所通过电子地图查询到的地址与 XH 娱乐提供的地址不一致，但 SN 所未执行进一步程序予以关注。三是 XH 娱乐客户玩具 FDC（中国）商贸有限公司（以下简称"FDC"）的回函中，FDC 在数据无误处盖章，并在数据有误处打钩，且 FDC 回函后附附件数据与函证数据不一致。但 SN 所在函证控制表中将该回函记录为"回函无误"。四是 SN 所未在底稿中记录 PA 银行某支行发函地址与电子地图地址不一致的原因。

上述行为不符合《中国注册会计师审计准则第 1312 号——函证》第十四条、第十七条、第二十一条和《中国注册会计师审计准则第 1131 号——审计工作底稿》第十条的规定。

（六）截止测试程序执行不到位。一是对 XH 娱乐游戏业务收入执行截止测试时，SN 所未对相关业务 2022 年 1 月的收入确认是否存在跨期进行测试。二是对 XH 娱乐玩具业务收入执行截止测试时，SN 所仅从销售明细账出发进行了顺查，未从销售发票出发进行逆查，且未对报表日后相关样本的送货单、托运单、装船提单等单据进行检查。三是 XH 娱乐未充分关注会员季票延期补偿政策对收入确认的影响，导致其 2020 年提前确认会员收入 205.79 万元、多确认净利润 154.34 万元，2021 年少确认收入 205.79 万元、少确认净利润 154.34 万元。SN 所在对该事项执行审计程序时，未保持应有的职业怀疑，未恰当运用职业判断，未对 XBYR 会员季票收入获取充分适当的审计证据，导致未发现 XH 娱乐跨期确认收入的情况。

上述行为不符合《中国注册会计师审计准则第 1301 号——审计证据》第十条、《中国注册会计师审计准则第 1101 号——注册会计师的总体目标和审计工作的基本要求》第二十八条、第二十九条的规定。

（七）未执行必要审计程序。一是对于玩具业务，SN 所未关注 XH 娱乐与经销商的销售约定中是否涉及销售折让、质保条款。期后事项审核中 SN 所也未对 XH 娱乐是否发生大额销售退回进行关注。二是对于 XH 娱乐在第三方支付平台开立的 15 个账户（期末余额合计 8.08 万元），SN 所仅获取了对账单，未获取开户信息、与第三方支付平台签订的协议等资料，也未了解 XH 娱乐第三方平台使用流程等内部控制。三是 XH 娱乐 2021 年玩具业务电商销售收入1 800.00万元，SN所未对其设计单独的审计程序。四是XH娱乐其他非流动金融资产科目期末余额6 100.00欧元，但SN所未编制相关底稿记录核查过程。

上述行为不符合《中国注册会计师审计准则第1301号——审计证据》第十条，《中国注册会计师审计准则第1131号——审计工作底稿》第十条和《中国注册会计师审计准则问题解答第12号——货币资金审计》第六点的规定。

（八）审计抽样样本选取不合理。在对XH娱乐玩具业务存货执行计价测试时，XH娱乐产成品本期贷方发生额22 842.00万元，涉及1 153个品种。SN所抽取了其中两个品种，合计金额430.00万元的样本进行计价测试。

上述行为不符合《中国注册会计师审计准则第1314号——审计抽样》第十六条的规定。

（九）2020年年报审计期后事项程序执行不到位。截至审计报告日（2021年4月26日），因西甲联赛的赛事大概率需向球员及教练组支付890.00万欧元的升级奖金。上述事项构成资产负债表日后非调整事项，XH娱乐未及时在年报中披露该事项。SN所未恰当设计和实施审计程序，未获取充分适当的审计证据，未识别出XH娱乐2020年年报资产负债表日后非调整事项披露不充分的情况。

上述行为不符合《中国注册会计师审计准则第1332号——期后事项》第九条、第十条和第十一条的规定。

二、HLK公司审计项目相关问题

（一）商誉减值测试程序不到位。一是SN所将商誉减值测试确定为关键审计事项，商誉的计价与分摊识别为高风险，应对总体方案选择为综合性方案，但SN所未对商誉减值测试执行穿行测试和控制测试。二是SN所与HLK公司、商誉资产组所在单位QC门窗有限公司（以下简称"QC公司"）、YW国际资产评估（SZ）有限公司（以下简称"YW评估"）共同协商确定了包含商誉的相关资产组，但相关商誉资产组包含了递延所得税资产 5 127.27 万元，导致商誉减值金额不准确。三是未充分复核利用 YW 评估专家工作。（1）未见 SN 所对 YW 评估出具的商誉减值测试表中各期"折旧摊销产生的现金流入""净经营长期资本增加等资本支出""经营营运资本增加""期初运营资金"等关键预测数据确定方法及结果进行分析性复核。（2）SN 所询问 YW 评估的评估师如何考虑 HD 集团债务风险对预测现金流的影响，评估师回复"对于后期债务风险，是通过经营现金流增加的方式予以考虑"。但 SN 所未关注评估机构如何通过经营现金流增加的方式予以考虑。

上述行为不符合《中国注册会计师审计准则第 1211 号——通过了解被审计单位及其环境识别和评估重大错报风险》第十五条，《中国注册会计师审计准则第 1231 号——针对评估的重大错报风险采取的应对措施》第八条、《中国注册会计师职业道德基本准则》第十一条，《中国注册会计师审计准则第 1301 号——审计证据》第十条，以及《会计监管风险提示第 8 号——商誉减值》之"二、商誉减值事项的审计之（一）常见问题"的规定。

（二）存货相关审计程序执行不到位。一是存货盘点程序执行不到位。（1）SN 所计划对 QC 公司 49 个发出商品项目样本实施现场盘点程序，实际盘点 22 个项目，27 个项目未实施现场盘点。SN 所对未能盘点的项目样本执行替代程序，但相关替代程序未能确认发出商品数量等关键数据。（2）在审计报告日后超过 5 个月未归档存货盘点相关取证照片或定位截图。二是存货减值测试程序执行不到位。（1）SN 所将 QC 公司存货评估为财务报表层次重大错报风险，应对总体方案选择为综合性方案，但未对存货减值测试执行穿行测试和控制测试。（2）SN 所未将生产定制化产品的生产成本纳入存货减值测试的范围，未对 HD 等高风险房地产客户相关的生产成本计提存货跌价准备。（3）发出商品减值测试底稿中，部分项目的客户名称匹配错误。三是未恰当分析性复核存货相关数据。（1）SN 所未对"采购单价波动超 20%"等异常情况执行进一步审计程序。（2）SN 所未对 QC 公司各年度之间以及当年各月之间的存货发生额波动及料工费占比异常情况进行分析性复核。(3) 合同履约成本中的安装成本、物流成本以及制造费用中的物流费、职工薪酬、水电费等能源消耗支出均系与销售规模、销售收入存在正相关的成本支出项目，但未见SN所对比分析上述变动成本和销售收入波动情况是否匹配及合理，以分析相关合同履约成本的完整性以及销售收入的真实性、合理性。

上述行为不符合《中国注册会计师审计准则第1101号——注册会计师的总体目标和审计工作的基本要求》第二十八条，《中国注册会计师审计准则第1131号——审计工作底稿》第十条、第十七条，《中国注册会计师审计准则第1301号——审计证据》第十条，《中国注册会计师审计准则第1311号——对存货、诉讼和索赔、分部信息等特定项目获取审计证据的具体考虑》第八条，《中国注册会计师审计准则第1211号——通过了解被审计单位及其环境识别和评估重大错报风险》第十五条，《中国注册会计师审计准则第1231号——针对评估的重大错报风险采取的应对措施》第八条以及《中国注册会计师审计准则第1313号——分析程序》第七条的规定。

(三) 确定重要性水平选择基准时相关因素考虑不全。SN所确定HLK公司2021年度审计重要性水平基准时未考虑HLK公司2021年当年度经营情况发生重大变化的影响。

上述行为不符合《中国注册会计师审计准则第1221号——计划和执行审计工作时的重要性》第十条及《〈中国注册会计师审计准则第1221号——计划和执行审计工作时的重要性〉应用指南》第6点的规定。

(四) 审计执业存在的其他问题。一是采购相关问题。(1) HLK公司应付账款周转率从2020年的3.31增长为4.62，但未见SN所对HLK公司应付账款周转率变化较大的异常情况进行分析性复核。(2) SN所获取了供应商工商资料，但未记录对供应商工商信息分析判断的过程即得出"经核查，未见异常"的核查结论。(3) SN所有22份供应商访谈记录未签字或盖章。二是收入风险评估相关问题。(1) SN所计划对HLK公司以下的控制措施执行穿行测试："1. 营销中心根据发展战略和年度生产经营计划，结合企业实际情况，制订年度销售计划，在此基础上结合客户订单情况，制订月度销售计划，并按规定的权限和程序审批后下达执行。2. 定期对各种产品（商品）区域销售额、进销差价、销售计划与实际销售情况等进行分析，结合生产状况，及时调整销售计划，调整后的销售计划需履行相应的审批程序"。但穿行测试底稿中，未见 SN 所执行与此相关的测试。(2) SN 所在对"客户开发与信用管理"进行评估时，获取并编制了应收账款客户信用政策检查表，但未对可用资金余额等关键字段进行解释，检查表部分数据存在无法勾稽一致等异常，如：可用资金余额均为负数；客户授信金额减期末余额不等于可用资金余额；"截至2022/03/04 的 21 年能用的授信金额"大于"协议授信金额"。三是 SN 所在内控测试底稿中记录"人力资源执行内部控制测试的结果表明本循环与相关交易和账户余额及其认定相关的控制予以信赖，无须进一步识别出其他风险"，但在风险评估阶段和内控测试阶段均未见 SN 所对人力资源业务循环中的会计控制进行了解和测试。四是在业务完成阶段，SN 所未对重要财务指标或异常变动情况进行具体分析、说明，未见 SN 所对其他信息进行核对。五是部分底稿编制错误。(1)《应付账款检查样本量选取情况表》中确定的财务报表整体重要性水平、认定层次重要性水平与风险评估阶段确定的重要性水平不一致；《WP-11-GP-01-应付账款检查样本量选取情况表》中合并范围内关联方发生数与《WP-05-应付账款关联方明细表》中数据不一致，且《WP-05-应付账款关联方明细表》存在各关联方应付账款明细的期初数、本期发生数、期末数数据无法勾稽的情况。(2) HLK 公司对 YL 建设工程有限公司的合同资产及应收账款坏账准备计提的比例不一致。其中，对合同资产余额按照单项以 50% 计提坏账准备，对应收款余额按照账龄组合以 20% 计提坏账准备。SN 所未对该情况进行说明。(3) HLK 公司合同资产科目工作底稿中显示，该公司前十大客户合同资产原值、对应坏账准备金额合计分别为 1 799 813.66 元、109 003.54 元，而该科目审定表期末审定数原值为 1 799 813.66 元，对应坏账准备金额为 362 532.66 元，两者存在差异。(4) 合同资产单项计提坏账准备底稿显示："公司对

ZH 市 HQW 置业有限公司的合同资产余额为 42 250.80 元，单项计提坏账金额为 302 824.42 元，计提比例为 50%"。

上述行为不符合《中国注册会计师审计准则第 1301 号——审计证据》第十条，《中国注册会计师审计准则第 1313 号——分析程序》第五条、第六条、第七条，《中国注册会计师审计准则第 1131 号——审计工作底稿》第十条，《中国注册会计师审计准则第 1211 号——通过了解被审计单位及其环境识别和评估重大错报风险》第十五条，《中国注册会计师审计准则第 1231 号——针对评估的重大错报风险采取的应对措施》第八条，《中国注册会计师审计准则第 1521 号——注册会计师对其他信息的责任》第十五条，以及《中国注册会计师审计准则第 1131 号——审计工作底稿》第十条的规定。

SN 所的上述行为不符合中国注册会计师执业准则的有关要求，违反了《上市公司信息披露管理办法》（证监会令第 40 号）第五十二条、第五十三条和《上市公司信息披露管理办法》（证监会令第 182 号）第四十五条、第四十六条的规定。吴某、周某作为 XH 娱乐 2020 年度财务报表审计报告的签字注册会计师，对 XH 娱乐 2020 年度财务报表审计中相关违规行为负有主要责任；张某、黄某龙作为 XH 娱乐 2021 年度财务报表审计报告的签字注册会计师，对 XH 娱乐 2021 年度财务报表审计中相关违规行为负有主要责任；吴某、潘某泉作为 HLK 公司 2021 年度财务报表审计报告的签字注册会计师，对 HLK 公司 2021 年度财务报表审计中相关违规行为负有主要责任。

根据《上市公司信息披露管理办法》（证监会令第 40 号）第六十五条和《上市公司信息披露管理办法》（证监会令第 182 号）第五十五条的规定，GD 监管局决定对 SN 所和吴某、周某、张某、黄某龙、潘某泉采取出具警示函的行政监管措施。

案例来源：

http://www.csrc.gov.cn/guangdong/c104560/c6689430/content.shtml

【案例 12】业务承接审批早于业务承接评价表等问题

案例简介：

2023 年 1 月 13 日，中国证监会 SC 监管局发布行政监管措施决定书，对 PS 会计师事务所（特殊普通合伙）（以下简称"PS 所"）及注册会计师陈某强、陈某良因业务承接审批早于业务承接评价表等风险评估底稿编制时间问题出具警示函并记入证券期货诚信档案。

案例分析：

PS 所在对 LD 信息安全技术股份有限公司（以下简称"LD 股份"）2021 年年报审计执业中存在以下问题：

一、初步业务活动存在问题

一是业务承接前的项目风险评估不到位，未结合 LD 股份 2020 年财务报告被出具保留意见、2021 年 7 月公告被债权人申请破产清算、2021 年 9 月因业绩预告重大差异被监管局采取行政监管措施以及被证监会立案调查等事项评估风险。二是业务承接审批流于形式。业务承接审批早于业务承接评价表等风险评估底稿编制时间，且未见风险管理委员会相关成员意见。

上述行为不符合《会计师事务所质量管理准则第 5101 号——会计师事务所对执行财务报表审计和审阅、其他鉴证和相关服务业务实施的质量控制》第三十一条和《中国注册会计师审计准则第 1121 号——对财务报表审计实施的质量控制》第二十六条的相关规定。

二、风险评估存在问题

一是对整体层面内部控制了解评价不到位。二是对业务层面（财务报告流程）内部控制了解评价不到位。三是相关底稿中未见记录重大错报风险及应对措施。

上述行为不符合《中国注册会计师审计准则第1211号——通过了解被审计单位及其环境识别和评估重大错报风险》第十七条、第二十一条、第三十五条的相关规定。

三、内控测试存在问题

一是未对 LD 股份及其子公司部分业务循环实施穿行测试。二是控制测试执行不到位。主要是未对部分关键控制点实施控制测试，控制测试选取的样本量不足，样本时间区间未覆盖全年。

上述行为不符合《中国注册会计师审计准则第1211号——通过了解被审计单位及其环境识别和评估重大错报风险》第十六条、《中国注册会计师审计准则第1231号——针对评估的重大错报风险采取的应对措施》第八条、第十一条的相关规定。

四、实质性审计程序存在问题

1. 银行存款审计不到位。一是未对相关子公司银行存款大额收支履行有效审计程序。二是对银行回函不符事项未履行进一步审计程序。

上述行为不符合《中国注册会计师审计准则第1301号——审计证据》第十条、《中国注册会计师审计准则第1131号——审计工作底稿》第十条、《中国注册会计师审计准则第1312号——函证》第二十一条的相关规定。

2. 应收账款审计不到位。一是未确定期初审计调整对本期发生数和期末余额的影响。二是对应收账款当期发生数未获取充分适当的审计证据。三是对未回函应收账款未履行有效的替代测试程序。四是部分发函证据未在审计底稿中保存。

上述行为不符合《中国注册会计师审计准则第1331号——首次审计业务涉及的期初余额》第八条、《中国注册会计师审计准则第1301号——审计证据》第十条、《中国注册会计师审计准则第1312号——函证》第十九条的相关规定。

3. 预付账款审计不到位。对个别子公司预付账款未执行函证以外的其他审计程序，对未发函的预付账款未执行替代审计程序。

上述行为不符合《中国注册会计师审计准则第1301号——审计证据》第十条的相关规定。

4. 在建工程审计不到位。未对期初数核实，未获取子公司关于在建工程增加的相关证据，未对在建工程进行实地监盘和查验情况，未判断是否存在减值迹象。

上述行为不符合《中国注册会计师审计准则第1331号——首次审计业务涉及的期初余额》第八条，《中国注册会计师审计准则第1301号——审计证据》第十条的相关规定。

5. 营业收入审计不到位

一是未对相关子公司营业收入执行必要的延伸审计程序。二是未对相关子公司"销售退回"等不当会计处理进行审计调整。

上述行为不符合《中国注册会计师审计准则第1101号——注册会计师的总体目标和审计工作的基本要求》第二十八条，《中国注册会计师审计准则第1141号——财务报表审计中与舞弊相关的责任》第三十一条、第三十三条，《中国注册会计师审计准则第1251号——评价审计过程中识别出的错报》第七条、第九条的相关规定。

五、底稿记录和质量控制存在问题

一是相关底稿数据错误。二是部分底稿结论和审计记录不符。三是部分审计底稿未形成审计结论。四是未见质控人员选取重大事项审计底稿、项目组形成重大判断和结论的审计底稿进行复核，在提出复核意见后，未评价项目组答复是否恰当。

上述行为不符合《中国注册会计师审计准则第1131号——审计工作底稿》第十条以及《中国注册会计师审计准则第1121号——对财务报表审计实施的质量控制》第三十四条、第三十五条的相关规定。

六、形成审计报告和出具审计意见存在问题

一是未考虑子公司LD信息安全技术有限公司（以下简称"LD技

术")营业收入相关内部控制重大缺陷及实质性测试缺乏证据支持的情况。二是未考虑 LD 技术采购与付款循环内部控制重大缺陷及控制无效的情况。

上述行为不符合《中国注册会计师审计准则第 1501 号——对财务报表形成审计意见和出具审计报告》第十八条的相关规定。

综上,PS 所的上述行为不符合中国注册会计师执业准则有关要求,违反了中国证监会《上市公司信息披露管理办法》(证监会令第 182 号)第四十五条、第四十六条的相关规定。陈某强、陈某良作为签字注册会计师,应承担主要责任。按照《上市公司信息披露管理办法》第五十五条的相关规定,SC 监管局决定对 PS 所分别采取出具警示函的监督管理措施并记入证券期货诚信档案。

案例来源:

http://www.csrc.gov.cn/sichuan/c104902/c6987516/content.shtml。

第四章

未履行必要审计程序和获取充分审计证据

【案例13】货币资金审计程序缺失或证据不充分等问题

案例简介：

2022年10月31日，中国证监会SZ监管局发布行政监管措施决定书，对YT（集团）会计师事务所（特殊普通合伙）（以下简称"YT所"）货币资金审计缺陷等问题出具警示函。

案例分析：

YT所在对DB科技股份有限公司（以下简称"DB科技"）审计项目执业过程中存在以下问题：

一、货币资金审计存在重大缺陷

YT所将货币资金、预付账款、应收账款等识别为重大错报风险，检查发现，DB科技子公司DB科技（香港）有限公司（以下简称"香港DB公司"）银行账户2019年底同时存在多笔大额销售回款和多笔大额设备采购预付款，YT所自公司获取了香港DB公司银行对账单的复印件，对于该对账单的可靠性，YT 所未执行进一步的审计程序。

上述行为不符合《中国注册会计师审计准则第 1231 号——针对评估的重大错报风险采取的应对措施》（2019）第七条，《中国注册会计师审计准则第 1301 号——审计证据》（2016）第十条、第十一条的相关规定。

二、大额设备采购相关审计不到位

香港 DB 公司自 2017 年初至 2019 年陆续以预付大额款项形式向境外供应商采购设备，后续对应三类资产：未收到设备的，形成其他非流动资产；设备已到货但未安装调试完毕的，形成在建工程；设备已安装投产的，形成固定资产。检查发现，YT 所对于公司大额设备采购相关的审计不到位：一是关于在建工程。上述在建工程中的设备实际付款时间均在 2019 年以前，YT 所对于期初余额未实施充分的审计程序；部分设备 2018 年已报关到货，部分 2019 年报关到货，但截至 2020 年 6 月底审计报告出具时仍处于未拆装状态，YT 所对于该部分在建工程是否存在减值未实施充分的审计程序。二是关于其他非流动资产。香港 DB 公司于 2017 年支付 1 840 万美元设备采购款，截至 2020 年 6 月底审计报告出具时仍未收到设备。对于该部分非流动资产期初余额的真实性、相关交易的商业合理性及坏账风险，YT 所未保持应有的职业怀疑，未实施充分的审计程序。

上述情况不符合《中国注册会计师审计准则第 1101 号——注册会计师的总体目标和审计工作的基本要求》（2019）第二十八条，《中国注册会计师审计准则第 1231 号——针对评估的重大错报风险采取的应对措施》（2019）第七条，《中国注册会计师审计准则第 1301 号——审计证据》（2016）第十条，《中国注册会计师审计准则第 1331 号——首次审计业务涉及的期初余额》（2019）第八条的相关规定。

三、函证程序执行不到位

DB 科技部分客户为境外主体。检查发现，YT 所发出的应收账款询证函收件地址均在境内，且某公司询证函回函上所盖印章的公司名称与销售合同上的公司名称不一致。对上述询证函的异常情形，YT 所未保持应有的职业怀疑，未实施进一步的审计程序。

上述行为不符合《中国注册会计师审计准则第 1101 号——注册会计师的总体目标和审计工作的基本要求》(2019)第二十八条,《中国注册会计师审计准则第 1312 号——函证》(2010)第十四条、第十七条的相关规定。此外,YT 所还存在货币资金相关控制测试底稿记录不完善问题。

SZ 证监局认定,YT 所的上述行为不符合中国注册会计师执业准则的有关要求,违反了《上市公司信息披露管理办法》(证监会令第 40 号)第五十二条、第五十三条的规定。

根据《上市公司信息披露管理办法》第六十五条的规定,SZ 证监局决定对 YT 所及注册会计师周某军、戴某永采取出具警示函的监督管理措施。并按照相关规定提醒 YT 所:应严格遵照相关法律法规和中国注册会计师执业准则的规定,采取措施加强内部管理,建立健全质量控制制度,确保审计执业质量;相关注册会计师应加强对证券期货相关法规的学习,勤勉尽责履行审计工作义务。

案例来源:

http://www.csrc.gov.cn/shenzhen/c104320/c6222474/content.shtml。

【案例 14】未对内部控制重要环节执行穿行测试等问题

案例简介：

2022 年 4 月 18 日，中国证监会发布行政处罚决定书，对 XYZH 会计师事务所（以下简称"XYZH 所"）因未对内部控制的重要环节执行穿行测试等问题，予以责令 XYZH 所改正违法行为、没收业务收入 150.94 万元、并处以 301.89 万元罚款；对常某波、白某敏给予警告、并分别处以 5 万元罚款。

案例分析：

XYZH 所在对 LSW 信息技术（北京）股份有限公司（以下简称"LSW 公司"）2015 年、2016 年年报审计业务中存在以下问题：

一、XYZH 所为 LSW 公司提供审计服务情况

经中国证监会另案查明，LSW 公司 2007 年至 2016 年连续十年虚增业绩，其中 2015 年、2016 年分别虚增利润总额 38 295.18 万元、43 276.33 万元。XYZH 所为 LSW 公司 2015 年、2016 年年度财务报表提供审计服务，分别出具了无保留意见及带强调事项无保留意见的审计报告（强调事项与销售收入及利润无关），审计报告的签字注册会计师均为常某波、白某敏，各年度审计服务费均为 754 717 元，共计收取 1 509 434 元。

二、XYZH 所在对 LSW 公司 2015 年度财务报表审计时，未勤勉尽责，出具的报告存在虚假记载

注册会计师在风险评估时，认定 LSW 公司客户管理层、股东、关键管理人存在舞弊风险，该风险与公司所有内部控制相关、与财务报表整体广泛相关、与报表中所有科目相关，是仅通过实质性程序无法应对的重大

错报风险；认定"收入的真实性及收入确认时点是否正确的风险"和销售与收款循环内部控制相关，与财务报表整体广泛相关，与营业收入、成本的真实性、完整性及相关科目的准确性相关。

（一）未对广告业务"销售与收款循环"内部控制中的重要环节进行穿行测试

LSW 公司广告业务内部控制流程有"对账与调节"环节：应收账款主管每月复核与客户的对账报告，即向客户寄发的对账单是否均已收回，客户回复金额是否与明细账记录金额一致；如有差异，差异原因是否已经调查，是否需要调整会计记录。注册会计师未对这一重要环节进行穿行测试。

（二）未执行控制测试

注册会计师未选取样本对广告业务"销售与收款循环"内部控制有效性进行测试，却得出"内控有效"的审计结论。

（三）IT 审计测试——FZ 系统的审计结论缺少证据支持

注册会计师通过访谈了解了 LSW 公司广告业务系统——FZ 系统的基本情况，认为广告业务有较多的人工控制，要求提取 AK 航空有限公司 TJ 分公司（以下简称"AK 航空"）、YM 广告有限公司（以下简称"YM 广告"）等 5 家公司广告投放量、排期等系统数据。注册会计师在审计工作底稿中记载："五家公司投放量、排期等系统数据提取尚未提供，无样本"，注册会计师也未进行穿行测试、控制测试，却得出"未发现异常"的审计结论。

（四）未对广告业务收入设计有针对性的审计程序

2015 年 LSW 公司广告业务收入 263 367.78 万元，占当期营业收入的 20.23%，较 2014 年广告业务收入增长 67.53%。注册会计师在风险评估时，认定 LSW 公司客户管理层、股东、关键管理人存在舞弊风险，认定销售收入存在舞弊风险。

在此情况下，针对广告业务收入的重大错报风险，注册会计师在"重大错报风险及特别风险的应对措施"中仅设计了两个审计程序：（1）将本期收入与上期对比,关注波动大的产品;(2)合同排期是否与广告业务系统排期一致,收入金额是否与合同金额一致。未结合 LSW 公司广告业务特点以及上述风险评估情况设计有针对性的审计程序。

上述行为违反了《中国注册会计师审计准则第 1211 号——通过了解被审计单位及其环境识别和评估重大错报风险》第十六条"在了解与审计相关的控制时,注册会计师应当综合运用询问被审计单位内部人员和其他程序,以评价这些控制的设计并确定其是否得到执行。"《中国注册会计师审计准则 1231 号——针对评估的重大错报风险采取的应对措施》第八条"当存在下列情形之一时,注册会计师应当设计和实施控制测试,针对相关控制运行的有效性,获取充分、适当的审计证据:(一)在评估认定层次重大错报风险时,预期控制的运行是有效的(即在确定实质性程序的性质、时间安排和范围时,注册会计师拟信赖控制运行的有效性);(二)仅实施实质性程序并不能够提供认定层次充分、适当的审计证据。"《中国注册会计师审计准则第 1301 号——审计证据》第十条"注册会计师应当根据具体情况设计和实施恰当的审计程序,以获取充分、适当的审计证据。"《中国注册会计师审计准则第 1141 号——财务报表审计中与舞弊相关的责任》第三十一条"按照《中国注册会计师审计准则第 1231 号——针对评估的重大错报风险采取的应对措施》的规定,注册会计师应当设计和实施进一步审计程序,审计程序的性质、时间安排和范围应当能够应对评估的由于舞弊导致的认定层次的重大错报风险。"的规定。

(五)未有效执行应收账款函证替代程序

注册会计师对 LSW 公司 92 家客户应收账款进行函证,36 家客户回函,回函金额占期末应收账款余额的 17.87%;56 家客户未回函。注册会计师未对全部未回函的客户进行替代测试,仅选取了 36 家未回函客户执行了替代测试程序。

在执行函证替代测试程序的下列客户中,注册会计师仅获取了应收账款明细表或 LSW 公司广告业务系统部分销售订单,或前述二者,未获取其他相关、可靠的审计证据。这些客户包括:GJ 广告有限公司、JS 广传播有限公司、AK 航空、XSJ 传媒科技有限公司、YM 广告、MS 广告传播有限公司、DRJY 广告有限公司、WPH 信息科技有限公司、SJ 科技有限公司（以下简称"SJ 公司"）、MJ 网络科技有限公司、LJ 科技有限公司。此外，未发函、未有效执行函证替代测试程序的 BSBC 国际广告传媒有限公司、DCWZ 广告有限公司以及发函未回函且未做替代测试的 HM 动画设计股份有限公司连同上述 11 家客户均系 2015 年 LSW 公司虚假业务客户，共计虚增利润 32 797.51 万元，占当年披露利润总额的 442.20%。

上述行为违反了《中国注册会计师审计准则第 1312 号——函证》第十九条"在未回函的情况下，注册会计师应当实施替代程序以获取相关、可靠的审计证据。"的规定。

三、XYZH 所在对 LSW 公司 2016 年度财务报表审计时未勤勉尽责，出具的报告存在虚假记载

注册会计师在风险评估时，认定 LSW 公司客户管理层、股东、关键管理人存在舞弊风险，该风险与公司所有内部控制相关、与财务报表整体广泛相关、与报表中所有科目相关，是仅通过实质性程序无法应对的重大错报风险；认定"收入是否真实、收入确认政策是否合理、收入确认时点是否正确、收入成本是否存在跨期的风险"和销售与收款循环内部控制相关，与财务报表整体广泛相关，与营业收入、成本的真实性、完整性及相关科目的准确性相关。

（一）对 LSW 公司内部控制缺陷的判断存在错误

注册会计师对 LSW 公司广告业务"销售与收款循环"进行了内控测试。控制目标"主要风险和报酬转移后对销售收入进行确认"对应的控制措施描述为：广告实际投放后，应收账款主管复核与客户的对账报告，即向客户寄发的对账单是否均已收回，客户回复金额是否与明细账记录金额一致，如有差异，差异原因是否已经调查，是否需要调整会计记录。控制频率为每月一次。注册会计师将此控制认定为关键控制，以防止未经发布的广告确认了收入。

注册会计师在穿行测试时即发现这一控制措施未得到执行，即没有收

到客户的对账回单，但仍得出"未发现销售收款循环中有缺失的环节"的审计结论，也未选取样本进行控制测试。

注册会计师在"业务层面缺陷评估表"中将发现的两个内控缺陷描述为：（1）LSW 公司每月根据广告的实际投放进度与客户进行对账，但未留下纸质对账单；（2）LSW 公司签订的广告合同约定有第三方检测报告，但实际业务执行过程中大部分为内部数据信息，该信息财务未留存。对方收到对账邮件后未反馈就视同认可。建议公司留存对方确认信息或双方签字确认。注册会计师将上述两个缺陷认定为一般缺陷。

根据 LSW 公司广告业务特点、广告行业的通常做法以及注册会计师对此控制措施的认定，上述缺陷应属内部控制的重大缺陷，注册会计师判断错误。同时，注册会计师也未意识到上述重大缺陷增加了广告业务的舞弊风险。

（二）对 LSW 公司内部生成的信息，未获取充分、适当的审计证据证明内部生成信息的可靠性、完整性与准确性

注册会计师在重点审计领域策略中提出：要利用 IT 审计人员对 LSW 公司广告业务系统——FZ 系统进行审计，了解公司在广告投放过程中相关数据是否存在舞弊。在内部控制测试以及营业收入实质性测试程序中，注册会计师均使用 FZ 系统的曝光量数据。用广告客户订单中约定的单价乘以 FZ 系统中的曝光量，二者的乘积即为广告实际投放收入。将其与订单金额进行比较，用以确认广告实际投放金额与订单金额是否相符、金额是否准确。经查，注册会计师未获取充分、适当的审计证据证明 FZ 系统曝光量数据的可靠性、完整性与准确性。经另案查明，SJ 公司、HXYX 智库信息技术有限公司（以下简称"HXYX 公司"）从未与 LSW 公司发生过广告业务，但据工作底稿显示，却存在曝光量数据。

（三）在营业收入实质性测试程序中，对于发现的异常情况，注册会计师未采取进一步审计程序以获取充分、适当的审计证据

注册会计师从广告业务系统——FZ 系统中提取了 40 家广告客户 2016 年全年按订单汇总的曝光次数，其中以下两家客户在 FZ 系统中未检索到：

YL文化传媒有限公司（以下简称"YL文化"）、ZHD网络技术（BJ）股份有限公司（以下简称"ZHD公司"）。注册会计师在对上述提取数据进行复核时，对于上述两家公司2016年有广告收入但在FZ系统却检索不到公司名称的原因解释为：上述两家公司分别代替AY科技有限公司及XS科技有限公司投放广告，FZ系统未更替信息。但注册会计师未调取替代公司广告业务合同或广告订单等证据以印证上述解释的合理性。经另案查明，YL文化与ZHD公司均为LSW公司2016年虚假广告业务客户，共计虚增利润9 837.28万元，占当年披露利润总额的29.93%。

（四）在营业收入实质性测试程序中，部分测试样本计算的广告实际投放收入与订单金额存在重大差异，注册会计师未采取进一步审计程序以获取充分、适当的审计证据

注册会计师在营业收入实质性审计程序中，抽取了10家大额广告客户261笔线上广告投放订单，用订单中约定的单价乘以FZ系统中的曝光量，与订单金额进行比较，用以确认广告实际投放金额与订单金额是否相符，金额是否准确。

审计底稿显示，有17笔订单的差异率在±40%以上，其中正向差异率最大为2 343.52%，负向差异率最大为-99.91%。在这17笔订单中，包括LSW公司2016年虚假业务客户HXYX公司，其有两笔订单的差异率均为-50.00%。据另案查明，HXYX公司从未与LSW公司发生广告业务往来。在上述17笔订单存在重大差异的情况下，注册会计师未采取进一步审计程序，直接得出"测算差异较小，未发现异常"的审计结论。上述重大差异也在一定程度上表明，FZ系统曝光量数据的可靠性、完整性与准确性存在疑虑。

上述行为违反了《中国注册会计师审计准则第1301号——审计证据》第十条、第十二条"在使用被审计单位生成的信息时，注册会计师应当评价该信息对实现审计目的是否足够可靠，包括根据具体情况在必要时实施下列程序：（一）获取有关信息准确性和完整性的审计证据；（二）评价信息对实现审计目的是否足够准确和详细……"《中国注册会计师鉴证业

务基本准则》第二十八条"注册会计师应当以职业怀疑态度计划和执行鉴证业务,获取有关鉴证对象信息是否不存在重大错报的充分、适当的证据。",《中国注册会计师审计准则第1314号——审计抽样》第二十一条"注册会计师应当调查识别出的所有偏差或错报的性质和原因,并评价其对审计程序的目的和审计的其他方面可能产生的影响。"第二十四条"注册会计师应当对下列方面进行评价:(一)样本结果;(二)使用审计抽样是否已为注册会计师针对所测试的总体得出的结论提供合理基础。"的规定。

中国证监会认为,XYZH所的上述行为违反了《中华人民共和国证券法》(2005年修正版)第一百七十三条"证券服务机构为证券的发行、上市、交易等证券业务活动制作、出具审计报告、资产评估报告、财务顾问报告、资信评级报告或者法律意见书等文件,应当勤勉尽责,对所依据的文件资料内容的真实性、准确性、完整性进行核查和验证。其制作、出具的文件有虚假记载、误导性陈述或者重大遗漏,给他人造成损失的,应当与发行人、上市公司承担连带赔偿责任,但是能够证明自己没有过错的除外。"的规定,构成《中华人民共和国证券法》(2005年修正版)第二百二十三条"证券服务机构未勤勉尽责,所制作、出具的文件有虚假记载、误导性陈述或者重大遗漏"的行为。在相关年度审计报告上签字的注册会计师常某波、白某敏为直接负责的主管人员。

根据当事人违法行为的事实、性质、情节与社会危害程度,依据《中华人民共和国证券法》(2005年修正版)第二百二十三条的规定,中国证监会决定:

(1)责令XYZH所改正违法行为,没收业务收入150.94万元,并处以301.89万元罚款;

(2)对常某波、白某敏给予警告,并分别处以5万元罚款。

案例来源:

http://www.csrc.gov.cn/csrc/c101928/c2379115/content.shtml

【案例 15】审计证据的生成日期晚于审计报告出具日等问题

案例简介：

2021 年 12 月 6 日，中国证监会 SC 证监局发布行政监管措施决定书，对 XYZH 会计师事务所（特殊普通合伙）（以下简称"XYZH 所"）及注册会计师庄某兰、蔡某因审计证据的生成日期晚于审计报告出具日等问题采取出具警示函的监督管理措施。

案例分析：

XYZH 所在 XJL 集团股份有限公司（以下简称"XJL 公司"）2020 年年报审计项目执业中存在以下问题：

一、实质性程序

（一）子公司审计存在审计证据的生成日期晚于审计报告出具日，应收票据、在建工程审计程序不到位，未检查电梯售后回租等子公司业务内部审批的合规性，未检查收购股权的交割及相关资产交接过户完成情况，未反映投资无立项及尽调资料的内控缺陷，对债务代偿协议效力、油品赊销业务及与关联方的油品抵账事项未获取充分适当证据等问题。

（二）货币资金审计存在开户清单核对、银行存款函证、银行流水核对、抽凭及截止测试不到位等问题。

（三）母公司审计存在对公司采购财务、内控相关咨询服务及 4 万吨离子膜钾碱业务未获取充分适当审计证据，对前述业务存在的异常情形未实施进一步审计程序，在预算控制测试结论中未反映业务存在的预算内控执行偏差等问题。

此外，XYZH 所还存在底稿记录不充分或底稿缺失，对 XJL 公司资产收购 ZJQZ 债权业务未获取充分适当证据等问题。

上述行为不符合《中国注册会计师审计准则第 1101 号——注册会计师的总体目标和审计工作的基本要求》第二十八条，《中国注册会计师审计准则第 1231 号——针对评估的重大错报风险采取的应对措施》第十六条、第二十三条，《中国注册会计师审计准则第 1323 号——关联方》第二十四条，《中国注册会计师审计准则第 1141 号——财务报表审计中与舞弊相关的责任》第三十六条，《中国注册会计师审计准则第 1314 号——审计抽样》第十六条，《中国注册会计师审计准则第 1312 号——函证》第十二条、第十四条、第二十一条，《中国注册会计师审计准则第 1301 号——审计证据》第十条、第十五条，《中国注册会计师审计准则第 1131 号——审计工作底稿》第九条、第十条的规定。

二、风险评估和控制测试

审计中存在筹资与投资穿行测试不到位；部分子公司无销售与收款、采购与付款循环穿行测试或穿行、控制测试不到位；未对子公司工程项目管理、结算与验收相关内控实施穿行、控制测试；审计计划未将在建工程评估为重要账户或列报；未在内控审计报告中披露应收账款安全存在重大控制缺陷事项并重新评估相关控制测试结论的适当性等问题。

上述行为不符合《中国注册会计师审计准则第 1211 号——通过了解被审计单位及其环境识别和评估重大错报风险》第十四条，《中国注册会计师审计准则第 1231 号——针对评估的重大错报风险采取的应对措施》第七条、第二十五条，《中国注册会计师审计准则第 1101 号——注册会计师的总体目标和审计工作的基本要求》第二十八条，《中国注册会计师审计准则第 1301 号——审计证据》第十条的规定。

XYZH 所的上述行为违反了《上市公司信息披露管理办法》（证监会令第 40 号）第五十二条、第五十三条的规定。按照《上市公司信息披露管理办法》第六十五条的规定，SC 监管局决定对 XYZH 所采取出具警示函的监督管理措施。

案例来源：

http://www.csrc.gov.cn/sichuan/c104902/c1574964/content.shtml。

【案例16】实施函证（或替代测试）程序不到位等问题

案例简介：

2021年11月4日，中国证监会发布行政处罚决定书，对ZTY会计师事务所（特殊普通合伙）（以下简称"ZTY所"）因往来款审计程序存在缺陷等问题予以责令改正，没收业务收入575万元，并处以1150万元罚款；对杨某刚、张某富给予警告，并分别处以10万元罚款。

案例分析：

ZTY所在对ST集团股份有限公司（以下简称"ST集团"）2013年至2017年年度财务报表审计执业过程中存在以下问题：

一、ZTY所在对ST集团2013年至2017年年度财务报表审计时未勤勉尽责

（一）实质性审计程序存在缺陷

1. 应收账款审计程序存在缺陷

ZTY所在对ST钢帘线有限公司（以下简称"ST钢帘线"）、ST化工有限公司（以下简称"ST化工"）、ST光学材料科技有限公司（以下简称"ST光科"）应收账款进行审计时，对销售客户期末应收账款余额进行了函证。ZTY所在2013年度至2017年度应收账款函证程序的设计和实施中存在以下缺陷：

第一，函证设计存在缺陷。仅函证当期余额，未按照计划实施的审计程序选择主要客户函证当期销售额。

第二，未对函证实施过程保持控制。审计底稿中寄发的应收账款询证函均交由ST集团的工作人员代为发出，审计人员除在填写现场函证工作

记录中向企业获取个别被询证单位地址外，在其他审计过程中都没有取得被函证单位的地址，没有形成函证地址或核对函证地址的审计底稿，没有填写发函快递单。审计人员将询证函交给下属子公司的会计人员后至函证发出整个过程，都没有参与和监督 ST 集团人员发函的过程，也没有向被函证单位以电话或其他形式问询或催收过函证（ST 集团后安排将虚假回函给 ZTY 所）。审计底稿中涉及的现场函证均不属实。ZTY 所将应收账款函证交由 ST 集团代为发出的行为，导致其未能发现应收账款期末余额与客户账面余额不符的异常情况，进而未能发现 ST 集团利用下属三家子公司虚构销售的事实。

第三，未对取得的回函进行评价，无法保证回函的可靠性。审计底稿中部分回函由 ST 集团人员提供，部分回函附有邮寄至 ZTY 所的快递单，但由于审计人员未直接发出函证，无法保证回函来源于被询证者或经其授权，同时未关注到询证函回函客户印章存在明显异常。

ZTY 所在应收账款实质性程序中，未对函证保持控制，未对回函异常情况保持职业怀疑，实施函证程序的结果无法对应收账款和营业收入提供可靠的审计证据，违反了《中国注册会计师审计准则第 1101 号——注册会计师的总体目标和审计工作的基本要求》第二十八条，《中国注册会计师审计准则第 1301 号——审计证据》第十条，《中国注册会计师审计准则第 1312 号——函证》第十四条、第二十三条的规定。

2. 营业收入实质性程序未保持职业怀疑

（1）未对纳税申报资料异常情况保持职业怀疑。

ZTY 所取得的 2013 年度至 2015 年度 ST 钢帘线的增值税纳税申报表、所得税纳税申报表为 ST 集团伪造的纳税申报表。

2013 年度，ZTY 所取得的 ST 钢帘线相关增值税纳税申报表中存在以下异常：第一，注册会计师取得 2013 年 2 月、4 月、6 月、9 月的增值税纳税申报表的税务机关接收日期分别为 2013 年 3 月 17 日、2013 年 5 月 12 日、2013 年 7 月 14 日、2013 年 10 月 13 日，上述日期皆为周日，2013 年 11 月的增值税纳税申报表接收日期为 2013 年 12 月 14 日，该日期为周六；

第二，相关纳税申报表的接收人员签字、接收日期、税务机关的盖章都未在指定位置。针对 ST 钢帘线 2013 年度的所得税审计中，未见 ZTY 所取得税务部门出具的汇算清缴报告或者税务代理机构出具的纳税鉴证报告，并且 ZTY 所取得的年度所得税纳税申报表存在以下异常：第一，企业所得税年度纳税申报表（A 类）相关金额只有审核数没有申报数，相关签名盖章部分没有"主管税务机关受理专用章""受理人""受理日期"相关栏目；第二，企业所得税申报表中无主管税务机关接收的相关填写内容，税务机关却有盖章。

2014 年度，ZTY 所取得的相关增值税纳税申报表中存在以下异常：第一，增值税纳税申报表的主管税务机关接收人、接收日期均未签字或者签章；第二，ST 钢帘线提供的 2014 年 6－12 月的增值税纳税申报表的接收机关的印章与之前的印章有明显的区别，未见注册会计师就该变化对企业进行询问。针对 ST 钢帘线 2014 年度的所得税审计中，未见 ZTY 所取得税务部门出具的汇算清缴报告或者税务代理机构出具的纳税鉴证报告，并且 ZTY 所取得的年度所得税纳税申报表存在以下异常：第一，企业所得税年度纳税申报表（A 类）相关金额只有审核数没有申报数，相关签名盖章部分没有"主管税务机关受理专用章""受理人""受理日期"相关栏目；第二，企业所得税申报表中无主管税务机关接收的相关栏目，却有税务机关盖章签字。

从 2015 年开始企业采用网上申报，但是 ZTY 所取得的 ST 钢帘线相关增值税纳税申报表中存在"档次"一列的行宽被人为压缩的情况，另外在网上申报的情况下，未见注册会计师将企业提供的资料与企业报税系统数据进行比对的审计过程。在网上申报的情况下，ZTY 所取得的 ST 钢帘线、ST 化工 2015 年度所得税纳税申报表，未见注册会计师将企业提供的资料与企业报税系统数据进行比对的审计过程，未见注册会计师取得企业的纳税申报鉴证报告。

ZTY 所在获取相关资料时未能保持应有的职业怀疑，未能发现企业向其提供的纳税申报表存在异常情况，违反了《中国注册会计师审计准则第

1101 号——注册会计师的总体目标和审计工作的基本要求》第二十八条，《审计准则第 1141 号——财务报表审计中与舞弊相关的责任》第十四条，《中国注册会计师审计准则第 1301 号——审计证据》第十条、第十一条的规定。

（2）未获取产能资料并执行产能分析程序。

ZTY 所在 2013 年度至 2017 年度审计过程中均未获取 ST 钢帘线及 ST 光科的产能相关资料，也未对产能利用率与产成品入库当期增加进行分析，导致未能发现两家公司产能利用率大幅超过其实际最大产能的异常情况。

ZTY 所未保持应有的职业怀疑，违反了《中国注册会计师审计准则第 1101 号——注册会计师的总体目标和审计工作的基本要求》第二十八条，《中国注册会计师审计准则第 1301 号——审计证据》第十条的规定。

（3）未对合同异常情况保持职业怀疑。

ST 化工账套中客户名称、ST 化工 2014 年度和 2015 年度主营业务收入实质性测试审计底稿中 SATO 生物科技股份有限公司（以下简称"SATO 生物"）合同中印章公司名称存在错误，名称应为"菏泽 SATO 生物科技有限公司"。

2010 年 1 月 19 日至 2014 年 10 月 16 日，SATO 生物曾用名为"菏泽 SATO 生物科技有限公司"，后更名为"SATO 生物科技股份有限公司"，推定公司印章同步进行更换。审计底稿中客户印章存在明显异常。

ZTY 所在审计过程中未能发现上述异常，未保持应有的职业怀疑，违反了《中国注册会计师审计准则第 1101 号——注册会计师的总体目标和审计工作的基本要求》第二十八条，《审计准则第 1141 号——财务报表审计中与舞弊相关的责任》第十四条，《中国注册会计师审计准则第 1301 号——审计证据》第十条、第十一条的规定。

（4）未对发票异常情况保持职业怀疑。

ST 钢帘线 2013 年度审计工作底稿中，ZTY 所抽取了 ST 钢帘线对 HY 轮胎有限公司开具的增值税专用发票共计 19 张，合计金额为 16 581 万元，远大于 2013 年度 ST 钢帘线对 HY 轮胎有限公司的真实销售收入 632.85 万元，且存在将销售发票的收票人地址写错的情况。经核实，上述发票及对应业务皆为虚构。

ZTY 所在审计过程中对凭证附件的检查流于形式，未关注相关销售发票中的异常情况并保持职业怀疑，违反了《中国注册会计师审计准则第 1101 号——注册会计师的总体目标和审计工作的基本要求》第二十八条，《审计准则第 1141 号——财务报表审计中与舞弊相关的责任》第十四条，《中国注册会计师审计准则第 1301 号——审计证据》第十条、第十一条的规定。

（5）未对上市公司客户、可比公司的公开资料进行查询并未对异常情况保持职业怀疑。

SJ 轮胎股份有限公司为 ST 钢帘线 2012 年至 2015 年前五大客户，其公开披露的 2013 年度、2014 年度向 ST 钢帘线采购数据与 ST 钢帘线提供的对 SJ 轮胎股份有限公司销售收入存在巨大差异。同时 ZTY 所未对 ST 钢帘线销售均价远超过同行业排名第一的 JSXD 钢帘线股份有限公司的异常保持职业怀疑，未能实施进一步的审计程序。

ZTY 所未保持应有的职业怀疑，违反了《中国注册会计师审计准则第 1101 号——注册会计师的总体目标和审计工作的基本要求》第二十八条的规定。

3. 应付账款审计程序存在缺陷

ZTY 所在对 ST 钢帘线应付账款进行审计时，对供应商期末应付账款余额进行的函证程序存在以下缺陷：第一，未对函证实施过程保持控制，将供应商 HT 国际贸易有限公司（以下简称"HT 贸易"）、SHYF 商贸有限公司（以下简称"SHYF"）、BRQ 商贸有限公司（以下简称"BRQ"）、SF 物资有限公司、WFTG 集团有限公司询证函交由 ST 集团的工作人员发出，具体过程与应收账款询证函代为发出情况一致（ST 集团后安排将虚假回函给 ZTY 所）。第二，未对取得的回函进行评价，无法保证回函的可靠性。审计底稿中部分回函由 ST 集团人员提供，部分回函附有邮寄至 ZTY 所的快递单,但由于审计人员未直接发出函证,无法保证回函来源于被询证者或经其授权。ZTY 所将应付账款函证交由 ST 集团代为发出的行为,导致其未能发现应付账款期末余额与供应商账面余额不符的异常情况,进而未能发现 ST 集团利用 ST 钢帘线、ST 化工虚构采购的事实。

ZTY 所在应付账款实质性程序中,未对函证保持控制,实施函证程序的结果无法对应付账款提供可靠的审计证据,违反了《中国注册会计师审计准则第 1101 号——注册会计师的总体目标和审计工作的基本要求》第二十八条,《中国注册会计师审计准则第 1301 号——审计证据》第十条,《中国注册会计师审计准则第 1312 号——函证》第十四条、第二十三条的规定。

(二) 识别、评估重大错报风险因素方面存在缺陷

1. ST 化工为 ST 集团重要组成部分,ZTY 所未按照审计程序实地察看被审计单位主要生产经营场所,未发现 ST 化工实际已处于停产状态。

ST 化工构成 ST 集团合并报表重要组成部分。在 2013 年度至 2017 年度审计期间,ZTY 所未执行"实地察看被审计单位主要生产经营场所"的审计程序,未能发现 ST 化工处于停产状态,进而未发现 ST 化工虚构销售和采购的事实。

上述行为无法实现风险评估的审计目的,不符合《中国注册会计师审计准则第 1211 号——通过了解被审计单位及其环境识别和评估重大错报风险》第九条,《中国注册会计师审计准则第 1301 号——审计证据》第十条的规定。

2. 未对前五大供应商集中且同时为客户的异常情况保持职业怀疑并有效实施进一步审计程序

ST 钢帘线 2013 年度至 2017 年度前五大供应商集中且与 ST 化工前五大供应商存在重合,均有 HT 贸易、SHYF 和 BRQ,并且供应商中 HT 贸易、SHYF 在 2015 年度至 2017 年度同时为 ST 钢帘线的客户且发生额较大,三个年度以 HT 贸易为客户共发生主营业务收入 20.46 亿元、以 SHYF 为客户共发生主营业务收入 21.96 亿元。

依据上述三家公司与 ST 钢帘线、ST 化工的业务往来规模,审计过程中 ZTY 所应当获取上述三家公司的工商信息却未获取,并将有关函证交由被审计对象发送,其实施的审计程序不足以对三家公司与 ST 集团之间的交易不存在重大错报风险予以合理保证。

作为 ST 集团的全资子公司,HT 贸易、SHYF、BRQ 均存在工商异常情况。HT 贸易的法定代表人为 ST 钢帘线会计人员胡某泉,BRQ 法定代表人在 2018 年 4 月以前为 ST 光科的总经理周某阳,SHYF 法定代表人为 ST 集团办公室主任王某芝。鉴于胡某泉是 ST 钢帘线的会计人员,项目组在审计时与胡某泉接触较多且相互认识,ZTY 所应当对 HT 贸易的法定代表人为胡某泉的事项保持职业怀疑并实施进一步审计程序。综上,ZTY 所未对 HT 贸易等三家公司存在重大错报风险保持职业怀疑,并有效实施进一步审计程序,未能发现 HT 贸易为 ST 集团子公司以及 ST 集团利用上述三家公司虚构销售和采购的事实。

ZTY 所的上述行为不符合《中国注册会计师审计准则第 1101 号——注册会计师的总体目标和审计工作的基本要求》第二十八条,《审计准则第 1141 号——财务报表审计中与舞弊相关的责任》第二十三条的规定。

(三)内部控制审计程序存在缺陷

ZTY 所在对 ST 集团 2013 年度至 2017 年度审计时,只在 ST 集团层面进行控制测试,没有在 ST 集团各子公司实施控制测试,未在了解被审计单位及其环境、内部控制审计程序中获取 ST 钢帘线、ST 光科的 ERP 系统数据,没有对 ERP 系统实施内部控制审计程序,未获取充分适当的审计证据。

ST 钢帘线、ST 光科的 ERP 系统数据均可反映两家公司的实际业务情况。通过获取 ST 钢帘线、ST 光科的 ERP 系统数据,可以发现 ST 钢帘线、ST 光科存在虚假采购、销售的事实。

ZTY 所在审计过程中未了解与财务报告相关的信息系统(包括相关业务流程),未进行重大业务内部控制测试,在控制测试环节的结论为"控制有效,可适当简化实质性测试",选择了对控制有效性的高度信赖,该评价没有充分、适当的审计证据支持，不符合《中国注册会计师审计准则第 1211 号——通过了解被审计单位及其环境识别和评估重大错报风险》第二十一条，《中国注册会计师审计准则第 1231 号——针对评估的重大错报风险采取的应对措施》第八条、第九条的规定。

二、ZTY 所出具的 ST 集团 2013 年至 2017 年年度审计报告存在虚假记载

经证监会另案查明，2013 年度至 2017 年度，ST 集团以 ST 钢帘线、ST 化工、ST 光科三家子公司为造假实体，通过复制真实账套后增加虚假记账凭证生成虚假账套、虚构购销业务等方式实施财务造假，虚增主营业务收入金额共计 615.40 亿元；由虚增主营业务收入扣除虚增主营业务成本、税金及附加，ST 集团虚增利润总额为 113.00 亿元。ST 集团将虚假账套数据提供给审计机构。

此外，ST 集团在审计机构 ZTY 所出具 2016 年度、2017 年度的审计报告后，直接修改经审计后的 ST 集团合并会计报表，在修改后的财务报表上加盖虚假的 ZTY 所印章后将报表对外披露。通过该方式，ST 集团 2016 年度虚增利润总额 4.41 亿元，2017 年度虚增利润总额 1.70 亿元。

通过上述方式，ST 集团 2013 年度至 2017 年度累计虚增主营业务收入 615.40 亿元，累计虚增利润总额 119.11 亿元。扣除虚增利润后，ST 集团各年利润状况为亏损。上述行为导致 ST 集团案涉年度报告存在虚假记载。

ZTY 所作为 ST 集团 2013 年度至 2017 年度财务报表的审计机构，均出具了标准无保留意见的审计报告，每年收费 115.00 万元，合计收费 575.00 万元，签字注册会计师为杨某刚、张某富。

证监会认为，ZTY 所的上述行为违反了《中华人民共和国证券法》（2005 年修正版）第一百七十三条的规定，构成《中华人民共和国证券法》（2005 年修正版）第二百二十三条所述的"证券服务机构未勤勉尽责，所制作、出具的文件有虚假记载、误导性陈述或者重大遗漏"的行为。

签字注册会计师杨某刚、张某富是 ZTY 所出具 2013 年度至 2017 年度虚假财务报表审计报告的直接负责的主管人员。

根据当事人违法行为的事实、性质、情节与社会危害程度，依据《中华人民共和国证券法》（2005年修正版）第二百二十三条，证监会决定：

（1）对ZTY所予以责令改正，没收业务收入575万元，并处以1 150万元罚款；

（2）对杨某刚、张某富给予警告，并分别处以10万元罚款。

案例来源：

http：//www.csrc.gov.cn/csrc/c101928/c1560139/content.shtml。

【案例 17】 收入和成本审计程序执行不到位等问题

案例简介：

2022 年 11 月 2 日，中国证监会 XM 监管局发布行政监管措施决定书，对 ZSZH 会计师事务所（特殊普通合伙）（以下简称"ZSZH 所"）及注册会计师陈某贤、殷某兰因收入和成本审计程序执行不到位等问题采取出具警示函的行政监管措施，并记入诚信档案。

案例分析：

ZSZH 所接受 WZ 生物科技股份有限公司（以下简称"WZ 生物"）委托，对其 2020 年以及 2021 年财务报表发表专业意见。该审计项目存在以下问题：

一、风险评估程序执行不到位

ZSZH 所在执行风险评估程序时，审计底稿中对于公司劳动用工情况、生产经营季节性周期性、行业产品平均价格等描述与实际不符。

以上情形不符合《中国注册会计师审计准则第 1301 号——审计证据》(2016) 第十条的规定。

二、函证程序执行不到位

（一）ZSZH 所对于某供应商 2021 年度应付账款以及采购额询证函回函差异，未执行替代程序，未在审计底稿中记录差异原因。

（二）ZSZH 所对某客户兼供应商采用跟函方式进行函证，但底稿记录不足以证明已实施该程序。

以上情形不符合《中国注册会计师审计准则第 1312 号——函证》(2010) 第十四条、第二十一条的规定。

三、控制测试执行不到位

（一）ZSZH 所在执行收付款流程控制测试时描述的内部控制中提及的部分员工实际并非公司员工。

（二）ZSZH 所针对收款流程描述的关键控制点仅 1 个，对其他关键控制未充分记录说明，且控制测试时未针对关键点进行检查。

（三）ZSZH 所控制测试程序中底稿仅记录选取的样本，以及实施程序为"询问""检查""观察"，未见控制测试样本选取标准、具体检查内容说明。

以上情形不符合《中国注册会计师审计准则第 1301 号——审计证据》(2016) 第十条和《中国注册会计师审计准则第 1131 号——审计工作底稿》(2022) 第十条的规定。

四、收入和成本审计程序执行不到位

（一）ZSZH 所对主营业务月度毛利率执行分析程序时，未正确分析解释部分产品个别月份销售毛利率为负的原因。

（二）ZSZH 所对主营业务成本执行细节测试程序时，对于代付运费凭证，ZSZH 所仅检查付款申请单及银行回单，未结合公司出口报关方式对公司将代付运费计入成本的恰当性保持关注。

以上情形不符合《中国注册会计师审计准则第 1313 号——分析程序》(2010) 第七条和《中国注册会计师审计准则第 1301 号——审计证据》(2016) 第十条的规定。

五、销售费用审计程序执行不到位

ZSZH 所在对公司 2021 年度大额推广服务费进行检查时，未对推广费进行重新测算，未发现公司多计提推广服务费。

以上情形不符合《中国注册会计师审计准则第 1301 号——审计证据》(2016) 第十条的规定。

六、存货审计程序执行不到位

（一）ZSZH 所针对存货发出计价测试中测算差异较大的项目，未执行进一步审计程序并说明原因，且底稿中未记录测试步骤、测试结果、测试结论。

（二）ZSZH 所仅执行从原材料明细账到出入库单的截止测试，未执行从出入库单到明细账的截止测试，且在执行从原材料明细账到出入库单的截止测试时，抽样方法及样本数量均存在不足。

以上情形不符合《中国注册会计师审计准则第 1314 号——审计抽样》（2010）第十五条、第二十一条和《中国注册会计师审计准则第 1301 号——审计证据》（2016）第十条的规定。

ZSZH 所的上述行为违反了《非上市公众公司监督管理办法》第六条的规定，陈某贤、殷某兰作为签字注册会计师，在执业过程中未能勤勉尽责。根据《非上市公众公司监督管理办法》第六十七条的规定，证监会决定对 ZSZH 所签字注册会计师采取出具警示函的行政监管措施，并记入诚信档案。

案例来源：

http：//www.csrc.gov.cn/xiamen/c104104/c6369305/content.shtml。

【案例18】未执行截止测试（或执行不到位）等问题

案例简介：

2021年11月19日，GD监管局发布行政监管措施决定书，对DH会计师事务所（特殊普通合伙）（以下简称"DH所"）及注册会计师陈某春、胡某峰因未执行截止测试（或执行不到位）等问题采取出具警示函的行政监管措施。

案例分析：

DH所在对TL科技集团股份有限公司（以下简称"TL集团"）2018年、2019年年报审计项目执业过程中存在以下问题：

一、未对费用截止测试保持应有的职业怀疑

DH所对TL集团孙公司PZHD网络营销技术有限公司（以下简称"PZHD公司"）执行管理费用截止测试审计程序时，抽取2020年1月的5笔费用凭证进行测试，其中4笔为2019年的费用。DH所未执行进一步审计程序，未获取充分适当的审计证据，直接得出"未见异常，可以确认"的结论，导致未发现PZHD公司存在跨期确认费用的情形。

上述行为不符合《中国注册会计师审计准则第1101号——注册会计师的总体目标和审计工作的基本要求》第二十八条，以及《中国注册会计师审计准则第1301号——审计证据》第十条等相关规定。

二、未恰当评价专家工作

DH所对TL集团2018年商誉减值测试执行审计程序时，未能充分关注公司对减值测试关键参数选取的准确性和恰当性，在利用评估专家的工作时，未充分复核并评价专家工作涉及重要原始数据的准确性和恰当性，未发现评估专家对北京 PZCX 信息技术有限公司及其子公司 2018 年客户消耗金额取数错误、少抵销内部消耗 3 490.35 万元，导致未发现 TL 集团 2018 年度少计提商誉减值损失 307.32 万元、多确认营业利润 307.32 万元。

上述行为不符合《中国注册会计师审计准则第 1301 号——审计证据》第十二条的规定。

三、未能识别公司收入确认不准确

DH 所对 TL 集团收入确认政策执行审计程序时存在以下问题：一是针对公司媒体返点收入，未对其业务实质保持应有的职业怀疑，未恰当运用职业判断，导致未发现 TL 集团孙公司仅因结算方式及增值税专用发票的开票方式不同，而对相似性质的媒体返利采取不同的会计处理方式，将其部分确认为收入、部分冲减营业成本；二是针对公司搜索引擎业务收入，未获取经媒体平台确认的客户实际消耗数，未获取充分适当的审计证据，未恰当运用职业判断，导致未发现 TL 集团孙公司按照客户当期充值额确认部分业务收入，而非按照实际消耗量确认收入，未发现 TL 集团存在提前确认收入的情形。

上述行为不符合《中国注册会计师审计准则第 1101 号——注册会计师的总体目标和审计工作的基本要求》第二十八条、第二十九条，以及《中国注册会计师审计准则第 1301 号——审计证据》第十条等相关规定。

四、未对预期信用损失转回保持应有的职业怀疑

DH 所对 TL 集团子公司 TL 林产化工有限公司（以下简称"TL 林产"）应收账款执行应收账款替代测试及应收账款检查审计程序时，均抽取了冲抵应收账款相关凭证进行检查，但未对所检查的审计资料保持职业怀疑，未运用恰当的职业判断，未发现 TL 林产确认预期信用损失转回缺乏依据，未执行进一步审计程序，未获取充分适当的审计证据，也未准确记录执行审计程序的过程及证据。

上述行为不符合《中国注册会计师审计准则第 1101 号——注册会计师的总体目标和审计工作的基本要求》第二十八条、第二十九条，《中国

注册会计师审计准则第 1301 号——审计证据》第十条,及《中国注册会计师审计准则第 1131 号——审计工作底稿》第十条等相关规定。

五、未对函证程序保持恰当控制

DH 所对 TL 集团子公司 TL 精细化工有限公司营业收入及应收账款执行函证程序时,通过营业执照或天眼查、企查查等获得被函证方地址,与 TL 集团提供的地址进行核对,核对结果显示为全部一致。实际上,天眼查网站显示的部分公司地址与 TL 集团提供的地址不一致。此外,部分被函证对象为境外公司,通过营业执照或天眼查、企查查等途径无法查询到上述企业的地址。DH 所未关注到上述情况,未对询证函保持控制,未执行进一步审计程序以获取充分适当的审计证据。

上述行为不符合《中国注册会计师审计准则第 1312 号——函证》第十四条,以及《中国注册会计师审计准则第 1301 号——审计证据》第十条的规定。

DH 所的上述行为不符合中国注册会计师执业准则的有关要求,违反了《上市公司信息披露管理办法》(证监会令第 40 号)第五十二条、第五十三条的有关规定。陈某春、胡某峰作为 TL 集团 2018 年、2019 年年报审计项目的签字注册会计师,对上述违规行为负有主要责任。

根据《上市公司信息披露管理办法》(证监会令第 40 号)第六十五条的规定,GD 监管局决定对 DH 所和陈某春、胡某峰采取出具警示函的行政监管措施。

案例来源:

http://www.csrc.gov.cn/guangdong/c104548/c1553783/content.shtml。

【案例 19】未对业务管理系统实施相应审计程序等问题

案例简介：

2022 年 1 月 30 日，GD 监管局发布行政处罚决定书，对 YT 会计师事务所（特殊普通合伙）（以下简称"YT 所"）因应收利息科目的实质性审计程序存在重大缺陷等问题予以责令 YT 所改正、没收业务收入 120 万元，并处以 120 万元罚款；对吕某波给予警告，并处以 5 万元罚款；对某群和某虹给予警告，并分别处以 3 万元罚款。

案例分析：

YT 所在对 JG 玻璃科技股份有限公司（以下简称"JG 玻璃"）2016年、2017 年年度财务报表审计项目执业过程中存在以下问题：

一、JG 玻璃 2016 年和 2017 年年报审计期间，YT 所未对 JG 玻璃的业务管理系统实施相应审计程序，未获取充分适当的审计证据

ERP 系统为 JG 玻璃的业务管理信息系统，财务软件系统为 JG 玻璃进行账务处理的信息系统。YT 所相关审计人员未关注 JG 玻璃 ERP 系统与财务软件系统是否存在差异；在财务报表层面了解信息技术的运用时，未执行审计程序了解公司 ERP 系统的数据如何结转至财务软件系统，未了解并涵盖 ERP 系统；在实施风险应对措施时，未从公司 ERP 系统获取审计证据，仅从财务软件系统获取审计证据，完全信赖 JG 玻璃提供的相关收入凭证附件，获取的审计证据不具有适当性，导致未发现该公司财务软件系统与 ERP 系统的销售数据存在明显差异。

上述行为不符合《中国注册会计师审计准则第 1211 号——通过了解被审计单位及其环境识别和评估重大错报风险》第二十一条和《中国注册

会计师审计准则第1301号——审计证据》第十条的规定。

二、YT所出具的JG玻璃2016年与2017年年度审计报告存在虚假记载

经GD监管局另案查明，JG玻璃2016年、2017年年度报告存在虚增收入、虚增货币资金等虚假记载行为。YT所为JG玻璃2016年、2017年年度报告提供审计服务。2017年4月28日、2018年4月24日，YT所分别为JG玻璃2016年、2017年财务报表出具了标准无保留意见的审计报告。经查，YT所出具的前述审计报告存在虚假记载。

JG玻璃2016年度财务报表审计项目的签字注册会计师为吕某波、某群，财务报表审计服务收费60.00万元；2017年度财务报表审计项目的签字注册会计师为吕某波、某虹，财务报表审计服务收费60.00万元。

三、YT所对JG玻璃2016年财务报表的审计存在缺陷

（一）风险识别与评估程序存在缺陷

YT所未对JG玻璃审计项目执行风险评估程序，也未了解被审计单位及其环境，直接将JG玻璃2016年度财务报表审计项目评定为中低风险，其中将营业收入认定为特别风险，将货币资金认定为中低风险。

上述行为不符合《中国注册会计师审计准则第1211号——通过了解被审计单位及其环境识别和评估重大错报风险》第八条、第十四条、第二十九条的规定。

（二）未按审计计划执行内控测试审计程序

YT所审计底稿未见JG玻璃2016年总体审计策略和具体审计计划，也未按照其向证监会会计监管系统提交的审计计划执行内控测试审计程序，导致未能识别JG玻璃内控存在的重大缺陷，即得出JG玻璃内控测试有效的审计结论。

上述行为不符合《中国注册会计师审计准则第1231号——针对评估的重大错报风险采取的应对措施》第八条的规定。

（三）应收利息科目的实质性审计程序存在重大缺陷

一是YT所针对JG玻璃应收利息科目获取的银行对账单等资料中，存

在明显异常或互相矛盾的情形。如获取的 JG 玻璃协议存款应收利息银行回单注明的利息金额与《协议存款合同》约定的应收利息金额存在较大差异，获取的 JG 玻璃财务账套及应收利息凭证附件所记载的收息日与《协议存款合同》约定的付息日不一致。YT 所未对上述明显异常或相互矛盾的审计证据保持职业怀疑，未执行进一步审计程序消除疑虑。二是 YT 所获取的 JG 玻璃工商银行 3 亿元《协议存款合同》存在合同编号缺失、合同签署日期缺失等情形。YT 所未能识别作为利息收入支持性文件的《协议存款合同》存在上述异常并予以核查，导致未能识别该 3 亿元协议存款为虚构货币资金，公司相关利息收入的真实存在不具有可靠性。

上述行为不符合《中国注册会计师审计准则第 1101 号——注册会计师的总体目标和审计工作的基本要求》第二十八条和《中国注册会计师审计准则第 1301 号——审计证据》第十五条的规定。

（四）货币资金科目的实质性程序存在缺陷

1. 未对银行账户函证过程保持有效控制。一是 YT 所在实施邮寄函证程序时，直接根据 JG 玻璃提供的银行地址和联系人，在公司现场将填写好的询证函统一交由 JG 玻璃工作人员邮寄，且未获取发函快递单，存在询证函失去控制的风险。二是 YT 所审计底稿收录的询证函存在被询证者填列错误的情形。三是 YT 所对本地银行执行现场函证程序，但相关审计底稿仅收录了回函快递单，未见关于对"函证保持控制的说明"内容及银行账户函证的过程控制底稿，也未见现场函证的相关说明、现场照片、受理单据等审计证据。

上述行为不符合《中国注册会计师审计准则第 1312 号——函证》第十四条和《中国注册会计师审计准则第 1131 号——审计工作底稿》第十条的规定。

2. YT 所针对 JG 玻璃货币资金科目获取的银行询证函、银行对账单、利息收入回单、协议存款合同、银行流水等资料中，存在明显异常或相互矛盾的情形。一是 YT 所获取的某商业银行虚假询证函回函首尾页序号和验证码未能一一对应，有别于其获取的其他商业银行询证回函。二是 YT

所在被询证者开户银行填写错误的情况下仍获取了回函。三是YT所获取的工商银行虚假对账单与其获取的其他商业银行对账单在格式内容方面存在重大差异。四是YT所获取的某商业银行有关公司3亿元的《协议存款合同》存在部分要素缺失等情形。YT所未关注到上述明显异常或相互矛盾的审计证据，未保持应有的职业怀疑，未执行进一步审计程序消除疑虑，导致未能识别JG玻璃货币资金造假的重大错报风险。

上述行为不符合《中国注册会计师审计准则第1101号——注册会计师的总体目标和审计工作的基本要求》第二十八条，《中国注册会计师审计准则第1301号——审计证据》第十五条和《中国注册会计师审计准则第1312号——函证》第十七条的规定。

（五）营业收入科目的实质性审计程序存在重大缺陷

1. 未按照既定审计计划执行审计程序。一是YT所仅对JG玻璃前十大客户进行两期对比，未按照审计计划分析大额波动情况，未对两期主要客户的波动情况和销售情况进行分析，未向公司管理层询问并对新增客户执行审计程序及获取审计证据，导致未能识别出公司对2016年前十大客户中新增的3个客户共计1 715.58万元销售收入均为虚增。二是YT所获取的公司相关销售产品毛利率存在明显异常情形。如建筑玻璃和安防玻璃毛利率波动明显异常；同品类产品在《主营业务月度毛利率分析表》和《业务/产品销售分析表》中列示的毛利率数值差异明显；审计人员分析的平均毛利率与实际毛利率存在较大差异；审计人员关于部分月份毛利率低于平均水平的原因与实际不符。YT所未对上述异常情况执行进一步审计程序并获取相关审计证据，最终审计结论为"未发现重大异常"。

上述行为不符合《中国注册会计师审计准则第1231号——针对评估的重大错报风险采取的应对措施》第六条的规定。

2. 应收账款函证程序存在重大缺陷。YT所对JG玻璃营业收入和应收账款余额的函证实施过程中存在以下问题：一是完全信赖JG玻璃提供的客户名称、地址和联系人，未核实函证信息的正确性和真实性，导致未能识别出部分客户为JG玻璃虚构的客户或发函地址为虚假地址。二是未发现被询证者地址与客户发票地址不符、被询证者地址与其商事登记住所不符、被询证者回函的寄件地址与 YT 所发函的收件地址不一致、YT 所发函的收件人和回函寄件人不一致、回函日期早于发函日期等异常情况，未对可靠性存疑的上述情况执行进一步审计程序。三是部分应收账款询证函未见回函快递单。

上述行为不符合《中国注册会计师审计准则第 1312 号——函证》第十四条、第十七条的规定。

3. YT 所进行销售合同或销售订单细节测试获取的审计证据存在明显异常或相互矛盾。如 JG 玻璃给客户开具的增值税普通发票购买方联系地址与《产品送货任务书》的收货地址、应收账款发函地址均不一致；送货签收日期早于销售合同签订日期；送货签收日期早于客户指定验收人员的《委托书》签发日期；销售合同客户用章与委托书客户用章存在明显差异；部分《产品送货任务书》《发货单》的订单号均为空白。YT 所未对明显异常或相互矛盾的审计证据保持应有的职业怀疑，未执行进一步审计程序消除疑虑。

上述行为不符合《中国注册会计师审计准则第 1101 号——注册会计师的总体目标和审计工作的基本要求》第二十八条和《中国注册会计师审计准则第 1301 号——审计证据》第十五条的规定。

综上，2016 年度，YT 所在 JG 玻璃相关年报审计项目风险识别与评估阶段未实施有效审计程序；在实施风险应对措施时，未按照审计计划进行内控测试，未对公司业务管理系统实施相应的审计程序，未对银行函证保持有效控制，应收账款函证程序存在重大缺陷，未保持应有的职业怀疑，未执行进一步审计程序消除疑虑，导致未获取充分、适当的审计证据。最终，YT 所未能有效应对 JG 玻璃货币资金、收入利润存在的舞弊风险，出具的 JG 玻璃 2016 年财务报表审计报告存在虚假记载。

四、YT 所对 JG 玻璃 2017 年财务报表的审计存在缺陷

（一）风险识别与评估程序存在缺陷

一是 YT 所未对 JG 玻璃审计项目执行风险评估程序，未了解被审计单

位及其环境,直接将 JG 玻璃 2017 年年报审计项目评定为中低风险,其中将营业收入认定为特别风险,将货币资金认定为中低风险;二是审计底稿仅在总体审计策略和具体审计计划中,对"可能存在较高重大错报风险的领域和重大的交易、账户余额和披露"实施了分析程序,未见对该项目实施风险评估和识别的审计程序。

上述行为不符合《中国注册会计师审计准则第 1211 号——通过了解被审计单位及其环境识别和评估重大错报风险》第八条、第十四条、第二十九条的规定。

(二)应收利息科目的实质性审计程序存在重大缺陷

一是 YT 所未对明显异常或相互矛盾的审计证据保持职业怀疑,未执行进一步审计程序消除疑虑。如获取的 JG 玻璃财务账套及应收利息凭证附件所记载的收息日与《协议存款合同》约定的付息日不一致;获取的 2017 年 6 月和 2017 年 9 月的利息收入凭证后附的银行回单编号和验证码均为同一号码。二是未能识别作为利息收入支持性文件的《协议存款合同》存在异常并予以核查。

上述行为不符合《中国注册会计师审计准则第 1101 号——注册会计师的总体目标和审计工作的基本要求》第二十八条和《中国注册会计师审计准则第 1301 号——审计证据》第十五条的规定。

(三)货币资金科目的实质性审计程序存在缺陷

YT 所针对 JG 玻璃货币资金科目获取的银行询证函、银行对账单、协议存款合同、银行流水等资料中,存在明显异常或相互矛盾的情形。一是 YT 所获取的某商业银行虚假对账单与其获取的其他商业银行对账单在格式内容方面存在重大差异。二是底稿收录的某商银业行××支行询证函回函复印件及资信证明书,与收录的其他商业银行询证函回函,在回函方式、格式、内容方面均存在明显差异。

YT 所未关注到上述明显异常或相互矛盾的审计证据,未保持应有的职业怀疑,未执行进一步审计程序消除疑虑,导致未能发现 JG 玻璃某商业银行 2003××××××××××5313 账户的期初金额及发生额存在账实不符情形，未能识别出 3.00 亿元虚假协议银行存款。

上述行为不符合《中国注册会计师审计准则第 1101 号——注册会计师的总体目标和审计工作的基本要求》第二十八条，《中国注册会计师审计准则第 1301 号——审计证据》第十五条和《中国注册会计师审计准则第 1312 号——函证》第十七条的规定。

综上，YT 所在 JG 玻璃年度财务报表审计项目风险识别与评估阶段未实施有效审计程序；在实施风险应对措施时，未对公司业务管理系统实施相应的审计程序，未对银行函证保持有效控制，未保持应有的职业怀疑，未执行进一步审计程序消除疑虑，导致未获取充分、适当的审计证据。最终，YT 所未能发现 JG 玻璃利息收入存在虚假的情况，出具的 JG 玻璃 2017 年财务报表审计报告存在虚假记载。

GD 监管局认为，YT 所及相关人员在为 JG 玻璃 2016 年年报、2017 年年报提供审计服务过程中，未勤勉尽责，所制作、出具的审计报告存在虚假记载。YT 所的上述行为违反了《中华人民共和国证券法》（2005 年修正版）第一百七十三条的相关规定，构成《中华人民共和国证券法》（2005 年修正版）第二百二十三条所述的证券服务机构未勤勉尽责的违法行为。

吕某波、某群作为 JG 玻璃 2016 年度财务报表审计项目的签字注册会计师，是 YT 所出具 2016 年虚假财务报表审计报告直接负责的主管人员；吕某波、某虹作为 JG 玻璃 2017 年度财务报表审计项目的签字注册会计师，是 YT 所出具 2017 年虚假财务报表审计报告直接负责的主管人员。

根据当事人违法行为的事实、性质、情节与社会危害程度，依据《中华人民共和国证券法》（2005 年修正版）第二百二十三条，GD 监管局决定：

（1）责令 YT 所改正，没收业务收入 120 万元，并处以 120 万元罚款。

（2）对吕某波给予警告，并处以 5 万元罚款。

（3）对某群和某虹给予警告，并分别处以 3 万元罚款。

案例来源：

http：//www.csrc.gov.cn/guangdong/c104558/c1810852/content.shtml。

【案例 20】公允价值变动损益审计程序执行不到位等问题

案例简介：

2023 年 2 月 7 日，中国证监会 SZ 监管局发布行政监管措施决定书，对 RC 会计师事务所（特殊普通合伙）（以下简称"RC 所"）及注册会计师胡某鹏、孙某宝因公允价值变动损益审计程序执行不到位等问题出具警示函。

案例分析：

RC 所在 SZ 市 MJH 科技股份有限公司（以下简称"MJH"或"公司"）2021 年年报审计执业项目中存在以下问题：

一、风险评估程序执行不到位

（一）了解被审计单位及其环境执行不到位。RC 所通过与 MJH 管理人员访谈识别出的风险存在依据不充分问题，难以得出相关风险判断。

（二）重大会计估计识别不恰当。RC 所未将 MJH 管理层确定预计合同总成本时采用的估计识别为重大会计估计，未充分复核该会计估计是否存在偏差。

（三）了解内部控制执行不到位。RC 所未对 MJH 非外包业务涉及的材料领用相关内部控制进行了解，未将合同签订时的预计总成本是否经过正式确认等识别为关键控制点。

（四）与控制相关的风险评估执行不到位。RC 所将"建造合同完工百分比的计算和审批"和"建造合同工程结算的确认"与控制相关的风险评估为"低"，但未恰当说明原因。

（五）舞弊风险因素评估执行不到位。RC 所在舞弊风险评价表中关于

MJH 管理层为满足第三方要求或预期而承受过度的压力等结论与公司实际情况不符。

（六）特别风险评估和应对执行不到位。RC 所将收入舞弊评估为特别风险，公司以投入法确定的履约进度确认收入，成本是收入核算的基础，但 RC 所未将成本评估为特别风险，且未说明原因。RC 所将持续经营能力风险评估为认定层次特别风险，持续经营能力与财务报表整体相关，RC 所未说明将其评估为认定层次特别风险的原因。

上述行为不符合《中国注册会计师审计准则第 1321 号——审计会计估计（包括公允价值会计估计）和相关披露》（2010）第十三条、《中国注册会计师审计准则第 1141 号——财务报表审计中与舞弊相关的责任》（2019）第二十五条、《中国注册会计师审计准则第 1211 号——通过了解被审计单位及其环境识别和评估重大错报风险》（2019）第十四条、第十五条、第十六条、第二十九条和第三十一条的相关规定。

二、控制测试执行不到位

（一）采购与付款循环控制测试执行不到位。在采购与付款循环控制测试时，RC 所获取的信息难以核实相关控制活动是否均得到有效执行，与控制有效的检查结论矛盾。RC 所将检查送货单双方确认记录列示为关键控制点，但未对该关键控制点进行测试。

（二）工程项目循环控制测试执行不到位。在工程项目进度控制流程控制测试和工程项目预算的编制及变更流程控制测试中，RC 所获取的信息难以核实相关控制活动是否均得到有效执行，与控制有效的检查结论矛盾。此外，控制测试还存在样本选取标准不明确的问题。

上述行为不符合《中国注册会计师审计准则第 1231 号——针对评估的重大错报风险采取的应对措施》（2019）第十条和《中国注册会计师审计准则第 1301 号——审计证据》（2016）第十条的相关规定。

三、营业收入及成本审计程序执行不到位

（一）未对异常情况保持职业怀疑。RC 所对 MJH 与相关主体交易的商业合理性、实际收付款银行和合同约定银行不一致等异常情况，未保持职业怀疑并实施进一步的审计程序。

（二）未核实相关收入确认依据的充分性。对于公司2021年4月中标并确认收入的某项目，RC所仅获取了相关说明，未就该项目对应收入是否满足确认条件获取充分适当的审计证据。

上述行为不符合《中国注册会计师审计准则第1141号——财务报表审计中与舞弊相关的责任》（2019）第三十一条，《中国注册会计师审计准则第1101号——注册会计师的总体目标和审计工作的基本要求》（2022）第二十八条和《中国注册会计师审计准则第1301号——审计证据》（2016）第十条的相关规定。

四、应收账款审计程序执行不到位

（一）未恰当评价预期信用损失单项计提的合理性。公司因相关项目合同资产回收存在重大不确定性，对照可疑类贷款准备计提比率50%单项计提预期信用损失，RC所未对其合理性进行分析。

（二）应收账款细节测试执行不到位。在应收账款期后回款底稿中，RC所选取的样本附件仅有银行回单，难以核实相关细节测试的有效性。

上述行为不符合《中国注册会计师审计准则第1301号——审计证据》（2016）第十条的相关规定。

五、其他非流动资产审计程序执行不到位

公司其他非流动资产主要由抵债房产构成，且涉及金额较大，RC所在其他非流动资产底稿中仅列示了抵债房产的明细项目，未按照企业会计准则的相关规定，核实公司放弃债权的公允价值。

上述行为不符合《中国注册会计师审计准则第1101号——注册会计师的总体目标和审计工作的基本要求》（2022）第二十九条和《中国注册会计师审计准则第1301号——审计证据》（2016）第十条的相关规定。

六、公允价值变动损益审计程序执行不到位

公司2021年出售某子公司55%的股权，其中50%的价款已收取，剩余50%价款为业绩承诺保证金。公司将2021-2023年业绩承诺保证金14 025万元确认为交易性金融资产，同时将可能支付给管理层的奖励

1 402.50万元确认为交易性金融负债。2021年年末，公司认为无法实现业绩承诺，将已确认的交易性金融资产和交易性金融负债全额冲减，同时确认公允价值变动损益。

（一）未关注到相关审计机构未进行证券服务业务备案。股权转让协议约定"标的公司应在利润补偿期间内每一会计年度结束时，聘请具有相关证券业务资格的会计师事务所对标的公司进行年度审计"，但RC所未关注标的公司聘请的会计师事务所未进行证券服务业务备案，不符合股权转让协议约定的情况。

（二）未审慎判断公司相关金融资产、负债公允价值确定的合理性。公司初始确认的交易性金融资产和交易性金融负债分别为14 025.00万元、1 402.50万元，但RC所未审慎判断公司相关公允价值确定的合理性。

（三）未核实相关财务数据的准确性。公司以标的公司业绩下滑且低于2021年业绩承诺为由，认为无法实现三年承诺业绩，将确认的交易性金融资产和交易性金融负债全额冲减，RC所认可了公司的会计处理。在标的公司审计机构未进行证券服务业务备案的情况下，RC所未实施进一步审计程序，获取相关基础财务数据，并予以必要的核实，也未说明认为标的公司无法实现业绩承诺的合理性。

上述行为不符合《中国注册会计师审计准则第1101号——注册会计师的总体目标和审计工作的基本要求》（2022）第二十九条和《中国注册会计师审计准则第1301号——审计证据》（2016）第十条的相关规定。

七、研发费用审计程序执行不到位

在MJH研发费用占比明显高于可比公司的情况下，RC所未基于立项申请表获取研发人员花名册，以核实将相关的人员人工费用计入研发费用的合理性，也未关注领用研发材料实物流转情况，以核实研发费用归集和分配的合理性。

上述行为不符合《中国注册会计师审计准则第1101号——注册会计师的总体目标和审计工作的基本要求》（2022）第二十八条和《中国注册会计师审计准则第1301号——审计证据》（2016）第十条的相关规定。

SZ 证监局认定，RC 所的上述行为不符合中国注册会计师执业准则的有关要求，违反了《上市公司信息披露管理办法》（证监会令第 182 号）第四十五条、第四十六条的规定。根据《上市公司信息披露管理办法》第五十五条的规定，SZ 监管局决定对 RC 所及签字注册会计师胡某鹏、孙某宝采取出具警示函的监管措施。

案例来源：

http：//www.csrc.gov.cn/shenzhen/c104320/c7073122/content.shtml。

【案例 21】未对在建工程及借款费用资本化执行充分、适当的审计程序等问题

案例简介：

2021年8月30日，中国证监会 HB 监管局发布行政处罚决定书，对 ZSZH 会计师事务所（特殊普通合伙）（以下简称"ZSZH 所"）因未对在建工程及借款费用资本化执行充分、适当的审计程序等问题予以没收 ZSZH 所审计业务收入 400 万元，并处以 400 万元的罚款；对汤某俊、彭某给予警告，并分别处以 5 万元罚款的行政处罚。

案例分析：

ZSZH 所在对 KD 生态公司 2016 年度财务报表审计提供服务过程中存在以下问题：

一、为 KD 生态公司出具的 2016 年度审计报告存在虚假记载

2016 年，KD 生态公司部分在建电厂存在非正常中断且中断时间连续超过 3 个月的情形。中断期间，KD 生态公司未按照会计准则暂停停建电厂的借款费用资本化，直接导致 2016 年财务报告存在虚增在建工程、虚减财务费用、虚增利润总额的情形，虚增在建工程、虚减财务费用、虚增利润总额 272 808 639.77 元。

ZSZH 所为 KD 生态公司 2016 年度财务报表审计机构，审计业务收费 400.00 万元。在审计业务中，ZSZH 所出具了标准无保留意见的审计报告，审计报告签字注册会计师为汤某俊、彭某。

二、在 KD 生态公司 2016 年度财务报表审计过程中未勤勉尽责

（一）未充分、适当执行风险评估和风险应对程序

1. 未恰当应对识别出的重大错报风险，未充分了解并测试与在建工程相关的控制。审计过程中，ZSZH 所通过对被审计单位及其环境进行风险评估后，认定 KD 生态公司负债率高、财务压力大、可能无法满足融资条件等，存在做多业绩的舞弊动机，适用收入舞弊假设。在进一步审计程序总体方案（集团）中，将在建工程存在认定列为重大错报高风险项目，相关控制预期有效。但在了解和测试内部控制（工程项目循环）时，未了解电厂在建工程存在认定及借款费用资本化相关控制，未设计和执行控制测试，未了解相关财务处理业务流程以及在财务报告中反映的在建工程期末余额包含的借款费用资本化金额，也未测试相关控制是否有效运行进而达到防止或发现并纠正错报的控制目标。经查，KD 生态公司上述相关控制未得到有效运行，财务部门的借款费用资本化会计处理结果与在建电厂停工实际情况不符，直接导致了财务报告相关数据虚假记载。

上述行为违反了《中国注册会计师审计准则第 1211 号——通过了解被审计单位及其环境识别和评估重大错报风险》（2010）第十四条、第十五条、第十六条、第二十一条及《中国注册会计师审计准则第 1231 号——针对评估的重大错报风险采取的应对措施》（2010）第八条、第十五条的规定。

2. 未将未完工电厂借款费用资本化金额识别为具有财务重大性的重要组成部分。ZSZH 所以单个组成部分的税前利润和营业收入是否达到合并报表税前利润的 5% 或营业收入的 10% 作为判断财务重大性的基准。因未完工电厂在 2016 年未产生营业收入或利润，导致其均未被识别为重要组成部分。2016 年 KD 生物能源有限公司（以下简称"KD 能源"）等 7 家未完工电厂全年借款费用资本化金额，均超过当年合并报表税前利润的 5%（2 000.00 万元），具有财务重大性，未被识别为重要组成部分。

根据企业会计准则的规定，在建工程借款费用资本化时，等额减少财务费用，等量增加利润总额。且在建工程被列为重大错报高风险项目，借款费用资本化金额占利润总额比重较高（占比为 119.88%）。在此情形下，ZSZH 所在考虑是否具有财务重大性时，未严格依据《中国注册会计师审计准则第 1401 号——对集团财务报表审计的特殊考虑》（2010）第十八条之规定，将借款费用资本化金额转化为对税前利润的影响，并纳入重大性考虑范围。

3. 没有将未完工电厂识别为存在特别风险的组成部分。ZSZH 所在识别出存在虚增利润的特别风险及做多业绩的舞弊风险的情形下，未考虑未完工电厂借款费用资本化对税前利润的影响，未将具有特殊性质或情况的未完工电厂识别为重要组成部分。

上述行为违反了《中国注册会计师审计准则第 1401 号——对集团财务报表审计的特殊考虑》（2010）第十八条的规定。

4. 未按照审计准则和风险评估结果，在审计计划中将全部未完工电厂纳入审计范围。根据 ZSZH 所实施的风险评估结果，在建工程借款费用资本化处理的组成部分应被识别为重要组成部分。ZSZH 所在制定具体审计计划时，并未根据审计准则的规定和风险评估结果将全部未完工电厂纳入审计范围，仅计划对个别已完工电厂和部分未完工电厂予以审计。ZSZH 所具体审计计划显示，其未将 2016 年度 16 个借款费用资本化处理的未完工电厂纳入审计范围，实际执行中也未根据实际情况修正审计计划或对上述未完工电厂实施审计程序。

上述行为违反了《中国注册会计师审计准则第 1201 号——计划审计工作》（2010）第九条及《中国注册会计师审计准则第 1401 号——对集团财务报表审计的特殊考虑》（2010）第十八条、第三十一条、第三十九条、第四十条的规定。

（二）未对在建工程及借款费用资本化执行充分、适当的审计程序

1. 对在建工程的施工状态收集的审计证据不充分，未能收集在建工程相关建设月报。经查，KD 生态公司建设月报真实反映了在建工程施工状态，审计过程中，ZSZH 所未获取相关建设月报以分析在建工程的施工状态，从而判断是否应进行借款费用资本化处理。实际上，ZSZH 所系根据在建工程明细账本期发生额及余额增减变动显示的施工状态来判断是否符合借款费用资本化的要求，仅抽取了 5 家在建电厂实地查看了解施工

状态。

2. 监盘抽取的样本规模不足。经查，上述注册会计师实地查看的 5 家电厂，其借款费用资本化金额合计 34 141 434.76 元，仅占 47 家电厂借款费用资本化金额总额的 7.38%。据此，ZSZH 所得出重要实物资产（含在建工程）均已监盘的结论。

3. 未按重要性水平执行监盘。审计中，未对借款费用资本化金额超过已完工电厂重要性水平（400.00 万元）的 24 家未完工电厂执行监盘，其中 5 家超过或接近报表层次重要性水平（2 500.00 万元），13 家处于全年停建状态而不应进行借款费用资本化处理。

4. 未考虑与借款费用资本化处理相互矛盾的证据。《审计工作底稿复核意见》显示，在建电厂 KD 能源因用途变化、尚未与政府最终敲定投资协议，土地使用证仍未办理。但 ZSZH 所未考虑其对相关在建电厂施工状态的影响，或据此判断借款费用资本化处理是否符合企业会计准则的规定。经查，2016 年 KD 能源资本化金额 51 051 205.25 元，远超报表层次重要性水平，且 2016 年度全年处于停建状态。

在建工程借款费用资本化会计处理的依据，为电厂在报告期间是否处于正常施工状态，是否存在停工超过 3 个月的情形。ZSZH 所在年报审计项目中，未能执行恰当的实质性程序，就报告期间各在建工程的施工状态是否符合企业会计准则和 KD 生态公司会计政策获取充分、适当的审计证据。

上述行为违反了《中国注册会计师审计准则第 1231 号——针对评估的重大错报风险财务的应对措施》（2010）第二十一条、第二十六条，《中国注册会计师审计准则第 1121 号——对财务报表审计实施的质量控制》第三十一条、第三十三条，《中国注册会计师审计准则第 1301 号——审计证据》（2010）第六条、第七条、第十条以及《中国注册会计师审计准则第 1314 号——审计抽样》（2010）第十五条、十六条、十七条、十八条的规定。

ZSZH 所的上述行为违反了《中华人民共和国证券法》（2005 年修正

版）第一百七十三条关于"证券服务机构为证券发行、上市、交易等证券业务活动制作、出具审计报告……等文件，应当勤勉尽责，对所依据的文件资料内容的真实性、准确性、完整性进行核查和验证"的规定，构成《中华人民共和国证券法》（2005年修正版）第二百二十三条所述"证券服务机构未勤勉尽责，所制作、出具的文件有虚假记载"的行为。签字注册会计师汤某俊、彭某为上述行为直接负责的主管人员。

根据当事人违法行为的事实、性质、情节与社会危害程度，依据《中华人民共和国证券法》（2005年修正版）第二百二十三条，HB监管局决定：

（1）没收ZSZH所审计业务收入400万元，并处以400万元的罚款；

（2）对汤某俊、彭某给予警告，并分别处以5万元罚款。

案例来源：

http：//www.csrc.gov.cn/hubei/c104396/c74c68a170a82488d848c8684d9f277ba/content.shtml。

【案例22】存货监盘程序执行不到位等问题

案例简介：

2021年9月15日，中国证监会发布行政处罚决定书，对ZZ会计师事务所（特殊普通合伙）（以下简称"ZZ所"）因异常情况下未核查或追加必要审计程序等问题予以责令改正，没收其对FS特殊钢股份有限公司（以下简称"FS特钢"）2010年至2016年年报审计业务收入363万元，并处以1 089万元罚款；对臧某盛、董某给予警告，并分别处以7万元罚款。

案例分析：

ZZ所在对FS特钢相关执业过程中存在以下问题：

一、ZZ所为FS特钢出具的2010年至2016年年度财务报表审计报告存在虚假记载

FS特钢通过伪造、变造原始凭证及记账凭证等方式，在2010年至2016年年度财务报告中存在虚增存货、虚减成本、虚增利润总额等信息披露违法行为。其中，2010年年度财务报告虚增存货71 002 264.30元，少结转主营业务成本71 002 264.30元，虚增利润总额71 002 264.30元，在2010年年度财务报告中将亏损披露为盈利；2011年年度财务报告虚增存货487 921 246.00元，少结转主营业务成本487 921 246.00元，虚增利润总额487 921 246.00元，在2011年年度财务报告中将亏损披露为盈利；2012年年度财务报告虚增存货559 851 922.00元，少结转主营业务成本559 851 922.00元，虚增利润总额559 851 922.00元，在2012年年度财务报告中将亏损披露为盈利；2013年年度财务报告虚增存货184 446 258.00元，少结转主营业务成本184 446 258.00元，虚增在建工程742 930 278.00

元,虚增固定资产 490 692 688.00 元,虚增利润总额 184 446 258.00 元,在 2013 年年度财务报告中将亏损披露为盈利;2014 年年度财务报告虚增存货 185 060 636.00 元,少结转主营业务成本 185 060 636.00 元,虚增在建工程 395 617 495.99 元,虚增固定资产折旧 14 381 330.42 元,虚增利润总额 170 679 305.58 元,在 2014 年年度财务报告中将亏损披露为盈利;2015 年年度财务报告虚增存货 163 090 290.00 元,少结转主营业务成本 163 090 290.00 元,虚增固定资产 350 896 595.99 元,虚增固定资产折旧 18 174 433.94 元,虚增利润总额 144 915 856.06 元;2016 年年度财务报告虚增存货 186 675 886.00 元,少结转主营业务成本 186 675 886.00 元,虚增固定资产折旧 31 336 537.76 元,虚增利润总额 155 339 348.24 元,在 2016 年年度财务报告中将亏损披露为盈利。

ZZ 所接受 FS 特钢委托,为其 2010 年至 2016 年财务报告均出具了无保留意见审计报告,2010 年至 2016 年合同约定的审计收费分别为 48.00 万元、55.00 万元、55.00 万元、55.00 万元、55.00 万元、45.00 万元、60.00 万元。臧某盛是 2010 年至 2013 年和 2015 年至 2016 年年度财务报表审计报告签字的注册会计师,董某是 2015 年和 2016 年度财务报表审计报告签字的注册会计师。

二、ZZ 所关于 FS 特钢 2010 年至 2016 年年度报告的审计程序中,存货监盘程序执行不到位,未对期末存货予以充分关注,多项存货实质性程序工作底稿缺失

(一)未按审计准则规定设计和执行存货监盘程序,未对期末存货予以充分关注

ZZ 所涉案审计工作底稿显示,其关于 FS 特钢 2010 年至 2016 年年度报告的审计程序中未充分、适当地设计和执行存货监盘程序,未根据 FS 特钢存货的特点、盘存制度和存货内部控制有效性设计和执行具体的存货监盘程序,且审计工作底稿中缺少按照审计准则规定设计和执行存货监盘程序的证据。

同时,ZZ 所关于涉案年度报告的审计程序存在其他问题,如其关于

FS特钢2010年至2012年年度报告的审计工作底稿中缺少抽盘表、监盘小结等监盘结论性记录、盘点日前后存货收发及移动相关凭证的审计记录、对盘点日和资产负债表日之间的存货情况实施何种审计程序的记录等；其关于FS特钢2010年至2011年年度报告审计工作底稿中的存货监盘部分缺少"从存货盘点记录中选取项目追查至存货实物，以及从存货实物中选取项目追查至盘点记录"的证据；其关于FS特钢2013年至2014年年度报告的审计工作底稿存在存货抽盘表无相关人员签字、缺少监盘小结等监盘结论性记录等问题；其关于FS特钢2016年年度报告的审计工作底稿缺少实物监盘单位与账面数量单位转换过程的记录等。

上述行为违反了《中国注册会计师审计准则第1311号——存货监盘》（2007年1月1日实施）第五条、第六条、第十条、第十四条、第十五条、第十九条、第二十二条和第二十九条的规定。

（二）多项存货实质性程序工作底稿缺失

ZZ所关于FS特钢2010年至2016年年度报告的审计工作底稿缺失多项存货实质性程序的记录，如缺少了解存货内容、性质、各存货项目的重要程度及存放场所的记录、仓库清单或存放地点清单方面的记录、对库龄较长的存货予以关注的记录、了解被审计单位存货盘存制度及盘点计划的记录等，且缺少对盘点计划进行复核和评价的审计证据。

上述行为违反了《中国注册会计师审计准则第1311号——存货监盘》（2007年1月1日实施）第五条、第六条、第七条、第十条、第十四条、第十五条、第十九条、第二十二条和第二十九条的规定。

ZZ所关于FS特钢2010年年度报告审计工作中的上述行为，违反了《中国注册会计师审计准则第1311号——存货监盘》（2007年1月1日实施）第五条、第六条、第七条、第十条的规定。

上述行为违反了《中国注册会计师审计准则第1311号——对存货、诉讼和索赔、分部信息等特定项目获取审计证据的具体考虑》（2012）第四条、第五条的规定。同时，ZZ所关于FS特钢2013年至2014年年度报告审计工作中的上述行为违反了《中国注册会计师审计准则第1131号

——审计工作底稿》(2012年1月1日实施2010年11月1日修订)第十一条的规定。

三、ZZ所关于FS特钢2010年至2016年年度报告的审计程序中,分析程序及对原材料的审计程序执行不到位,在相关数据存在异常的情况下,未进行充分核查或者追加必要的审计程序

ZZ所关于FS特钢2010年至2016年年度报告审计工作中存在多处分析程序执行不到位的情况,如未分析产成品单位成本波动合理性及原因,无分析过程及确定的期望值即得出"单位成本的波动是合理的"的审计结论;《存货分析性复核》表中只列示有关基础数据,无分析过程及确定的合理范围即得出"未见异常"的审计结论,其中记录最近3年的存货周转天数波动较大,注册会计师未予进一步分析说明;对生产成本发生额的分析仅列示了明细账月度发生额,未执行程序表所述"比较本年度各个月份的生产成本项目"等程序;未对从被审计单位取得的《成本计算单》等审计证据执行检查及重新计算等程序,而直接将其纳入审计工作底稿。

同时,ZZ所关于涉案年度报告的审计程序还存在其他问题,如其在FS特钢2011年、2013年、2014年、2015年年度报告审计工作中,在比较当年度及以前年度主要产品的单位产品成本后,未对大额差额作进一步了解;其关于FS特钢2015年年度报告的审计工作底稿中主营业务月度毛利分析表、主营业务月度毛利率分析表计算有误,主营业务成本较其他月份波动较大,未执行进一步审计程序;其在FS特钢2016年年度报告的审计工作中,比较当年度及以前年度主要产品的单位产品成本后,注册会计师未对大额差额作进一步的了解,对于主营业务月度毛利率分析表中毛利率大幅上升的异常情形,未执行进一步的审计程序,且未按审计计划执行比较当年度与以前年度相同品种产品的主营业务成本和毛利率的审计程序。此外,在毛利分析表存在3月和12月主营业务成本与上午同期相比波动较大的情况下,未执行进一步的审计程序,即得出"与上期相比,毛利率变动不大"的审计结论。

综上,ZZ所在FS特钢2010年年度报告的审计工作中存在多处分析程

序执行不到位的情形,且在相关数据存在异常的情况下,未按审计准则规定核查或追加必要的审计程序。

上述行为违反了《中国注册会计师审计准则第1301号——审计证据》(2007年1月1日实施)第四条、第六条、第八条、第十三条、第二十四条、第三十二条,《中国注册会计师审计准则第1313号——分析程序》(2007年1月1日实施)第二十一条、第二十二条的规定。

同时,ZZ所在FS特钢2011年至2016年年度报告审计工作中的上述行为违反了《中国注册会计师审计准则第1131号——审计工作底稿》(2012年1月1日实施)第八条、第十条,《中国注册会计师审计准则第1301号——审计证据》(2012年1月1日实施)第十条、第十三条,《中国注册会计师审计准则第1313号——分析程序》(2012年1月1日实施)第五条、第七条的规定。

四、未保持职业谨慎,未对原材料大额结转、大额结存执行必要的审计程序

ZZ所关于FS特钢2010年至2016年年度报告审计工作底稿显示,FS特钢2010年至2016年存在个别原材料期末余额较大及频繁大额结转的情形,审计工作底稿中无相应分析或证据核实该事项的合理性,审计师未对上述情况予以关注,也未实施必要的审计程序。同时,ZZ所在将存货、营业成本识别为存在重大错报风险的情况下,使用被审计单位生成的信息时,在审计工作底稿中缺少验证产品成本计算过程内容,缺少对成本分配标准的合理性和一贯性进行记录或分析。

同时,ZZ所关于涉案年度报告的审计程序还存在其他问题,如其在FS特钢2010年至2011年、2013年至2016年年度报告审计工作中,缺少对全部在产品及原材料的减值测试过程进行审计的工作底稿;其在FS特钢2011年和2016年年度报告审计工作中,审计工作底稿中拟执行的审计程序未得到有效执行,如关于营业成本的审计程序"比较当年度及以前年度不同品种产品的主营业务成本和毛利率,并查明异常情况的原因;比较当年度与以前年度各月主营业务成本的波动趋势,并查明异常情况的原

因"等；其在 FS 特钢 2015 年和 2016 年年度报告审计工作中，审计工作底稿中关于了解被审计单位的目标、战略以及相关经营风险、了解被审计单位财务业绩的衡量和评价记录分析与结论不符，且个别内控审计底稿中访谈记录获得的信息与财务信息不符，后续实质性程序未对上述有矛盾的信息予以关注。

综上，ZZ 所在 FS 特钢 2010 年至 2016 年年度报告审计工作中，未保持职业谨慎，未对 FS 特钢存货、营业成本等科目实施必要的审计程序。ZZ 所对 FS 特钢 2010 年年度报告执行审计工作中的上述行为违反了《中国注册会计师审计准则第 1101 号——财务报表审计的目标与一般原则》（2007 年 1 月 1 日实施）第十一条，《中国注册会计师审计准则第 1141 号——财务报表审计中对舞弊的考虑》（2007 年 1 月 1 日实施）第十七条、第二十二条、第五十九条，《中国注册会计师审计准则第 1301 号——审计证据》（2007 年 1 月 1 日实施）第四条、第七条、第八条和第十三条的规定。

上述行为违反了《中国注册会计师审计准则第 1101 号——注册会计师的总体目标和审计工作的基本要求》（2012 年 1 月 1 日实施）第二十八条、第三十条，《中国注册会计师审计准则第 1141 号——财务报表审计中与舞弊相关的责任》（2012 年 1 月 1 日实施）第九条、第十三条和第三十三条，《中国注册会计师审计准则第 1301 号——审计证据》（2012 年 1 月 1 日实施）第十条、第十三条。

五、ZZ 所在 FS 特钢 2013 年至 2015 年年度报告审计工作中未保持职业谨慎，未按照审计准则规定对在建工程、固定资产执行必要的实质性程序

ZZ 所在 FS 特钢 2013 年至 2015 年年度报告审计工作中未保持职业谨慎，未按照审计准则规定对 FS 特钢在建工程增加、固定资产增加进行充分的核查，导致在在建工程、固定资产增加检查中审计抽样失效，审计工作底稿中获取的审计证据不充分。

同时，其关于 2013 年至 2014 年年度报告审计工作中未对底稿中记录

的预算与实际执行出现较大差异的工程项目合理性执行进一步审计程序；其在 FS 特钢 2014 年年度报告审计工作中未按计划在在建工程和固定资产审计中执行核对发票等审计程序。

上述行为违反了《中国注册会计师审计准则第 1101 号——注册会计师的总体目标和审计工作的基本要求》（2012 年 1 月 1 日实施）第二十八条，《中国注册会计师审计准则第 1141 号——财务报表审计中与舞弊相关的责任》（2012 年 1 月 1 日实施）第九条、第十三条、第三十三条，《中国注册会计师审计准则第 1301 号——审计证据》（2012 年 1 月 1 日实施）第十条、第十三条，《中国注册会计师审计准则第 1313 号——分析程序》（2012 年 1 月 1 日实施）第五条、第七条的规定。

ZZ 所及相关人员为 FS 特钢 2010 年至 2016 年财务报告提供审计服务过程中未勤勉尽责，所出具的审计报告存在虚假记载，上述行为违反了《中华人民共和国证券法》（2005 年修正版）第一百七十三条的规定，构成《中华人民共和国证券法》（2005 年修正版）第二百二十三条所述"证券服务机构未勤勉尽责，所制作、出具的文件有虚假记载"。对 ZZ 所的上述违法行为，在涉案审计报告上签字的注册会计师臧某盛、董某是直接负责的主管人员。

根据当事人违法行为的事实、性质、情节与社会危害程度，依据《中华人民共和国证券法》（2005 年修正版）第二百二十三条的规定，证监会决定：

（1）对 ZZ 所予以责令改正，没收其对 FS 特钢 2010 年至 2016 年年报审计业务收入 363 万元，并处以 1 089 万元罚款；

（2）对臧某盛、董某给予警告，并分别处以 7 万元罚款。

案例来源：

http://www.csrc.gov.cn/csrc/c101928/c1496813/content.shtml。

【案例 23】未识别出收入存在舞弊风险等问题

案例简介：

2022 年 4 月 24 日，中国证监会发布行政处罚决定书，对 ZH 会计师事务所（特殊普通合伙）（以下简称"ZH 所"）因实质性程序存在缺陷等问题予以责令 ZH 所改正，没收 ZH 所业务收入 396.23 万元，并处以 396.23 万元罚款；对李某祥、周某给予警告，并分别处以 6 万元的罚款。

案例分析：

ZH 所在对 FK 互动娱乐股份有限公司（以下简称"FK 互动"，2017 年 3 月由 SHZJ 投资控股股份有限公司变更为 FK 互动）提供审计服务时存在以下问题：

一、ZH 所出具的 FK 互动 2013 年至 2015 年年度审计报告存在虚假记载

经另案查明，FK 互动 2013 年年度报告虚增利润 2 767.63 万元，2014 年年度报告虚增利润 1.09 亿元，2015 年年度报告虚增利润 1.4 亿元。ZH 所为 FK 互动 2013 年至 2015 年年度报表提供审计服务，并连续三年出具了标准无保留意见的审计报告。ZH 所出具的前述审计报告存在虚假记载。

ZH 所 2013 年至 2015 年上述审计业务对应的业务收入分别为 1 273 584.89 元、1 273 584.90 元、1 415 094.35 元，合计 3 962 264.14 元。周某为 2013 年和 2015 年年度审计报告签字注册会计师，李某祥为 2014 年和 2015 年年度审计报告签字注册会计师。

二、ZH 所在 FK 互动 2013 年年度财务报表审计过程中未勤勉尽责

（一）未保持职业怀疑，未识别出收入存在的舞弊风险

FK 互动实际控制人颜某刚与 FK 互动签署了业绩补偿协议，基于业绩

压力，FK 互动可能存在管理层凌驾于控制之上的风险。此外，专利使用费收入产生的利润占 FK 互动利润总额超过 20%，该类交易具有重大性。部分被授予专利使用权的公司与 FK 互动子公司 ZJZY 股份有限公司（以下简称"ZJZY"）实质上构成委托加工关系，被授予专利使用权的公司生产的产品，仅能出售给 ZJZY 及其体系内公司。ZH 所未对此种模式下的专利使用费收入是否合理以及是否具有商业实质予以关注，未合理评估 ZJZY 专利使用费收入存在舞弊的风险。

上述行为不符合《中国注册会计师审计准则第 1101 号——注册会计师的总体目标和审计工作的基本要求》第二十八条、《中国注册会计师审计准则第 1141 号——财务报表审计中与舞弊相关的责任》第九条、第三十三条的规定。

（二）未按总体审计策略的要求对专利使用费收入等实施内部控制审计程序

ZH 所在 2013 年度总体审计策略审计工作底稿中，对可能存在重大错报风险的领域描述为高估收入，低估成本。拟采取的应对措施为加大控制测试量，关注与上期和同行业数据比较等。而在销售与收款循环审计程序中，ZH 所未按照总体审计策略的要求，对 ZJZY 的专利使用费收入实施了解内部控制及控制测试程序。

上述行为不符合《中国注册会计师审计准则 1231 号——针对评估的重大错报风险采取的应对措施》第八条的规定。

（三）实质性程序存在缺陷

1. 未关注专利被许可方经营规模、经营范围的异常情况。

针对 ZJZY2013 年度新增的专利使用费收入，ZH 所通过获取专利使用费发票、专利授权使用的合同等资料，来确认专利费收入的真实性，但未能对专利被许可方是否具有相应的规模、经营范围是否包括这些业务等情况进行核实。

2. 未对专利实施许可合同约定销售对象异常情况保持职业怀疑。

ZH 所 2013 年度审计工作底稿中所附的部分《专利实施许可合同》约

定:"被授予方利用 ZJZY 的专利技术生产产品,仅能销售给 ZJZY 及其体系内公司"。对于上述合同约定,ZH 所未关注商业模式的合理性,未对异常情况保持职业怀疑。

上述行为不符合《中国注册会计师审计准则第 1101 号——注册会计师的总体目标和审计工作的基本要求》第二十八条,《中国注册会计师审计准则第 1141 号——财务报表审计中与舞弊相关的责任》第九条、《中国注册会计师审计准则第 1301 号——审计证据》第十条的规定。

三、ZH 所在 FK 互动 2014 年年度财务报表审计过程中未勤勉尽责

(一) 未保持职业怀疑,未识别出收入存在的舞弊风险

ZH 所对 ZJZY2014 年年度财务报表审计时,未关注到 ZJZY 所在行业业绩下降、ZJZY 存在业绩压力有虚增利润的动机,未关注专利使用费、技术服务费收入较上一年度大幅增长的异常情况,未保持应有的职业怀疑。

2014 年度 ZJZY 发生专利使用费、技术服务费收入 14 287.26 万元,较上一年度发生的专利费收入 4 126.42 万元增长 2.46 倍,同时上述业务产生的利润占 FK 互动利润总额 19 832.07 万元的 71.54%。未见 ZH 所将专利使用费、技术服务费收入识别为可能存在由于舞弊导致的重大错报风险的领域。

上述行为不符合《中国注册会计师审计准则 1101 号——注册会计师的总体目标和审计工作的基本要求》第二十八条,《中国注册会计师审计准则第 1141 号——财务报表审计中与舞弊相关的责任》第九条的规定。

(二) 未按总体审计策略的要求对专利使用费收入等实施内部控制审计程序

在 2014 年度总体审计策略审计工作底稿中,ZH 所对可能存在重大错报风险的领域描述为高估收入,低估成本。拟采取的应对措施为加大控制测试量,关注与上期和同行业数据比较等。而在销售与收款循环审计程序中,ZH 所未按照总体审计策略的要求,对 ZJZY 的专利使用费、技术服务费收入实施了解内部控制及控制测试程序。

上述行为不符合《中国注册会计师审计准则1231号——针对评估的重大错报风险采取的应对措施》第八条的规定。

（三）实质性程序存在缺陷

1. 未对计划实地访谈的WZZN管桩有限公司、HZGH新材料科技有限公司两家专利被许可方进行实地访谈。

2. 未对专利被许可方的经营范围与专利实施许可合同授权使用的产品严重不符的情况保持职业怀疑。

上述行为不符合《中国注册会计师审计准则第1101号——注册会计师的总体目标和审计工作的基本要求》第二十八条，《中国注册会计师审计准则第1141号——财务报表审计中与舞弊相关的责任》第九条，《中国注册会计师审计准则第1301号——审计证据》第十条的规定。

四、ZH所在FK互动2015年年度财务报表审计过程中未勤勉尽责

（一）未保持职业怀疑，未识别出收入存在的舞弊风险

ZH所对ZJZY2015年年度财务报表审计时，未关注到ZJZY存在虚增利润的动机。2015年度ZJZY发生专利使用费、商标使用费、技术服务费收入合计2.41亿元，较上一年度增长68.53%，同时上述业务产生的利润占FK互动利润总额1.80亿元的131.67%。且本年度新增的专利被许可方绝大部分是ZJZY2013年转让的子公司SHYH建筑材料有限公司的子公司。ZH所未保持应有的职业怀疑，未将专利使用费、商标使用费、技术服务费收入识别为可能存在由于舞弊导致的重大错报风险的领域。

上述行为不符合《中国注册会计师审计准则第1101号——注册会计师的总体目标和审计工作的基本要求》第二十八条，《中国注册会计师审计准则第1141号——财务报表审计中与舞弊相关的责任》第九条的规定。

（二）未按总体审计策略的要求对专利使用费收入等实施内部控制审计程序

在2015年度总体审计策略审计工作底稿中，对可能存在重大错报风险的领域描述为高估收入，低估成本。拟采取的应对措施为加大控制测试量，关注与上期和同行业数据比较等。而在销售与收款循环审计程序中，

ZH 所未按照总体审计策略的要求，对 ZJZY 的专利使用费、技术服务费、商标使用费收入实施了解内部控制及控制测试程序。

上述行为不符合《中国注册会计师审计准则 1231 号——针对评估的重大错报风险采取的应对措施》第八条的规定。

（三）实质性程序存在缺陷

未关注专利被许可方经营状态的异常情况。ZH 所在对 FK 互动 2015 年度专利使用费收入进行审计时，未保持职业怀疑，未对专利被许可方的经营状态予以了解，进而未能发现专利使用费收入虚假。根据公开资料显示，WHZN 管桩有限公司 2015 年度处于歇业状态。

上述行为不符合《中国注册会计师审计准则第 1101 号——注册会计师的总体目标和审计工作的基本要求》第二十八条，《中国注册会计师审计准则第 1141 号——财务报表审计中与舞弊相关的责任》第九条，《中国注册会计师审计准则第 1301 号——审计证据》第十条的规定。

对 ZH 所的上述违法行为，在涉案审计报告上签字的注册会计师李某祥、周某是直接负责的主管人员。

根据当事人违法行为的事实、性质、情节与社会危害程度，依据《中华人民共和国证券法》（2005 年修正版）第二百二十三条的规定，中国证监会决定：

（1）责令 ZH 所改正，没收 ZH 所业务收入 396.23 万元，并处以罚款 396.23 万元；

（2）对李某祥、周某给予警告，并分别处以 6 万元的罚款。

案例来源：

http：//www.csrc.gov.cn/csrc/c101928/c5927320/content.shtml。

【案例 24】内部控制测试程序存在重大缺陷等问题

案例简介：

2022 年 6 月 30 日，中国证监会发布行政处罚决定书，对 DH 会计师事务所（特殊普通合伙）（以下简称"DH 所"）审计报告存在虚假记载等问题，责令 DH 所改正，没收其对 DFJY 股份有限公司（以下简称"DFJY 公司"）2017 年财务报表审计业务收入 110 万元，并处以 220 万元罚款；对该所注册会计师李某坤、罗某芳给予警告，并分别处以 5 万元罚款。

案例分析：

DH 所在对 DFJY 公司审计项目执业过程中存在以下问题：

一、DH 所在 DFJY 公司 2017 年财务报表审计中未勤勉尽责，出具的 2017 年财务报表审计报告存在虚假记载

2017 年，DFJY 公司利用其所控制的 JGHN 珠宝有限公司（以下简称"JGHN 公司"）虚构与普某腊、保某、李某青、凤某、自某堵之间的销售交易，虚构与李某退、吴某龙、宝某明、董某先、蒋某东、杨某荣之间的采购交易，虚增营业收入 29 487.10 万元、虚增营业成本 11 038.90 万元。上述事项导致 DFJY 公司 2017 年年度报告虚增利润总额 18 448.20 万元，占当年合并利润总额的 59.70%。

DH 所接受 DFJY 公司委托，对其 2017 年财务报表进行审计，出具了标准无保留意见的审计报告，财务报表审计业务收入 110.00 万元。李某坤、罗某芳是 DFJY 公司 2017 年财务报表审计报告的签字注册会计师。

二、DH 所的风险识别与评估程序不到位

JGHN 公司 2017 年利润总额为 18 776.19 万元，占 DFJY 公司 2017 年

度合并报表利润总额 30 880.39 万元的 60.80%，具有财务重大性。DH 所的风险识别与评估程序存在如下缺陷：第一，DH 所在 DFJY 公司集团层面进行了简要的风险评估，但未对重要组成部分 JGHN 公司进行充分的风险评估，未充分识别、评估由于舞弊或错误导致集团财务报表发生重大错报的风险；第二，DH 所在了解被审计单位及其环境时，未基于收入确认存在舞弊风险的假定，将相关收入、收入交易或认定评价为存在舞弊风险，也未记录"认为收入确认存在舞弊风险的假定不适用于业务的具体情况，从而未将收入确认作为由于舞弊导致的重大错报风险领域"的理由。

DH 所的上述行为违反了《中国注册会计师审计准则第 1141 号——财务报表审计中与舞弊相关的责任》（2010）第二十七条、第五十一条和《中国注册会计师审计准则第 1401 号——对集团财务报表审计的特殊考虑》（2010）第三十条、第三十一条的规定。

三、DH 所的内部控制测试程序存在重大缺陷

（一）DH 所执行的内部控制测试程序不完整，未对重要组成部分 JGHN 公司执行控制测试，部分工作底稿缺失

DH 所执行的内部控制测试存在以下重大缺陷：第一，在成本核算与控制的控制测试中，仅执行了询问程序，获取的审计证据不充分；第二，在销售业务的控制测试中，仅针对客户及信用管理的相关控制点进行测试，订单录入、发货、记录应收账款、退换货、收款等流程的关键控制点未见测试记录；第三，在确定内部控制测试多业务单元范围时，未纳入重要组成部分 JGHN 公司，控制测试中未包含 JGHN 公司的采购、存货管理、销售等业务流程的内部控制；第四，穿行测试和控制测试相关审计底稿中记录了测试的程序、步骤、过程和结论等，并附有获取的资料清单，但审计底稿中未见上述资料原件或复印件。

DH 所基于上述存在重大缺陷的内部控制测试，确认公司内部控制运行有效，基于此设计并执行了实质性程序，最终出具了标准无保留意见的审计报告。

DH 所的上述行为违反了《中国注册会计师审计准则第 1211 号——通

过了解被审计单位及其环境识别和评估重大错报风险》(2010)第三十五条、《中国注册会计师审计准则第1231号——针对评估的重大错报风险采取的应对措施》(2010)第八条、第十条,《中国注册会计师审计准则第1401号——对集团财务报表审计的特殊考虑》(2010)第三十八条、第三十九条,《中国注册会计师审计准则第1131号——审计工作底稿》(2016)第三条、第八条的规定。

(二)DH所未审慎对待控制测试中发现的内部控制执行缺陷,未对审计证据中可能显示内部控制无效的情况保持必要的职业怀疑

DH所未审慎对待内部控制的执行缺陷和可能显示内部控制无效的情况:第一,DH所在执行控制测试时发现客户信息维护和供应商维护存在执行缺陷,上述缺陷可能造成未经授权和审批的收入确认。但DH所得出的结论为"测试未发现偏差,控制运行有效";第二,DH所在发现内部控制执行缺陷后,未保持必要的职业怀疑,未向治理层和管理层通报内部控制缺陷,也未审慎对待并修正风险评估结果,修改进一步审计程序的性质、时间安排和范围以应对可能由于舞弊导致的重大错报风险;第三,部分异常情况显示JGHN公司的内部控制可能无效:一是JGHN公司翡翠毛料、原料的采购入库单和销售出库单编号存在采用多种编码形式、未按照时间顺序连续编码等异常情况,显示存货出入库相关的内部控制可能运行无效;二是部分审计底稿中,JGHN公司记账凭证记录的制证、复核、记账、会计主管均为张某科一人,显示公司财务报告相关的内部控制可能无效;三是在对营业收入执行细节测试时获取的相关记账凭证所附单据在报告期内未保持一致,显示与销售业务相关的内部控制可能未能一贯执行。DH所未对上述异常情况予以关注,未见评价"是否表明存在由于舞弊导致的重大错报风险",也未见实施必要的审计程序以追踪异常情况的原因及影响。

DH所的上述行为违反了《中国注册会计师审计准则第1101号——注册会计师的总体目标和审计工作的基本要求》(2010)第二十八条,《中国注册会计师审计准则第1211号——通过了解被审计单位及其环境识别和

评估重大错报风险》（2010）第三十四条，《中国注册会计师审计准则第1152号——向治理层和管理层通报内部控制缺陷》（2010）第九条、第十条、第十一条，《中国注册会计师审计准则第1141号——财务报表审计中与舞弊相关的责任》（2010）第二十四条、第二十五条的规定。

四、DH所执行的与采购、销售、存货相关的实质性审计程序存在重大缺陷

（一）DH所未对采购和销售业务的相关科目获取充分、适当的审计证据

1. DH所未审慎核查并评价JGHN公司与自然人客户之间发生大额翡翠原石交易的商业理由，未对代理交易保持必要的职业怀疑，评价其是否表明存在舞弊风险并实施进一步审计程序。

JGHN公司的销售业务存在毛利率高、客户均为自然人、单笔销售金额较大且单一客户销售占比较大、行业存在代理交易等特点。在上述背景下，DH所未对相关事项保持必要的职业怀疑，审慎评价获取的审计证据：第一，JGHN公司2017年毛利率高达62.57%，具有重大性和异常性，DH所未充分分析、验证其合理性，亦未充分了解自然人客户的背景以评估客户购买翡翠原石的能力，进而分析交易是否存在合理的商业理由，如未核实除普某腊外的其他重要自然人客户与DFJY公司是否存在关联关系，未按照《针对审计底稿常见问题的自查》中的计划实施相关核查程序，即得出"核对一致"的自查结论；第二，DH所知悉翡翠原石交易存在代理交易的惯例，而未能保持必要的职业怀疑，未进一步核实JGHN公司的销售交易是否存在代理交易的情况并评价此种交易安排的商业合理性，未实施相关程序核实相关交易是否存在真实交易对手方或存在虚构销售交易的舞弊可能；第三，DH所对主要客户普某腊进行了电话访谈，但普某腊的电话号码由JGHN公司提供，且该号码与JGHN公司提供的函证联系号码不一致，DH所未对该异常予以关注，也未采取有效措施核实其身份，未能发现上述号码均非普某腊本人。

DH所的上述行为违反了《中国注册会计师审计准则第1101号——注

册会计师的总体目标和审计工作的基本要求》（2010）第二十八条，《中国注册会计师审计准则第 1141 号——财务报表审计中与舞弊相关的责任》（2010）第二十五条、第三十三条和《中国注册会计师审计准则第 1301 号——审计证据》（2016）第三条、第十条、第十一条的规定。

2. DH 所未对应收账款、预收账款、应付账款等科目的函证保持有效控制，也未对营业收入的回函保持合理怀疑，未获取进一步审计证据消除函证回函可靠性的疑虑。

DH 所函证程序存在以下重大瑕疵：第一，在发函前未核实被函证对象的身份、联系电话和地址，未发现部分供应商、客户的联系电话与 JGHN 公司财务室、员工及关联方相关人员相同、询证函未送达至函证对象等异常情况；第二，未关注到回函联系信息与发函相关信息不一致的异常情况，如多份回函联系地址与发函地址不一致等；第三，在向 6 名自然人客户发函询证 2017 年营业收入时填列的交易金额错误，但回函的 5 位客户均确认了该金额，DH 所未对回函确认错误销售额的异常情况保持合理怀疑，未结合函证控制情况审慎评价询证函回函的可靠性。

在函证程序存在上述重大瑕疵、审计证据可靠性存疑的情况下，DH 所未获取充分、适当的审计证据，将翡翠原石销售业务相关的重大错报风险降低至可接受的低水平：一是对 JGHN 公司大幅超过重要性水平的销售收入执行其他细节测试依据不充分，审计底稿中未见相关凭证；二是审计底稿中未见对营业收入执行细节测试时应获取的客户签字的提货单、物流单等关键单据，也未见进一步调查或对上述缺失予以解释说明的审计底稿。

DH 所的上述行为违反了《中国注册会计师审计准则第 1101 号——注册会计师的总体目标和审计工作的基本要求》（2010）第二十八条，《中国注册会计师审计准则第 1301 号——审计证据》（2016）第十条、第十一条、第十五条，《中国注册会计师审计准则第 1141 号——财务报表审计中与舞弊相关的责任》（2010）第二十五条、《中国注册会计师审计准则第 1312 号——函证》（2010）第十四条、第十七条、第十八条、第二十三条和《中国注册会计师审计准则第 1131 号——审计工作底稿》（2016）第三条、第八条的规定。

（二）DH 所对存货执行的实质性程序不到位，未对存货的存在及计价和分摊认定获取充分、适当的审计证据

DH 所对 JGHN 公司存货执行的审计程序存在以下缺陷：第一，存货存在认定的证据不充分。审计底稿中的《库存盘点表》列示了翡翠毛料、原料的数量、重量、单价和金额，上述翡翠毛料、原料的单价均较大且具有唯一性，但 DH 所仅对其中的部分翡翠毛料、原料进行拍照存档，未获取充分的证据确定上述存货的存在。第二，存货的计价和分摊认定的证据可靠性不足。DH 所聘请专家为 JGHN 公司存货出具《价值认定报告》，但存在上述估值报告未覆盖所有翡翠毛料、原料、部分估值报告缺少价值、重量等关键要素、部分估值报告上的估值与账面金额不一致等异常情况，DH 所仍以此作为判断翡翠毛料、原料价值的依据，确认了翡翠毛料、原料的账面价值。

DH 所的上述行为违反了《中国注册会计师审计准则第 1101 号——注册会计师的总体目标和审计工作的基本要求》（2010）第二十八条，《中国注册会计师审计准则第 1311 号——对存货、诉讼和索赔、分部信息等特定项目获取审计证据的具体考虑》（2010）第三条，《中国注册会计师审计准则第 1301 号——审计证据》（2016）第十条、第十一条、第十五条，《中国注册会计师审计准则第 1421 号——利用专家的工作》（2010）第十三条、第十四条的规定。

五、DH 所接受委托前未与前任注册会计师进行必要沟通，未就期初余额获取充分、适当的审计证据

DFJY 公司 2017 年财务报表审计项目是 DH 所首次接受委托的审计项目，但 DH 所未将与前任注册会计师的沟通情况记录于审计工作底稿，也未见其对沟通过程进行评价以确定是否接受委托的记录。

同时，DH 所未就期初余额获取充分、适当的审计证据。在包含期初往来的函证存在缺陷、存货相关的审计程序不到位等情况下，DH 所未获

取充分、适当的审计证据以确定期初余额是否包含对本期财务报表产生重大影响的错报。

DH 所的上述行为违反了《中国注册会计师审计准则第 1153 号——前任注册会计师与后任注册会计师的沟通》（2010）第七条、第十八条，《中国注册会计师审计准则第 1331 号——首次审计业务涉及的期初余额》（2010）第八条的规定。

DH 所及相关人员在为 DFJY 公司 2017 年财务报表提供审计服务过程中，未勤勉尽责，所出具的审计报告有虚假记载，上述行为违反了《中华人民共和国证券法》（2005 年修正版）第一百七十三条的规定，构成《中华人民共和国证券法》（2005 年修正版）第二百二十三条所述"证券服务机构未勤勉尽责，所制作、出具的文件有虚假记载"的情形。

对 DH 所的上述违法情形，在涉案审计报告上签字的注册会计师李某坤、罗某芳是直接负责的主管人员。

根据当事人违法情形的事实、性质、情节与社会危害程度，依据《中华人民共和国证券法》（2005 年修正版）第二百二十三条规定，证监会决定：

（1）责令 DH 所改正，没收其对 DFJY 公司 2017 年财务报表审计业务收入 110 万元、并处以 220 万元罚款；

（2）对李某坤、罗某芳给予警告，并分别处以 5 万元罚款。

案例来源：

http://www.csrc.gov.cn/csrc/c101928/c5618103/content.shtml。

第五章

发表审计意见类型不当或披露不当

【案例 25】审计报告发表的审计意见不当

案例简介：

2021 年 11 月 24 日，中国证监会 NB 监管局对 YT（集团）会计师事务所（特殊普通合伙）（以下简称"YT 所"）及注册会计师李某念、孟某采因审计报告发表的审计意见不恰当等问题采取出具警示函的行政监管措施。

案例分析：

YT 所在对 ZJ 省 WH 建设集团股份有限公司（以下简称"*STWH 公司"）2020 年财务报表审计项目执业过程中存在以下问题：

一、2020 年财务报表审计意见不恰当

QN 城市规划工程设计股份有限公司（以下简称"QN 设计公司"）为*STWH 公司 2019 年财务报告的重要子公司，且 2020 年生产经营正常。2019 年 QN 设计公司的营业收入占*STWH 公司合并营业收入比例为

22.43%，营业利润占合并营业利润比例为64.72%。2020年*STWH公司财务报表存在未以控制为基础合并子公司QN设计公司失去控制前财务数据的重大错报。该重大错报事项影响*STWH公司2020年利润表、资产负债表等多个科目，符合《中国注册会计师审计准则1502号——在审计报告中发表非无保留意见》第五条第二款第（一）项关于构成广泛性"不限于与财务报表的特定要素、账户或项目产生影响"的认定。YT所就QN设计公司失去控制的事实获取了充分、适当的审计证据，但未合理判断公司以上重大错报事项对2020年财务报表构成重大且广泛的影响，导致发表的关于*STWH公司2020年财务报表审计意见不恰当。

二、未恰当识别和评估重大错报风险

*STWH公司于2020年8月21日对外披露失去对子公司QN设计公司的控制。自2020年5月起，公司因改选QN设计公司董事会遇到阻碍，及未能获取QN设计公司2020年4月份以来的财务资料等事项，于8月20日判定对QN设计公司失去实质性控制。YT所在2020年年报审计过程中未合理判断QN设计公司失去控制的时点，错误将该时点识别为2020年1月1日，导致未恰当识别和评估因财务报表合并范围错误而形成的2020年财务报表层次的重大错报风险。

上述行为不符合《中国注册会计师审计准则第1211号——通过了解被审计单位及其环境识别和评估重大错报风险》第二十八条、第二十九条和《中国注册会计师审计准则第1501号——对财务报表形成审计意见和出具审计报告》第十三条的相关规定。

三、未在审计报告恰当的意见段中说明相关事项

YT所将公司以前年度形成的违规担保和资金占用尚未解除或归还且无法判断相关款项的未来可收回性事项作为保留事项之一不恰当。关于以前年度形成的违规担保和资金占用事项，公司已对以前年度财务报表进行了差错更正，不存在影响2020年财务报表的情况，但该款项未来年度收回的不确定性可能构成影响财务报表使用者理解财务报表至关重要的事项，符合《中国注册会计师审计准则第1503号——在审计报告中增加强

调事项段和其他事项段》第九条的规定。YT 所将该事项作为保留事项之一不符合《中国注册会计师审计准则第 1502 号——在审计报告中发表非无保留意见》第八条的相关规定。

四、未完整披露对重要子公司失去控制的时点及判断

YT 所在 2020 年度财务报表审计报告中披露 "*STWH 公司于 2020 年 8 月 21 日公告对 QN 设计公司失去控制，本年度不纳入合并报表范围，后续不作为公司控股子公司进行管理"，但未披露 *STWH 公司对 QN 设计公司失去控制的时点及判断理由。

以上情况不符合《中国注册会计师审计准则第 1501 号——对财务报表形成审计意见和出具审计报告》第十四条的相关规定。

五、质量控制复核程序不到位

一是项目质量控制复核人员并未关注到形成 QN 设计公司失控时点重大判断的工作底稿和支持得出结论的工作底稿存在矛盾。YT 所关于《WH 股份 2020 年度审计项目的审核记录汇总版》中多次提及"因企业已经于 2020 年 4 月 1 日起不再将失控子公司纳入合并范围……"及个别质量控制委员的问题中提及"本期保留事项（一）中失控子公司 QN 设计公司的失控时间为 2020 年 4 月 1 日……"，项目组在回复中未对失控时点予以否认。根据 YT 所出具的审计报告、现场检查阶段提供的关于对重要子公司失控分析的工作底稿和关于 QN 设计公司失去控制的专项说明，YT 所判断 QN 设计公司失去控制的时点为 2020 年 1 月 1 日。YT 所审计工作底稿存在对重要子公司 QN 设计公司失控时点的判断不一致的情况，较难支持 YT 所形成的关于 QN 设计公司失去控制时点的结论，YT 所项目质量控制复核人员未予关注。

上述行为不符合《中国注册会计师审计准则第 1121 号——对财务报告审计实施的质量控制（2019）》第三十四条、第三十五条的相关规定。

二是未记录修改质量控制复核工作底稿事项。2021 年 8 月 23 日，YT 所修改了《WH 股份 2020 年度审计项目的审核记录汇总版》的个别内容，并重新履行了审批用印程序，落款日期仍为 2021 年 3 月 22 日，但 YT 所

未记录此次修改事项理由、复核的时间和人员。

上述行为不符合《中国注册会计师审计准则第1131号——审计工作底稿》第二十条的相关规定。

六、部分审计程序执行不到位

一是分析程序执行不到位。YT所存在多处分析程序不到位而直接得出无异常审计结论的情况，如未分析公司其他业务月度毛利率变动合理性及原因；在主营业务收入截止测试中未将所抽取的样本核对至支付证书，未有分析过程即得出未发现跨期现象的结论。

以上情况不符合《中国注册会计师审计准则第1313号——分析程序》第五条、第七条的相关规定。

二是获取的审计证据不充分。关于仲某荣、汤某提起的关于要求*STWH公司收购其合计持有9.68%股份的2.3亿元仲裁事项，YT所认为因截至财务报表批准报出日该案件尚未有裁决结果，未将其作为2020年年度财务报表调整事项。但YT所在履行审计程序时未获取公司管理层对仲裁结果判断的说明、律师意见书等充分、适当的证据，以支持YT所不予调整的审计结论。

上述行为不符合《中国注册会计师审计准则第1301号——审计证据》第十条的相关规定。

七、审计工作底稿不规范

一是YT所未编制部分重要事项的工作底稿。如YT所对公司存在的资金占用事项开展了审计，但未编制资金占用完整性工作底稿；对公司2019年度6亿元CA银行存单划转会计处理合规性出具了补充专项说明，但未编制工作底稿等。二是部分审计工作底稿勾稽关系不清晰。如YT所对公司2019年发现的疑似5.02亿元资金占用事项的核查底稿记录较为简略，未将核对逻辑及核对过程详细记录于底稿内，并形成清晰索引至审计证据。三是审计工作底稿内容不完整。①未将运用职业判断的重大事项在审计底稿内记录推理过程和相关结论。如YT所未调整公司因部分违规担保事项计提的预计负债期初余额，该事项涉及职业判断，但底稿中未见相关说明和记录。②部分工作底稿缺乏审计说明、签字日期等要素。如 YT 所关于审计人员遵循职业道德基本原则的声明、项目质量控制复核人和项目组成员独立性声明书等材料缺少相关人员签字、日期，关于对涉及 1 亿元违规担保事项的相关方 HZCP 实业有限公司采用了消极式函证方式，但未在底稿中予以说明。四是部分审计工作底稿临近现场检查期或在现场检查期间完成。如 YT 所在现场检查期间后补了关于对重要子公司的失控分析、上市公司持续经营分析、资金占用完整性审核等工作底稿；在现场检查前几天才履行部分现场访谈记录等材料的盖章、签字程序。五是审计工作底稿未及时归档。截至现场检查日，YT 所关于 2020 年公司重要专项审计工作底稿如资金占用专项审核报告、CA 银行违规担保等专项核查说明、质量控制委员会审核意见等工作底稿均未及时归档。

上述行为不符合《中国注册会计师审计准则第 1131 号——审计工作底稿》第九条、第十一条、第十七条和《中国注册会计师鉴证业务基本准则》第四十八条、第四十九条的相关规定。

上述问题违反了《上市公司信息披露管理办法》第四十六条的规定，按照《上市公司信息披露管理办法》第五十五条的规定，NB 监管局决定对 YT 所及注册会计师采取出具警示函的行政监管措施。

案例来源：

　　http：//www.csrc.gov.cn/ningbo/c104130/c1555666/content.shtml。

【案例26】 与持续经营相关的重大不确定性披露不恰当等问题

案例简介：

2021年11月15日，中国证监会BJ监管局发布行政监管措施决定书，对DS会计师事务所（特殊普通合伙）（以下简称"DS所"）及注册会计师陈某玲、何某因持续经营相关的重大不确定性披露不恰当等问题采取出具警示函的监督管理措施。

案例分析：

DS所在ZCHT科技股份有限公司2020年财务报表审计项目执业过程中存在以下问题：

一、持续经营审计方面

一是底稿未见管理层对持续经营能力的评估情况及DS所对管理层评估进行评价的过程。二是与持续经营相关的重大不确定性段中披露大额关联方资金占用尚未偿还，未见DS所对占用资金减值情况执行审计程序。

上述行为不符合《中国注册会计师审计准则第1324号——持续经营》第十条、《中国注册会计师审计准则第1301号——审计证据》第十条、《企业会计准则第22号——金融工具确认和计量》第四十条的相关要求。

二、审计报告方面

DS所在形成保留意见的基础段落中描述"无法就计入管理费用和研发费用项目金额及形成原因获取充分、适当的审计证据，也无法确定是否有必要对账面金额进行调整"，但未说明无法获取充分、适当审计证据的原因。

上述行为不符合《中国注册会计师审计准则第 1502 号——在审计报告中发表非无保留意见》第二十一条的规定。

三、保留事项审计方面

一是对保留事项的审计程序执行不到位。二是对保留事项的审计底稿记录不完善。三是未见与治理层沟通保留意见的相关记录,且治理层沟通底稿中部分内容与保留事项存在矛盾记录。

上述行为不符合《中国注册会计师审计准则第 1231 号——针对评估的重大错报风险采取的应对措施》第八十一条,《中国注册会计师审计准则第 1131 号——审计工作底稿》第十条,《中国注册会计师审计准则第 1502 号——在审计报告中发表非无保留意见》第三十一条的规定。

四、其他方面

一是未对现金交易保持充分关注。二是重要性水平应用不当。

上述行为不符合《中国注册会计师审计准则第 1211 号——了解被审计单位及其环境并评估重大错报风险》第八十三条,《中国注册会计师审计准则第 1221 号——计划和执行审计工作时的重要性》第六条、第九条的规定。

DS 所的上述行为违反了《非上市公众公司信息披露管理办法》(证监会令第 184 号)第四十四条的规定。根据《非上市公众公司信息披露管理办法》(证监会令第 184 号)第五十一条的规定,BJ 监管局决定对 DS 所采取出具警示函的监督管理措施。

案例来源:

  http://www.csrc.gov.cn/beijing/c103560/c1535526/content.shtml。

【案例 27】未披露已识别的重大期后事项等问题

案例简介：

2022 年 1 月 4 日，中国证监会 ZJ 监管局发布行政监管措施决定书，对 DX 会计师事务所（特殊普通合伙）（以下简称"DX 所"）及注册会计师郭某星、李某宁因未披露已识别的重大期后事项等问题采取出具警示函的监督管理措施，并记入证券期货市场诚信档案。

案例分析：

DX 所在对 MS 文化创意股份有限公司（以下简称"MS 文化"）2020 年财务报表审计项目执业过程中存在以下问题：

一、未披露已识别的重大期后事项

DX 所已识别出 MS 文化在资产负债表日后仍存在非经营性资金占用事项，但未执行充分、适当的审计程序，出具的《控股股东及其他关联方占用资金情况审核报告》披露不准确。

上述行为不符合《中国注册会计师审计准则第 1332 号——期后事项》第八条、第十一条的相关规定。

二、风险评估阶段，未合理识别货币资金重大风险

DX 所未对货币资金异常情况保持合理怀疑，未关注 MS 文化及其子公司在没有经营业务的地区开立银行账户，未评估其合理性及相关风险。

上述行为不符合《中国注册会计师审计准则第 1101 号——注册会计师的总体目标和审计工作的基本要求》第二十八条的规定。

三、控制测试阶段，未对银行存款相关内部控制进行了解、评价和测试

在实际执行货币资金循环了解评价和控制测试底稿中，DX 所仅对银行存款"存在、完整性"方面的认定执行了审计程序，未对银行存款"权利和义务"的认定执行控制测试，未关注银行定期存款所有权风险。

上述行为不符合《中国注册会计师审计准则 1231 号——针对评估的重大错报风险采取的应对措施》第八条的规定。

四、在货币资金实质性审计程序中，未查看定期存款"开户证实书"等凭据原件，银行存款函证控制程序执行不到位

DX 所在查验定期存款相关凭证时，未了解定期存款开立流程及相关凭证，未查看"开户证实书"等定期存款凭据原件，导致未发现合计 17 838 万元定期存款被质押。此外，部分银行存款函证的发函、回函控制程序执行不到位。

上述行为不符合《中国注册会计师审计准则 1101 号——注册会计师的总体目标和审计工作的基本要求》第二十八条，《中国注册会计师审计准则第 1301 号——审计证据》第十条的规定。

上述行为违反了中国注册会计师执业准则等有关要求，违反了《上市公司信息披露管理办法》（证监会令第 40 号）第五十二条、第五十三条的规定。按照《上市公司信息披露管理办法》（证监会令第 40 号）第六十五条的规定，ZJ 监管局决定对 DX 所分别采取出具警示函的监督管理措施，并记入证券期货市场诚信档案。

案例来源：

　　http://www.csrc.gov.cn/zhejiang/c103952/c1714659/content.shtml。

第六章

审计工作底稿或审计档案保管存在的问题

【案例 28】审计工作底稿记录不恰当等问题

案例简介：

2022 年 7 月 20 日，中国证监会 JS 监管局发布行政监管措施决定书，对 DQHY 会计师事务所（特殊普通合伙）（以下简称"DQHY 所"）及注册会计师金某云、石某隽因底稿记录不恰当等问题采取出具警示函措施。

案例分析：

DQHY 所在对 YMKD 新药开发股份有限公司（以下简称"YMKD 公司"）2018 年年报审计项目执业过程中存在以下问题：

一、底稿记录不恰当

一是未准确记录底稿信息，部分底稿信息与支持性文件不一致。二是部分底稿未使用中文记录。

上述行为不符合《中国注册会计师审计准则第 1131 号——审计工作底稿》第十条、第十六条的规定。

二、内部控制相关审计程序执行不到位

DQHY 所计划执行穿行测试，但未见相关执行穿行测试底稿。DQHY 所未按照计划分配的样本量实施控制测试，也未关注到控制测试中的异常情况。在执行资金循环控制测试时，DQHY 所未在接近基准日实施控制测试，也未进行相关审计说明。

上述行为不符合《中国注册会计师审计准则第 1101 号——注册会计师的总体目标和审计工作的基本要求》第二十八条、《中国注册会计师审计准则第 1301 号——审计证据》第十条、《中国注册会计师审计准则第 1314 号——审计抽样》第十六条的规定。

三、应收账款、合同资产及营业收入审计程序执行不到位

一是未恰当检查支持性文件。DQHY 所对未回函的应收账款执行替代测试时，未检查合同、发货单及客户签字材料等支持性文件；在执行合同资产细节测试时，对抽取的样本未复核合同、发票信息、客户确认资料等支持性文件。二是营业收入细节测试样本规模与选择不恰当。DQHY 所在计算营业收入测试样本规模时，确定部分业务风险级别与风险评估结果不一致，导致实际确定的样本规模小于应抽样本量。DQHY 所采取金额单位抽样法进行样本的选取，但存在部分大金额未被纳入样本范围的情况，抽样结果不符合金额单位抽样法的原则。

上述行为不符合《中国注册会计师审计准则第 1301 号——审计证据》第十条、《中国注册会计师审计准则第 1314 号——审计抽样》第十五条、第十六条的规定。

四、货币资金审计程序执行不到位

DQHY 所在计划审计阶段将子公司 WCD, Inc. 银行存款科目认定为重要账户，且计划对其执行银行函证程序，但 DQHY 所未按计划执行相关函证，底稿中也未见说明该类账户性质不重大的审计证据。

上述行为不符合《中国注册会计师审计准则第 1312 号——函证》第十二条的规定。

上述行为违反了《上市公司信息披露管理办法》（证监会令第 40 号）

第五十二条、第五十三条的规定，其中签字注册会计师金某云、石某隽对相关问题负主要责任。根据《上市公司信息披露管理办法》（证监会令第40号）第六十五条的规定，JS监管局决定对DQHY所采取出具警示函的监督管理措施。

案例来源：

http：//www.csrc.gov.cn/jiangsu/c103901/c5286668/content.shtml。

【案例29】审计工作底稿存在错漏等问题

案例简介：

2022年7月14日，中国证监会SZ监管局发布行政监管措施决定书，对RC会计师事务所（特殊普通合伙）（以下简称"RC所"）及注册会计师吴某、王某航、刘某明因审计底稿存在错漏等问题采取监管谈话措施。

案例分析：

RC所在TP环保材料股份有限公司（以下简称"TP环保公司"）IPO审计项目执业过程中存在以下问题：

一、审计工作底稿存在错漏

一是风险评估审计底稿前后矛盾。如"风险评估结果汇总表"中RC所未将"管理层凌驾控制之上"识别为特别风险，在"舞弊风险的识别和应对措施"等其他底稿中将"管理层凌驾控制之上"识别为特别风险。二是研发费用审计底稿记录不完整。RC所从公司获取了各研发项目耗用电力度数情况表，列示出各研发项目当月研发所用设备总折旧和研发机器工时的折旧费用分配表，但未说明电力度数、总折旧和研发机器工时等相关数据的来源及依据。

上述情况不符合《中国注册会计师审计准则第1131号——审计工作底稿》（2016）第十条、第十一条的规定。

二、风险识别和评估程序执行不到位

一是未充分了解研发相关的内部控制。RC所在了解研究与开发循环内部控制底稿中记录研发流程包括研发领料，但在穿行测试关于研发程序或控制的描述未包括研发领料等关键控制点，且未见相关解释。此外，审计工作底稿中关于产品质量检测报告单记录的检测结果大部分为"不合格",RC 所未了解相关原因。

二是重大错报风险评估不充分。2018 年、2019 年、2020 年公司研发费用率和毛利率均高于同行业可比公司平均水平;RC 所也关注到公司生产与研发使用同一套设备、生产和研发活动未有明确区分,可能影响到营业成本和研发费用划分的准确性。RC 所将营业成本作为认定层次的重大错报风险,但未将研发费用作为认定层次的重大错报风险,且未说明理由。

上述情况不符合《中国注册会计师审计准则第 1211 号——通过了解被审计单位及其环境并评估重大错报风险》(2019)第十五条、第十六条、第二十九条,以及《中国注册会计师审计准则第 1101 号——注册会计师的总体目标和审计工作的基本要求》(2019)第二十八条的规定。

三、控制测试程序不充分

一是测试程序难以支持控制目标的实现。在研究与开发循环中,审计工作底稿中说明公司研发领料涉及单据包括研发部门每月月初下发的研发领料通知单、实际领料时仓库手工填写的领料单和 ERP 系统自动自动生成的研发领料出库单,其中 ERP 系统自动生成的研发领料出库单为财务核算依据。RC 所在执行研究与开发循环控制测试程序时仅检查 ERP 系统自动生成的出库单和记账凭证,未核对上述三类单据信息的一致性,也未对人工成本、折旧费用入账金额准确性进行检查,无法判断"研发费用分类正确,入账准确、及时"的控制目标是否实现。

二是未充分考虑已识别偏差的影响。RC 所在资金循环内部控制测试时,发现公司货币资金相关记账凭证的制单和出纳为同一人,并在底稿记录识别出的偏差为"出纳编制记账凭证"。对于控制测试中识别出的偏差,RC 所未实施进一步审计程序,审慎评价对内部控制整体有效性的影响。

上述情况不符合《中国注册会计师审计准则 1301 号——审计证据》(2016)第十条的规定。

四、研发费用实质性程序执行不到位

一是审计工作底稿显示研发费用实施的实质性程序包括"结合存货等资产项目的检查,是否存在产品成本和研发费用之间串户",但 RC 所在执行该程序时未将生产和研发过程中的单据信息进行比对,未发现两类单据记录存在冲突,产品成本和研发费用可能存在串户的情形,审计程序不充分。

二是 RC 所审计时未核实公司提供的研发人员名单中的人员是否实际从事研发工作,未发现公司将大量客服部、人事部、车间、销售部人员费用计入研发费用的情形。

三是某子公司将部分生产线中的固定资产直接划为研发设备,相关折旧全部计入研发费用,未明确区分研发使用设备和生产使用设备。RC 所知悉该情况,未实施进一步审计程序审慎分析该事项对营业成本和研发费用划分准确性的影响。

四是公司报告期内以研发形成废料为由将 740.95 万元废布收入直接冲减研发费用,RC 所未了解核实废布形成是否与研发活动相关,未考虑废布收入冲减研发费用会计处理的合理性。

上述情况不符合《中国注册会计师审计准则 1301 号——审计证据》(2016) 第十条、《中国注册会计师审计准则 1251 号——评价审计过程中识别出的错报》(2019) 第六条、第七条,以及《中国注册会计师审计准则第 1101 号——注册会计师的总体目标和审计工作的基本要求》(2019) 第二十九条的规定。

五、未对函证保持应有的控制

23 家客户和供应商的发函地址与工商地址不一致,RC 所解释称"发函地址与工商注册地址距离较近",未执行进一步审计程序了解不一致的原因,未对函证保持应有的控制。

上述情况不符合《中国注册会计师审计准则第 1312 号——函证》(2010) 第十四条的规定。

SZ 监管局认定,RC 所的上述行为不符合中国注册会计师执业准则的有关要求,违反了《首次公开发行股票并上市管理办法》(证监会令第173号)第六条的规定。根据《首次公开发行股票并上市管理办法》(证监会令第173号)第五十五条的规定,SZ监管局决定对RC所及签字注册会计师吴某、王某航、刘某明采取监管谈话的监管措施。

案例来源:

http://www.csrc.gov.cn/shenzhen/c104320/c4455745/content.shtml。

【案例 30】 审计工作底稿缺失等问题

案例简介：

2021年9月6日，中国证监会发布行政处罚决定书，对RH会计师事务所（特殊普通合伙）（以下简称"RH所"）因存在审计工作底稿缺失情况等问题予以责令RH所改正，没收RH所业务收入160万元，并处以320万元的罚款；对注册会计师殷某民、匡某给予警告，并分别处以5万元的罚款。

案例分析：

RH所在对SZ市SL实业股份有限公司（以下简称"SL股份"）2016年、2017年年度财务报表审计执业过程中存在以下问题：

一、RH所在对SL股份2016年、2017年年度财务报表审计时，未勤勉尽责，出具存在虚假记载的审计报告

（一）RH所存在审计工作底稿缺失的情况

在SL股份子公司SL国际实业有限公司审计工作底稿中，《营业收入、营业成本导引表》的审计说明中记录相关审计程序详见6100-5、6100-6等工作底稿，2016年底稿中没有索引号为6100-3、6100-5、6100-6的资料，2017年底稿中没有索引号为6100-5、6100-6、6100-9的资料；在GDSL公司审计工作底稿中，2017年《货币资金实质性程序》的审计说明中记录已执行"银行存款账面收付记录与银行对账单抽样核对"程序，索引号为"4100-9"，但审计工作底稿中没有索引号为4100-9的资料。

上述行为违反了《中国注册会计师审计准则第1131号——审计工作

底稿》第九条"注册会计师应当及时编制审计工作底稿。"第十九条"会计师事务所应当自审计报告日起,对审计工作底稿至少保存十年。"的规定。

(二)RH 所未按要求执行识别和评估重大错报风险的程序

RH 所在执行识别和评估重大错报风险程序时,针对 SL 股份存在由财务人员在金蝶 K/3 财务管理系统中使用超级管理员账户 Administrator 直接制作虚假的销售出库单,并依据虚假出库单当月确认销售收入的情况,在 SL 股份审计工作底稿《舞弊风险因素调查表》中"会计系统和信息系统无效,包括内部控制存在值得关注的缺陷的情况"栏目填写为"不存在",违反了《中国注册会计师审计准则第 1211 号——通过了解被审计单位及其环境识别和评估重大错报风险》第二十一条第一款第二项"注册会计师应当从下列方面了解……(二)在信息技术和人工系统中,被审计单位的交易生成、记录、处理、必要的更正、结转至总账以及在财务报表中报告的程序……"的规定。

(三)RH 所未按要求执行销售与收款循环和销售货物有关的内部控制测试程序

SL 股份审计工作底稿《控制测试—销售与收款流程—销售货物控制测试表》显示,RH 所查阅了货物出库单及其运货单,针对 SL 股份对同一客户销售的同类产品同时存在"XS"开头的出库单和"XOUT"开头的出库单,RH 所未采取恰当的审计程序获取排除此异常情况的充分、适当的审计证据,导致其未发现 SL 股份"XS"开头的出库单有虚假的情况,控制测试结论为"经测试,我们认为销售与收款循环和销售货物有关的内部控制活动是有效的"。

上述行为违反了《中国注册会计师审计准则第 1301 号——审计证据》第十条"注册会计师应当根据具体情况设计和实施恰当的审计程序,以获取充分、适当的审计证据。"的规定。

(四)RH 所对货币资金执行的实质性审计程序不到位

RH 所执行 SL 股份子公司 MSK 实业有限公司货币资金执行审计程序时,

对其 2017 年 6 月开立又于当年 11 月销户的××银行 14×××××××78 账户，未设计和实施有效的进一步审计程序，未发现该账户 7 500 万元借款未入账的情况；执行 SL 股份子公司 GDSL 电子科技有限公司货币资金审计程序时，使用的某银行 20×××××××82 账户 2017 年流水是 SL 股份提供的虚假网银流水，未发现该账户 3 亿元借款及相关大额资金往来未入账的情况；执行 SL 股份审计程序时，2016 年、2017 年分别抽取了 7 个、9 个银行账户核对发生额，使用的全部是 SL 股份提供的对账单，其中每年均有 6 个银行的对账单为虚假对账单。RH 所未保持应有的职业怀疑，测试结论均为"经测试，抽查的银行存款收支真实，可合理推断银行存款收支总体真实可靠"。RH 所未发现实际回款单位与 SL 股份账面记录回款单位不一致的情况，在审计工作底稿《应收账款收款流程—控制测试表》中记录的测试结论为"经测试，我们认为货币资金流程—应收账款确认内部控制活动是有效的"。

上述行为违反了《中国注册会计师审计准则第 1141 号——财务报表审计中与舞弊相关的责任》第十三条"……注册会计师应当在整个审计过程中保持职业怀疑……"《中国注册会计师审计准则第 1301 号——审计证据》第三条第一款第一项"从被审计单位外部独立来源获取的审计证据比从其他来源获取的审计证据更可靠"、第十三条"在使用被审计单位生成的信息时，注册会计师应当评价该信息对实现审计目的是否足够可靠……"的规定。

（五）RH 所未按要求执行函证程序

RH 所向 SL 股份客户发出询证函，存在发函地址与注册地址不一致、发函地址是其他公司注册地址、发函联系人和回函联系人不是客户员工等异常情况，RH 所仅向 SL 股份提供的联系人进行电话联系确认，未采取恰当的审计措施确保函证的可靠性；对未回函客户未执行有效的替代审计程序；未对个别银行账户实施函证程序，也没有说明未发函的原因。

上述行为违反了《中国注册会计师审计准则第 1312 号——函证》第

十二条"注册会计师应当对银行存款(包括零余额账户和本期内注销的账户)、借款及与金融机构往来的其他重要信息实施函证程序,除非有充分证据表明某一银行存款、借款及与金融机构往来的其他重要信息对财务报表不重要且与之相关的重大错报风险很低。如果不对这些项目实施函证程序,注册会计师应当在审计工作底稿中说明理由"、第十四条"当实施函证程序时,注册会计师应当对询证函保持控制……"、第十七条"如果存在对询证函回函的可靠性产生疑虑的因素,注册会计师应当进一步获取审计证据以消除这些疑虑"、第十九条"在未回函的情况下,注册会计师应当实施替代程序以获取相关、可靠的审计证据"的规定。

二、SL股份2016年、2017年年度财务报表错报情况

经另案查明,SL股份披露的2016年年度报告虚增营业收入271 426 472.23元,虚减费用7 662 975.74元,虚增利润总额279 089 447.97元,占合并利润表当期披露利润总额的344.78%;2017年年度报告虚增营业收入338 220 675.31元,虚减费用12 090 603.80元,虚增利润总额350 311 279.11元,占合并利润表当期披露利润总额的208.13%。

三、RH所出具标准无保留意见的审计报告

RH所负责对SL股份2016年年度财务报表进行审计,业务收入80.00万元。2017年4月24日,RH所出具了标准无保留意见审计报告,审计报告文号为RH审字〔2017〕482×××10号。

RH所负责对SL股份2017年年度财务报表进行审计,业务收入150.00万元。2018年4月23日,RH所出具了标准无保留意见审计报告,审计报告文号为RH审字〔2018〕483×××06号,签字注册会计师分别为殷某民、匡某。

根据当事人违法行为的事实、性质、情节与社会危害程度,依据《中华人民共和国证券法》(2005年修正版)第二百二十三条的规定,证监会决定:

(1)责令RH所改正,没收RH所业务收入160万元,并处以320万元的罚款;

（2）对殷某民、匡某给予警告，并分别处以 5 万元的罚款。

案例来源：

　　http：//www.csrc.gov.cn/csrc/c101928/cdb64f01eefb241b7ac0d075ed4882ed0/content.shtml。

| 附录 |

会计师事务所执业行政监管案例（上市业务卷）涉及法律法规及制度具体条款

一、法律法规

《中华人民共和国注册会计师法》（2014）

第二十二条　注册会计师不得有下列行为：

（一）在执行审计业务期间，在法律、行政法规规定不得买卖被审计单位的股票、债券或者不得购买被审计单位或者个人的其他财产的期限内，买卖被审计单位的股票、债券或者购买被审计单位或者个人所拥有的其他财产；

（二）索取、收受委托合同约定以外的酬金或者其他财物，或者利用执行业务之便，谋取其他不正当的利益；

（三）接受委托催收债款；

（四）允许他人以本人名义执行业务；

（五）同时在两个或者两个以上的会计师事务所执行业务；

（六）对其能力进行广告宣传以招揽业务；

（七）违反法律、行政法规的其他行为。

第三十二条　会计师事务所不得有本法第二十二条第（一）项至第（四）项、第（六）项、第（七）项所列的行为。

《中华人民共和国证券法》（2005）

第一百六十三条　证券登记结算机构应当设立证券结算风险基金，用于垫付或者弥补因违约交收、技术故障、操作失误、不可抗力造成的证券登记结算机构的损失。

证券结算风险基金从证券登记结算机构的业务收入和收益中提取，并可以由结算参与人按照证券交易业务量的一定比例缴纳。

证券结算风险基金的筹集、管理办法，由国务院证券监督管理机构会同国务院财政部门规定。

第一百七十三条　证券服务机构为证券的发行、上市、交易等证券业务活动制作、出具审计报告、资产评估报告、财务顾问报告、资信评级报告或者法律意见书等文件，应当勤勉尽责，对所依据的文件资料内容的真实性、准确性、完整性进行核查和验证。其制作、出具的文件有虚假记载、误导性陈述或者重大遗漏，给他人造成损失的，应当与发行人、上市公司承担连带赔偿责任，但是能够证明自己没有过错的除外。

第二百一十三条　收购人未按照本法规定履行上市公司收购的公告、发出收购要约等义务的，责令改正，给予警告，并处以 10 万元以上 30 万元以下的罚款；在改正前，收购人对其收购或者通过协议、其他安排与他人共同收购的股份不得行使表决权。对直接负责的主管人员和其他直接责任人员给予警告，并处以 3 万元以上 30 万元以下的罚款。

第二百二十三条　证券服务机构未勤勉尽责，所制作、出具的文件有虚假记载、误导性陈述或者重大遗漏的，责令改正，没收业务收入，暂停或者撤销证券服务业务许可，并处以业务收入 1 倍以上 5 倍以下的罚款。对直接负责的主管人员和其他直接责任人员给予警告，撤销证券从业资格，并处以 3 万元以上 10 万元以下的罚款。

《中华人民共和国证券法》(2014)

第一百六十三条 证券登记结算机构应当设立证券结算风险基金,用于垫付或者弥补因违约交收、技术故障、操作失误、不可抗力造成的证券登记结算机构的损失。

证券结算风险基金从证券登记结算机构的业务收入和收益中提取,并可以由结算参与人按照证券交易业务量的一定比例缴纳。

证券结算风险基金的筹集、管理办法,由国务院证券监督管理机构会同国务院财政部门规定。

第二百一十三条 收购人未按照本法规定履行上市公司收购的公告、发出收购要约等义务的,责令改正,给予警告,并处以10万元以上30万元以下的罚款;在改正前,收购人对其收购或者通过协议、其他安排与他人共同收购的股份不得行使表决权。对直接负责的主管人员和其他直接责任人员给予警告,并处以3万元以上30万元以下的罚款。

第二百二十三条 证券服务机构未勤勉尽责,所制作、出具的文件有虚假记载、误导性陈述或者重大遗漏的,责令改正,没收业务收入,暂停或者撤销证券服务业务许可,并处以业务收入1倍以上5倍以下的罚款。对直接负责的主管人员和其他直接责任人员给予警告,撤销证券从业资格,并处以3万元以上10万元以下的罚款。

《中华人民共和国证券法》(2019)

第一百六十三条 证券服务机构为证券的发行、上市、交易等证券业务活动制作、出具审计报告及其他鉴证报告、资产评估报告、财务顾问报告、资信评级报告或者法律意见书等文件,应当勤勉尽责,对所依据的文件资料内容的真实性、准确性、完整性进行核查和验证。其制作、出具的文件有虚假记载、误导性陈述或者重大遗漏,给他人造成损失的,应当与委托人承担连带赔偿责任,但是能够证明自己没有过错的除外。

第一百七十三条 国务院证券监督管理机构依法履行职责,被检查、调查的单位和个人应当配合,如实提供有关文件和资料,不得拒绝、阻碍和隐瞒。

第二百一十三条 证券投资咨询机构违反本法第一百六十条第二款的规定擅自从事证券服务业务,或者从事证券服务业务有本法第一百六十一条规定行为的,责令改正,没收违法所得,并处以违法所得一倍以上十倍以下的罚款;没有违法所得或者违法所得不足50万元的,处以50万元以上500万元以下的罚款。对直接负责的主管人员和其他直接责任人员,给予警告,并处以20万元以上200万元以下的罚款。

会计师事务所、律师事务所以及从事资产评估、资信评级、财务顾问、信息技术系统服务的机构违反本法第一百六十条第二款的规定,从事证券服务业务未报备案的,责令改正,可以处20万元以下的罚款。

证券服务机构违反本法第一百六十三条的规定,未勤勉尽责,所制作、出具的文件有虚假记载、误导性陈述或者重大遗漏的,责令改正,没收业务收入,并处以业务收入1倍以上10倍以下的罚款,没有业务收入或者业务收入不足50万元的,处以50万元以上500万元以下的罚款;情节严重的,并处暂停或者禁止从事证券服务业务。对直接负责的主管人员和其他直接责任人员给予警告,并处以20万元以上200万元以下的罚款。

第二百二十三条 当事人对证券监督管理机构或者国务院授权的部门的处罚决定不服的,可以依法申请行政复议,或者依法直接向人民法院提起诉讼。

二、规章制度

《上市公司信息披露管理办法》(证监会令第40号)

第四十六条 上市公司的股东、实际控制人发生以下事件时,应当主动告知上市公司董事会,并配合上市公司履行信息披露义务。

（一）持有公司5%以上股份的股东或者实际控制人，其持有股份或者控制公司的情况发生较大变化；

（二）法院裁决禁止控股股东转让其所持股份，任一股东所持公司5%以上股份被质押、冻结、司法拍卖、托管、设定信托或者被依法限制表决权；

（三）拟对上市公司进行重大资产或者业务重组；

（四）中国证监会规定的其他情形。

应当披露的信息依法披露前，相关信息已在媒体上传播或者公司证券及其衍生品种出现交易异常情况的，股东或者实际控制人应当及时、准确地向上市公司作出书面报告，并配合上市公司及时、准确地公告。上市公司的股东、实际控制人不得滥用其股东权利、支配地位，不得要求上市公司向其提供内幕信息。

第五十二条 为信息披露义务人履行信息披露义务出具专项文件的保荐人、证券服务机构，应当勤勉尽责、诚实守信，按照依法制定的业务规则、行业执业规范和道德准则发表专业意见，保证所出具文件的真实性、准确性和完整性。

第五十三条 注册会计师应当秉承风险导向审计理念，严格执行注册会计师执业准则及相关规定，完善鉴证程序，科学选用鉴证方法和技术，充分了解被鉴证单位及其环境，审慎关注重大错报风险，获取充分、适当的证据，合理发表鉴证结论。

第五十五条 任何机构和个人不得非法获取、提供、传播上市公司的内幕信息，不得利用所获取的内幕信息买卖或者建议他人买卖公司证券及其衍生品种，不得在投资价值分析报告、研究报告等文件中使用内幕信息。

第六十五条 为信息披露义务人履行信息披露义务出具专项文件的保荐人、证券服务机构及其人员，违反《证券法》、行政法规和中国证监会的规定，由中国证监会依法采取责令改正、监管谈话、出具警示函、记入诚信档案等监管措施；应当给予行政处罚的，中国证监会依法处罚。

《上市公司信息披露管理办法》（证监会令第 182 号）

第四十五条 为信息披露义务人履行信息披露义务出具专项文件的证券公司、证券服务机构及其人员，应当勤勉尽责、诚实守信，按照法律、行政法规、中国证监会规定、行业规范、业务规则等发表专业意见，保证所出具文件的真实性、准确性和完整性。

证券服务机构应当妥善保存客户委托文件、核查和验证资料、工作底稿以及与质量控制、内部管理、业务经营有关的信息和资料。证券服务机构应当配合中国证监会的监督管理，在规定的期限内提供、报送或者披露相关资料、信息，保证其提供、报送或者披露的资料、信息真实、准确、完整，不得有虚假记载、误导性陈述或者重大遗漏。

第四十六条 会计师事务所应当建立并保持有效的质量控制体系、独立性管理和投资者保护机制，秉承风险导向审计理念，遵守法律、行政法规、中国证监会的规定，严格执行注册会计师执业准则、职业道德守则及相关规定，完善鉴证程序，科学选用鉴证方法和技术，充分了解被鉴证单位及其环境，审慎关注重大错报风险，获取充分、适当的证据，合理发表鉴证结论。

第五十二条 信息披露义务人及其董事、监事、高级管理人员违反本办法的，中国证监会为防范市场风险，维护市场秩序，可以采取以下监管措施：

（一）责令改正；

（二）监管谈话；

（三）出具警示函；

（四）责令公开说明；

（五）责令定期报告；

（六）责令暂停或者终止并购重组活动；

（七）依法可以采取的其他监管措施。

第五十三条 上市公司未按本办法规定制定上市公司信息披露事务管

理制度的,由中国证监会责令改正;拒不改正的,给予警告并处国务院规定限额以下罚款。

第五十五条 为信息披露义务人履行信息披露义务出具专项文件的证券公司、证券服务机构及其人员,违反法律、行政法规和中国证监会规定的,中国证监会为防范市场风险,维护市场秩序,可以采取责令改正、监管谈话、出具警示函、责令公开说明、责令定期报告等监管措施;依法应当给予行政处罚的,由中国证监会依照有关规定进行处罚。

第六十五条 本办法自2021年5月1日起施行。2007年1月30日发布的《上市公司信息披露管理办法》(证监会令第40号)、2016年12月9日发布的《公开发行证券的公司信息披露编报规则第13号——季度报告的内容与格式》(证监会公告〔2016〕33号)同时废止。

《非上市公众公司信息披露管理办法》(证监会令第184号)

第四十四条 为挂牌公司履行信息披露义务出具专项文件的证券服务机构,应当勤勉尽责、诚实守信,认真履行审慎核查义务,按照依法制定的业务规定、行业执业规范、监管规则和道德准则发表意见,保证所出具文件的真实性、准确性和完整性。

挂牌公司应当配合为其提供服务的证券服务机构的工作,按要求提供与其执业相关的材料,不得要求证券服务机构出具与客观事实不符的文件或阻碍其工作。

证券服务机构在为信息披露出具专项文件时,发现挂牌公司提供的材料有虚假记载、误导性陈述、重大遗漏的,应当要求其补充、纠正。挂牌公司拒不补充、纠正的,证券服务机构应报告全国股转公司,情节严重的,应同时报告挂牌公司注册地中国证监会派出机构。

第五十一条 为挂牌公司履行信息披露义务出具专项文件的证券服务机构及其人员,违反《证券法》、行政法规和中国证监会的规定,中国证监会可以采取责令改正、监管谈话、出具警示函及依法可以采取的其他监管措施。

《非上市公众公司监督管理办法》（证监会令第 190 号）

第六条 为公司出具专项文件的证券公司、律师事务所、会计师事务所及其他证券服务机构，应当勤勉尽责、诚实守信，认真履行审慎核查义务，按照依法制定的业务规则、行业执业规范和职业道德准则发表专业意见，保证所出具文件的真实性、准确性和完整性，并接受中国证监会的监管。

第六十条 证券服务机构为公司的股票转让、股票发行等活动出具审计报告、资产评估报告或者法律意见书等文件的，应当严格履行法定职责，遵循勤勉尽责和诚实信用原则，对公司的主体资格、股本情况、规范运作、财务状况、公司治理、信息披露等内容的真实性、准确性、完整性进行充分的核查和验证，并保证其出具的文件不存在虚假记载、误导性陈述或者重大遗漏。

第六十七条 信息披露义务人及其董事、监事、高级管理人员，公司控股股东、实际控制人，为信息披露义务人出具专项文件的证券公司、证券服务机构及其工作人员，违反《证券法》、行政法规和中国证监会相关规定的，中国证监会可以依法采取责令改正、监管谈话、出具警示函等监管措施，并记入诚信档案；情节严重的，中国证监会可以对有关责任人员采取证券市场禁入的措施。

《非上市公众公司信息披露管理办法》（证监会令第 191 号）

第四十条 为挂牌公司履行信息披露义务出具专项文件的证券服务机构，应当勤勉尽责、诚实守信，认真履行审慎核查义务，按照依法制定的业务规定、行业执业规范、监管规则和道德准则发表意见，保证所出具文件的真实性、准确性和完整性。

挂牌公司应当配合为其提供服务的证券服务机构的工作，按要求提供与其执业相关的材料，不得要求证券服务机构出具与客观事实不符的文件或阻碍其工作。

证券服务机构在为信息披露出具专项文件时，发现挂牌公司提供的材料有虚假记载、误导性陈述、重大遗漏的，应当要求其补充、纠正。挂牌公司拒不补充、纠正的，证券服务机构应报告全国股转公司，情节严重的，应同时报告挂牌公司注册地中国证监会派出机构。

第四十四条 中国证监会依法对挂牌公司、主办券商和证券服务机构进行检查，挂牌公司、主办券商和证券服务机构应当予以配合。

中国证监会可以要求挂牌公司及其股东、实际控制人，或者其董事、监事、高级管理人员对有关信息披露问题作出解释、说明或者提供相关资料，或要求挂牌公司提供主办券商或者证券服务机构的专业意见。

中国证监会可以要求主办券商、证券服务机构对挂牌公司有关信息披露问题进行核查，并出具专项意见。中国证监会对主办券商和证券服务机构出具文件的真实性、准确性、完整性有疑义的，可以要求相关机构作出解释、补充，并调阅其工作底稿。

第四十七条 为挂牌公司履行信息披露义务出具专项文件的证券服务机构及其人员，违反《证券法》、行政法规和中国证监会的规定，中国证监会可以采取责令改正、监管谈话、出具警示函及依法可以采取的其他监管措施。

第五十一条 挂牌公司通过隐瞒关联关系或者采取其他手段，规避信息披露、报告义务的，中国证监会依照《证券法》有关规定处罚。

第五十五条 挂牌公司及其董事、监事、高级管理人员、股东及其一致行动人、实际控制人，主办券商、证券服务机构未按照本办法规定履行报告义务，或者报送的报告有虚假记载、误导性陈述或者重大遗漏的，中国证监会依照《证券法》有关规定处罚。

《首次公开发行股票并上市管理办法》（证监会令第173号）

第六条 为证券发行出具有关文件的证券服务机构和人员，应当按照本行业公认的业务标准和道德规范，严格履行法定职责，并对其所出具文件的真实性、准确性和完整性负责。

第五十五条 发行人、保荐人或证券服务机构制作或者出具的文件不符合要求，擅自改动已提交的文件，或者拒绝答复中国证监会审核中提出的相关问题的，中国证监会将视情节轻重，对相关机构和责任人员采取监管谈话、责令改正等监管措施，记入诚信档案并公布；情节特别严重的，给予警告。

《会计师事务所内部治理指南》（2007）

第四十八条 事务所应当建立以质量为导向的、科学合理的员工业绩评价制度及奖惩制度，明确员工业绩评价标准、评价程序和要求，充分调动全体员工的积极性和创造性。

员工业绩评价标准应当客观、公正、全面，涵盖员工的执业质量、工作强度、工作效率、工作态度、职业道德、专业胜任能力、市场开拓能力、培训完成情况等因素。

第六十一条 事务所应当建立业务报告签发制度，严格各类业务报告的签发人和签发程序，禁止出卖公章的行为。

第六十四条 事务所应当按照《会计师事务所职业风险基金管理办法》的规定提取和使用职业风险基金。事务所可以通过购买职业保险方式提高抵御职业责任风险的能力，为维护公众利益提供责任保障。

事务所存续期间不得分配职业风险基金，只能用于列支因职业责任引起的民事赔偿及其相关的法律费用。

第六十七条 事务所应当在人事、财务、执业标准、质量控制、员工培训等方面对其分所进行统一管理。

《企业会计准则第 22 号——金融工具确认和计量》（2006）

第四十条 企业应当在资产负债表日对以公允价值计量且其变动计入当期损益的金融资产以外的金融资产的账面价值进行检查，有客观证据表明该金融资产发生减值的，应当计提减值准备。

《企业内部控制审计指引》（2010）

第十五条　注册会计师应当根据与内部控制相关的风险，确定拟实施审计程序的性质、时间安排和范围，获取充分、适当的证据。与内部控制相关的风险越高，注册会计师需要获取的证据应越多。

第十七条　注册会计师在确定测试的时间安排时，应当在下列两个因素之间作出平衡，以获取充分、适当的证据：

（一）尽量在接近企业内部控制自我评价基准日实施测试；

（二）实施的测试需要涵盖足够长的期间。

执业规范

《中国注册会计师职业道德守则第1号——职业道德基本原则》（2020）

第十条　注册会计师如果认为业务报告、申报资料、沟通函件或其他方面的信息存在下列问题，不得与这些有问题的信息发生关联：

（一）含有虚假记载、误导性陈述；

（二）含有缺乏充分根据的陈述或信息；

（三）存在遗漏或含糊其辞的信息，而这种遗漏或含糊其辞可能会产生误导。

注册会计师如果注意到已与有问题的信息发生关联，应当采取措施消除关联。

第十一条　针对本守则第十条所述的情形，如果注册会计师按照职业准则的规定出具了恰当的业务报告（例如，在审计业务中，出具恰当的非无保留意见审计报告），则不被视为违反该条的规定。

第十三条　如果存在对职业判断产生过度不当影响的情形，注册会计师不得从事与之相关的职业活动。

《中国注册会计师职业道德守则第 3 号——提供专业服务的具体要求》（2020）

第三十条 当注册会计师遇到下列情况时，应当确定是否有理由拒绝承接该项业务：（一）潜在客户要求其取代另一注册会计师；（二）考虑以投标方式接替另一注册会计师执行的业务；（三）考虑执行某些工作作为对另一注册会计师工作的补充。

第三十三条 在评价此类不利影响的严重程度时，相关的考虑因素之一是：投标书中是否已声明，注册会计师在承接业务前需要与现任或前任注册会计师取得联系。这种联系可以使注册会计师有机会了解到是否存在不得接受委托的理由。

《中国注册会计师职业道德守则第 4 号——审计和审阅业务对独立性的要求》（2020）

第四条 注册会计师在执行审计业务时应当保持独立性。

第五条 独立性包括实质上的独立性和形式上的独立性：

（一）实质上的独立性。实质上的独立性是一种内心状态，使得注册会计师在提出结论时不受损害职业判断的因素影响，诚信行事，遵循客观公正原则，保持职业怀疑。

（二）形式上的独立性。形式上的独立性是一种外在表现，使得一个理性且掌握充分信息的第三方，在权衡所有相关事实和情况后，认为会计师事务所或审计项目团队成员没有损害诚信原则、客观公正原则或职业怀疑。

第一百五十九条 内部审计的目标和工作范围因被审计单位的规模、组织结构、治理层和管理层需求的不同而存在很大差异。协助审计客户执行内部审计活动属于内部审计服务。内部审计活动包括：

（一）监督内部控制，包括对控制进行复核，对其运行情况进行监控，并提供改进建议；

（二）通过下列方式检查财务信息和经营信息：

1. 复核用以确认、计量、分类和列报财务信息和经营信息的方法；

2. 对个别项目实施专项调查。专项调查包括对交易、账户余额和程序实施细节测试。

（三）评价被审计单位的经营活动，包括非财务活动的经济性、效率和效果；

（四）评价对法律法规、其他外部要求以及管理层政策、指令和其他内部规定的遵守情况。

《中国注册会计师鉴证业务基本准则》（2006）

第二十八条　注册会计师应当以职业怀疑态度计划和执行鉴证业务，获取有关鉴证对象信息是否不存在重大错报的充分、适当的证据。

注册会计师应当及时对制定的计划、实施的程序、获取的相关证据以及得出的结论作出记录。

第四十八条　对需要运用职业判断的所有重大事项，注册会计师应当记录推理过程和相关结论。

如果对某些事项难以进行判断，注册会计师还应当记录得出结论时已知悉的有关事实。

第四十九条　注册会计师应当将鉴证过程中考虑的所有重大事项记录于工作底稿。

在运用职业判断确定工作底稿的编制和保存范围时，注册会计师应当考虑，使未曾接触该项鉴证业务的有经验的专业人士了解实施的鉴证程序，以及作出重大决策的依据。

《中国注册会计师鉴证业务基本准则》（2022）

第二十八条　注册会计师应当以职业怀疑态度计划和执行鉴证业务，获取有关鉴证对象信息是否不存在重大错报的充分、适当的证据。

注册会计师应当及时对制定的计划、实施的程序、获取的相关证据以及得出的结论作出记录。

第四十八条 对需要运用职业判断的所有重大事项，注册会计师应当记录推理过程和相关结论。

如果对某些事项难以进行判断，注册会计师还应当记录得出结论时已知悉的有关事实。

第四十九条 注册会计师应当将鉴证过程中考虑的所有重大事项记录于工作底稿。

在运用职业判断确定工作底稿的编制和保存范围时，注册会计师应当考虑，使未曾接触该项鉴证业务的有经验的专业人士了解实施的鉴证程序，以及作出重大决策的依据。

《中国注册会计师审计准则第 1101 号——财务报表审计的目标与一般原则》（2006）

第十一条 在计划和实施审计工作时，注册会计师应当保持职业怀疑态度，充分考虑可能存在导致财务报表发生重大错报的情形。

第十七条 合理保证意味着审计风险始终存在，注册会计师应当通过计划和实施审计工作，获取充分、适当的审计证据，将审计风险降至可接受的低水平。

审计风险是指财务报表存在重大错报而注册会计师发表不恰当审计意见的可能性。

第二十条 在设计审计程序以确定财务报表整体是否存在重大错报时，注册会计师应当从财务报表层次和各类交易、账户余额、列报（包括披露，下同）认定层次考虑重大错报风险。

财务报表层次重大错报风险通常与控制环境有关，并与财务报表整体存在广泛联系，可能影响多项认定，但难以界定于某类交易、账户余额、列报的具体认定。

第二十二条 注册会计师应当评估认定层次的重大错报风险，并根据既定的审计风险水平和评估的认定层次重大错报风险确定可接受的检查风险水平。

在既定的审计风险水平下,可接受的检查风险水平与认定层次重大错报风险的评估结果成反向关系。评估的重大错报风险越高,可接受的检查风险越低;评估的重大错报风险越低,可接受的检查风险越高。

注册会计师应当获取认定层次充分、适当的审计证据,以便在完成审计工作时,能够以可接受的低审计风险对财务报表整体发表审计意见。

《中国注册会计师审计准则第 1101 号——注册会计师的总体目标和审计工作的基本要求》(2010)

第十七条 职业怀疑,是指注册会计师执行审计业务的一种态度,包括采取质疑的思维方式,对可能表明由于错误或舞弊导致错报的迹象保持警觉,以及对审计证据进行审慎评价。

第二十条 注册会计师应当按照审计准则的规定,对财务报表整体是否不存在由于舞弊或错误导致的重大错报获取合理保证,以作为发表审计意见的基础。

合理保证是一种高水平保证。当注册会计师获取充分、适当的审计证据将审计风险降至可接受的低水平时,就获取了合理保证。

由于审计存在固有限制,注册会计师据以得出结论和形成审计意见的大多数审计证据是说服性而非结论性的,因此,审计只能提供合理保证,不能提供绝对保证。

第二十二条 审计准则旨在规范和指导注册会计师对财务报表整体是否不存在重大错报获取合理保证,要求注册会计师在整个审计过程中运用职业判断和保持职业怀疑。

需要运用职业判断并保持职业怀疑的重要审计环节主要包括:

(一)通过了解被审计单位及其环境,识别和评估由于舞弊或错误导致的重大错报风险;

(二)通过对评估的风险设计和实施恰当的应对措施,针对是否存在重大错报获取充分、适当的审计证据;

(三)根据从获取的审计证据中得出的结论,对财务报表形成审计意见。

第二十五条　在执行财务报表审计工作时，注册会计师的总体目标是：

（一）对财务报表整体是否不存在由于舞弊或错误导致的重大错报获取合理保证，使得注册会计师能够对财务报表是否在所有重大方面按照适用的财务报告编制基础编制发表审计意见；

（二）按照审计准则的规定，根据审计结果对财务报表出具审计报告，并与管理层和治理层沟通。

第二十六条　在任何情况下，如果不能获取合理保证，并且在审计报告中发表保留意见也不足以实现向财务报表预期使用者报告的目的，注册会计师应当按照审计准则的规定出具无法表示意见的审计报告，或者在法律法规允许的情况下终止审计业务或解除业务约定。

第二十七条　注册会计师应当遵守与财务报表审计相关的职业道德要求，包括遵守有关独立性的要求。

第二十八条　在计划和实施审计工作时，注册会计师应当保持职业怀疑，认识到可能存在导致财务报表发生重大错报的情形。

第二十九条　在计划和实施审计工作时，注册会计师应当运用职业判断。

第三十条　为了获取合理保证，注册会计师应当获取充分、适当的审计证据，以将审计风险降至可接受的低水平，使其能够得出合理的结论，作为形成审计意见的基础。

《中国注册会计师审计准则第1101号——注册会计师的总体目标和审计工作的基本要求》（2019）

第十七条　职业怀疑，是指注册会计师执行审计业务的一种态度，包括采取质疑的思维方式，对可能表明由于错误或舞弊导致错报的迹象保持警觉，以及对审计证据进行审慎评价。

第二十条　注册会计师应当按照审计准则的规定，对财务报表整体是否不存在由于舞弊或错误导致的重大错报获取合理保证,以作为发表审计意见的基础。

合理保证是一种高水平保证。当注册会计师获取充分、适当的审计证据将审计风险降至可接受的低水平时,就获取了合理保证。

由于审计存在固有限制,注册会计师据以得出结论和形成审计意见的大多数审计证据是说服性而非结论性的,因此,审计只能提供合理保证,不能提供绝对保证。

第二十二条 审计准则旨在规范和指导注册会计师对财务报表整体是否不存在重大错报获取合理保证,要求注册会计师在整个审计过程中运用职业判断和保持职业怀疑。

需要运用职业判断并保持职业怀疑的重要审计环节主要包括:

(一)通过了解被审计单位及其环境,识别和评估由于舞弊或错误导致的重大错报风险;

(二)通过对评估的风险设计和实施恰当的应对措施,针对是否存在重大错报获取充分、适当的审计证据;

(三)根据从获取的审计证据中得出的结论,对财务报表形成审计意见。

第二十五条 在执行财务报表审计工作时,注册会计师的总体目标是:

(一)对财务报表整体是否不存在由于舞弊或错误导致的重大错报获取合理保证,使得注册会计师能够对财务报表是否在所有重大方面按照适用的财务报告编制基础编制发表审计意见;

(二)按照审计准则的规定,根据审计结果对财务报表出具审计报告,并与管理层和治理层沟通。

第二十六条 在任何情况下,如果不能获取合理保证,并且在审计报告中发表保留意见也不足以实现向财务报表预期使用者报告的目的,注册会计师应当按照审计准则的规定出具无法表示意见的审计报告,或者在法律法规允许的情况下终止审计业务或解除业务约定。

第二十七条　注册会计师应当遵守与财务报表审计相关的职业道德要求，包括遵守有关独立性的要求。

第二十八条　在计划和实施审计工作时，注册会计师应当保持职业怀疑，认识到可能存在导致财务报表发生重大错报的情形。

第三十条　为了获取合理保证，注册会计师应当获取充分、适当的审计证据，以将审计风险降至可接受的低水平，使其能够得出合理的结论，作为形成审计意见的基础。

《中国注册会计师审计准则第1101号——注册会计师的总体目标和审计工作的基本要求》（2022）

第七条　管理层，是指对被审计单位经营活动的执行负有经营管理责任的人员。在某些被审计单位，管理层包括部分或全部的治理层成员，如治理层中负有经营管理责任的人员，或参与日常经营管理的业主（以下简称业主兼经理）。

第二十条　注册会计师应当按照审计准则的规定，对财务报表整体是否不存在由于舞弊或错误导致的重大错报获取合理保证，以作为发表审计意见的基础。

合理保证是一种高水平保证。当注册会计师获取充分、适当的审计证据将审计风险降至可接受的低水平时，就获取了合理保证。

由于审计存在固有限制，注册会计师据以得出结论和形成审计意见的大多数审计证据是说服性而非结论性的，因此，审计只能提供合理保证，不能提供绝对保证。

第二十二条　审计准则旨在规范和指导注册会计师对财务报表整体是否不存在重大错报获取合理保证，要求注册会计师在整个审计过程中运用职业判断和保持职业怀疑。

需要运用职业判断并保持职业怀疑的重要审计环节主要包括：

（一）通过了解被审计单位及其环境，识别和评估由于舞弊或错误导致的重大错报风险；

（二）通过对评估的风险设计和实施恰当的应对措施，针对是否存在重大错报获取充分、适当的审计证据；

（三）根据从获取的审计证据中得出的结论，对财务报表形成审计意见。

第二十五条 在执行财务报表审计工作时，注册会计师的总体目标是：

（一）对财务报表整体是否不存在由于舞弊或错误导致的重大错报获取合理保证，使得注册会计师能够对财务报表是否在所有重大方面按照适用的财务报告编制基础编制发表审计意见；

（二）按照审计准则的规定，根据审计结果对财务报表出具审计报告，并与管理层和治理层沟通。

第二十六条 在任何情况下，如果不能获取合理保证，并且在审计报告中发表保留意见也不足以实现向财务报表预期使用者报告的目的，注册会计师应当按照审计准则的规定出具无法表示意见的审计报告，或者在法律法规允许的情况下终止审计业务或解除业务约定。

第二十七条 注册会计师应当遵守与财务报表审计相关的职业道德要求，包括遵守有关独立性的要求。

第二十八条 在计划和实施审计工作时，注册会计师应当保持职业怀疑，认识到可能存在导致财务报表发生重大错报的情形。

第二十九条 在计划和实施审计工作时，注册会计师应当运用职业判断。

第三十条 为了获取合理保证，注册会计师应当获取充分、适当的审计证据，以将审计风险降至可接受的低水平，使其能够得出合理的结论，作为形成审计意见的基础。

《中国注册会计师审计准则第 1121 号——对财务报表审计实施的质量控制》（2010）

第二十九条 项目合伙人应当对下列事项负责：

（一）按照职业准则和适用的法律法规的规定指导、监督与执行审计业务；

（二）出具适合具体情况的审计报告。

第三十条 项目合伙人应当对项目组按照会计师事务所复核政策和程序实施的复核负责。

第三十一条 在审计报告日或审计报告日之前，项目合伙人应当通过复核审计工作底稿和与项目组讨论，确信已获取充分、适当的审计证据，支持得出的结论和拟出具的审计报告。

第三十三条 对于上市实体财务报表审计以及会计师事务所确定需要实施项目质量控制复核的其他审计业务，项目合伙人应当：

（一）确定会计师事务所已委派项目质量控制复核人员；

（二）与项目质量控制复核人员讨论在审计过程中遇到的重大事项，包括在项目质量控制复核过程中识别出的重大事项；

（三）只有完成了项目质量控制复核，才能签署审计报告。

第三十四条 项目质量控制复核人员应当客观地评价项目组作出的重大判断以及在编制审计报告时得出的结论。

评价工作应当涉及下列内容：

（一）与项目合伙人讨论重大事项；

（二）复核财务报表和拟出具的审计报告；

（三）复核选取的与项目组作出的重大判断和得出的结论相关的审计工作底稿；

（四）评价在编制审计报告时得出的结论，并考虑拟出具审计报告的恰当性。

第三十五条 对于上市实体财务报表审计，项目质量控制复核人员在实施项目质量控制复核时，还应当考虑：

（一）项目组就具体审计业务对会计师事务所独立性作出的评价；

（二）项目组是否已就涉及意见分歧的事项，或者其他疑难问题或争议事项进行适当咨询，以及咨询得出的结论；

（三）选取的用于复核的审计工作底稿，是否反映了项目组针对重大判断执行的工作，以及是否支持得出的结论。

第四十条　针对已复核的审计业务，项目质量控制复核人员应当就下列事项形成审计工作底稿：

（一）会计师事务所项目质量控制复核政策要求的程序已得到实施；

（二）项目质量控制复核在审计报告日或审计报告日之前已完成；

（三）项目质量控制复核人员没有注意到任何尚未解决的事项，使其认为项目组作出的重大判断和得出的结论不适当。

《中国注册会计师审计准则第1121号——对财务报表审计实施的质量控制》（2019）

第二十六条　项目合伙人应当确信，有关客户关系和审计业务的接受与保持的质量控制程序已得到遵守，并确定得出的有关结论是恰当的。

第二十九条　项目合伙人应当对下列事项负责：

（一）按照职业准则和适用的法律法规的规定指导、监督与执行审计业务；

（二）出具适合具体情况的审计报告。

第三十条　项目合伙人应当对项目组按照会计师事务所复核政策和程序实施的复核负责。

第三十一条　在审计报告日或审计报告日之前，项目合伙人应当通过复核审计工作底稿和与项目组讨论，确信已获取充分、适当的审计证据，支持得出的结论和拟出具的审计报告。

第三十三条　对于上市实体财务报表审计以及会计师事务所确定需要实施项目质量控制复核的其他审计业务，项目合伙人应当：

（一）确定会计师事务所已委派项目质量控制复核人员；

（二）与项目质量控制复核人员讨论在审计过程中遇到的重大事项，包括在项目质量控制复核过程中识别出的重大事项；

（三）只有完成了项目质量控制复核，才能签署审计报告。

第三十四条 项目质量控制复核人员应当客观地评价项目组作出的重大判断以及在编制审计报告时得出的结论。

评价工作应当涉及下列内容：

（一）与项目合伙人讨论重大事项；

（二）复核财务报表和拟出具的审计报告；

（三）复核选取的与项目组作出的重大判断和得出的结论相关的审计工作底稿；

（四）评价在编制审计报告时得出的结论，并考虑拟出具审计报告的恰当性。

第三十五条 对于上市实体财务报表审计，项目质量控制复核人员在实施项目质量控制复核时，还应当考虑：

（一）项目组就具体审计业务对会计师事务所独立性作出的评价；

（二）项目组是否已就涉及意见分歧的事项，或者其他疑难问题或争议事项进行适当咨询，以及咨询得出的结论；

（三）选取的用于复核的审计工作底稿，是否反映了项目组针对重大判断执行的工作，以及是否支持得出的结论。

第四十条 针对已复核的审计业务，项目质量控制复核人员应当就下列事项形成审计工作底稿：

（一）会计师事务所项目质量控制复核政策要求的程序已得到实施；

（二）项目质量控制复核在审计报告日或审计报告日之前已完成；

（三）项目质量控制复核人员没有注意到任何尚未解决的事项，使其认为项目组作出的重大判断和得出的结论不适当。

《中国注册会计师审计准则第1121号——对财务报表审计实施的质量控制》（2020）

第二十六条 项目合伙人应当了解适用于审计业务的性质和具体情况的相关职业道德要求，包括与独立性相关的要求。

第二十九条 项目合伙人应当通过观察和必要的询问，在整个审计过程中对审计项目组成员违反相关职业道德要求或会计师事务所相关政策和程序的情形保持警觉。

第三十条 如果项目合伙人通过会计师事务所质量管理体系或其他来源获得的信息,注意到某些事项表明适用于审计业务的性质和具体情况的相关职业道德要求未得到遵守,项目合伙人应当在咨询会计师事务所相关人员后,立即采取适当行动。

第三十一条 在签署审计报告之前,项目合伙人应当负责确定相关职业道德要求(包括与独立性相关的要求)已经得到遵守。

第三十三条 当按照审计准则的规定计划和执行审计工作以及遵守本准则的要求时,项目合伙人应当考虑在客户关系和审计业务的接受与保持环节获取的信息。

第三十四条 如果审计项目组在接受或保持某项客户关系或审计业务后获知了某些信息,并且,如果这些信息在接受或保持之前获知,可能会导致会计师事务所拒绝接受或保持该客户关系或审计业务,则项目合伙人应当立即与会计师事务所沟通该信息,以使会计师事务所和项目合伙人能够立即采取必要的行动。

第三十五条 项目合伙人应当结合审计项目的性质和具体情况、会计师事务所的政策和程序,以及在执行审计项目过程中可能发生的任何变化,确定充分、适当的资源已被及时分配给审计项目组用于执行审计项目,或使审计项目组能够及时获取这些资源。

第四十条 项目合伙人应当负责对审计项目组成员进行指导、监督并复核其工作。

《中国注册会计师审计准则第 1111 号——就审计业务约定条款达成一致意见》(2016)

第五条 注册会计师的目标是,只有通过实施下列工作就执行审计工作的基础达成一致意见后,才承接或保持审计业务:

(一)确定审计的前提条件存在;

（二）确认注册会计师和管理层已就审计业务约定条款达成一致意见。

第九条　注册会计师应当就审计业务约定条款与管理层或治理层（如适用）达成一致意见。

《中国注册会计师审计准则第1111号——就审计业务约定条款达成一致意见》（2022）

第五条　注册会计师的目标是，只有通过实施下列工作就执行审计工作的基础达成一致意见后，才承接或保持审计业务：（一）确定审计的前提条件存在；（二）确认注册会计师和管理层已就审计业务约定条款达成一致意见。

第九条　注册会计师应当就审计业务约定条款与管理层或治理层（如适用）达成一致意见。

《中国注册会计师审计准则第1131号——审计工作底稿》（2006）

第八条　对每项具体审计业务，注册会计师应当将审计工作底稿归整为审计档案。

第九条　注册会计师编制的审计工作底稿，应当使得未曾接触该项审计工作的有经验的专业人士清楚了解：

（一）按照审计准则的规定实施的审计程序的性质、时间和范围；

（二）实施审计程序的结果和获取的审计证据；

（三）就重大事项得出的结论。

有经验的专业人士，是指对下列方面有合理了解的人士：

（一）审计过程；

（二）相关法律法规和审计准则的规定；

（三）被审计单位所处的经营环境；

（四）与被审计单位所处行业相关的会计和审计问题。

第十条　在确定审计工作底稿的格式、内容和范围时，注册会计师应当考虑下列因素：

（一）实施审计程序的性质；

（二）已识别的重大错报风险；

（三）在执行审计工作和评价审计结果时需要作出判断的范围；

（四）已获取审计证据的重要程度；

（五）已识别的例外事项的性质和范围；

（六）当从已执行审计工作或获取审计证据的记录中不易确定结论或结论的基础时，记录结论或结论的基础的必要性；

（七）使用的审计方法和工具。

第十一条 在记录实施审计程序的性质、时间和范围时，注册会计师应当记录测试的特定项目或事项的识别特征。

第十五条 注册会计师应当及时记录与管理层、治理层和其他人员对重大事项的讨论，包括讨论的内容、时间、地点和参加人员。

第十六条 如果识别出的信息与针对某重大事项得出的最终结论相矛盾或不一致，注册会计师应当记录形成最终结论时如何处理该矛盾或不一致的情况。

第十七条 在记录实施审计程序的性质、时间和范围时，注册会计师应当记录：

（一）审计工作的执行人员及完成该项审计工作的日期；

（二）审计工作的复核人员及复核的日期和范围。

第十九条 在审计报告日后将审计工作底稿归整为最终审计档案是一项事务性的工作，不涉及实施新的审计程序或得出新的结论。

如果在归档期间对审计工作底稿作出的变动属于事务性的，注册会计师可以作出变动，主要包括：

（一）删除或废弃被取代的审计工作底稿；

（二）对审计工作底稿进行分类、整理和交叉索引；

（三）对审计档案归整工作的完成核对表签字认可；

（四）记录在审计报告日前获取的、与审计项目组相关成员进行讨论并取得一致意见的审计证据。

第二十条　在完成最终审计档案的归整工作后，如果发现有必要修改现有审计工作底稿或增加新的审计工作底稿，无论修改或增加的性质如何，注册会计师均应当记录下列事项：

（一）修改或增加审计工作底稿的时间和人员，以及复核的时间和人员；

（二）修改或增加审计工作底稿的具体理由；

（三）修改或增加审计工作底稿对审计结论产生的影响。

《中国注册会计师审计准则第 1131 号——审计工作底稿》（2010）

第八条　注册会计师的目标是，编制审计工作底稿以便：

（一）提供充分、适当的记录，作为出具审计报告的基础；

（二）提供证据，证明注册会计师已按照审计准则和相关法律法规的规定计划和执行了审计工作。

第十条　注册会计师编制的审计工作底稿，应当使得未曾接触该项审计工作的有经验的专业人士清楚了解：

（一）按照审计准则和相关法律法规的规定实施的审计程序的性质、时间安排和范围；

（二）实施审计程序的结果和获取的审计证据；

（三）审计中遇到的重大事项和得出的结论，以及在得出结论时作出的重大职业判断。

第十一条　在记录已实施审计程序的性质、时间安排和范围时，注册会计师应当记录：

（一）测试的具体项目或事项的识别特征；

（二）审计工作的执行人员及完成审计工作的日期；

（三）审计工作的复核人员及复核的日期和范围。

第十五条　在某些例外情况下，如果在审计报告日后实施了新的或追加的审计程序，或者得出新的结论，注册会计师应当记录：

（一）遇到的例外情况；

（二）实施的新的或追加的审计程序，获取的审计证据，得出的结论，以及对审计报告的影响；

（三）对审计工作底稿作出相应变动的时间和人员，以及复核的时间和人员。

第十六条 编制审计工作底稿的文字应当使用中文。少数民族自治地区可以同时使用少数民族文字。中国境内的中外合作会计师事务所、国际会计公司成员所可以同时使用某种外国文字。会计师事务所执行涉外业务时可以同时使用某种外国文字。

第十七条 注册会计师应当在审计报告日后及时将审计工作底稿归整为审计档案，并完成归整最终审计档案过程中的事务性工作。

审计工作底稿的归档期限为审计报告日后六十天内。

如果注册会计师未能完成审计业务，审计工作底稿的归档期限为审计业务中止后的六十天内。

第十九条 会计师事务所应当自审计报告日起，对审计工作底稿至少保存十年。

如果注册会计师未能完成审计业务，会计师事务所应当自审计业务中止日起，对审计工作底稿至少保存十年。

第二十条 除本准则第十五条规定的情况外，在完成最终审计档案归整工作后，如果注册会计师发现有必要修改现有审计工作底稿或增加新的审计工作底稿，无论修改或增加的性质如何，注册会计师均应当记录：

（一）修改或增加审计工作底稿的理由；

（二）修改或增加审计工作底稿的时间和人员，以及复核的时间和人员。

《中国注册会计师审计准则第1131号——审计工作底稿》（2016）

第三条 在符合本准则和其他相关审计准则要求的情况下，审计工作底稿能够实现下列目的：

（一）提供证据，作为注册会计师得出实现总体目标结论的基础；

（二）提供证据，证明注册会计师按照审计准则和相关法律法规的规定计划和执行了审计工作。

第八条 注册会计师的目标是，编制审计工作底稿以便：

（一）提供充分、适当的记录，作为出具审计报告的基础；

（二）提供证据，证明注册会计师已按照审计准则和相关法律法规的规定计划和执行了审计工作。

第十条 注册会计师编制的审计工作底稿，应当使得未曾接触该项审计工作的有经验的专业人士清楚了解：

（一）按照审计准则和相关法律法规的规定实施的审计程序的性质、时间安排和范围；

（二）实施审计程序的结果和获取的审计证据；

（三）审计中遇到的重大事项和得出的结论，以及在得出结论时作出的重大职业判断。

第十一条 在记录已实施审计程序的性质、时间安排和范围时，注册会计师应当记录：

（一）测试的具体项目或事项的识别特征；

（二）审计工作的执行人员及完成审计工作的日期；

（三）审计工作的复核人员及复核的日期和范围。

第十五条 在某些例外情况下，如果在审计报告日后实施了新的或追加的审计程序，或者得出新的结论，注册会计师应当记录：

（一）遇到的例外情况；

（二）实施的新的或追加的审计程序，获取的审计证据，得出的结论，以及对审计报告的影响；

（三）对审计工作底稿作出相应变动的时间和人员，以及复核的时间和人员。

第十六条 编制审计工作底稿的文字应当使用中文。少数民族自治地区可以同时使用少数民族文字。中国境内的中外合作会计师事务所、国际会计公司成员所可以同时使用某种外国文字。会计师事务所执行涉外业务时可以同时使用某种外国文字。

第十七条　注册会计师应当在审计报告日后及时将审计工作底稿归整为审计档案，并完成归整最终审计档案过程中的事务性工作。审计工作底稿的归档期限为审计报告日后六十天内。

如果注册会计师未能完成审计业务，审计工作底稿的归档期限为审计业务中止后的六十天内。

第十九条　会计师事务所应当自审计报告日起，对审计工作底稿至少保存十年。

如果注册会计师未能完成审计业务，会计师事务所应当自审计业务中止日起，对审计工作底稿至少保存十年。

第二十条　除本准则第十五条规定的情况外，在完成最终审计档案归整工作后，如果注册会计师发现有必要修改现有审计工作底稿或增加新的审计工作底稿，无论修改或增加的性质如何，注册会计师均应当记录：

（一）修改或增加审计工作底稿的理由；

（二）修改或增加审计工作底稿的时间和人员，以及复核的时间和人员。

《中国注册会计师审计准则第1131号——审计工作底稿》（2022）

第八条　注册会计师的目标是，编制审计工作底稿以便：

（一）提供充分、适当的记录，作为出具审计报告的基础；

（二）提供证据，证明注册会计师已按照审计准则和相关法律法规的规定计划和执行了审计工作。

第十条　注册会计师编制的审计工作底稿，应当使得未曾接触该项审计工作的有经验的专业人士清楚了解：

（一）按照审计准则和相关法律法规的规定实施的审计程序的性质、时间安排和范围；

（二）实施审计程序的结果和获取的审计证据；

（三）审计中遇到的重大事项和得出的结论，以及在得出结论时作出的重大职业判断。

第十一条 在记录已实施审计程序的性质、时间安排和范围时，注册会计师应当记录：

（一）测试的具体项目或事项的识别特征；

（二）审计工作的执行人员及完成审计工作的日期；

（三）审计工作的复核人员及复核的日期和范围。

第十五条 在某些例外情况下，如果在审计报告日后实施了新的或追加的审计程序，或者得出新的结论，注册会计师应当记录：

（一）遇到的例外情况；

（二）实施的新的或追加的审计程序，获取的审计证据，得出的结论，以及对审计报告的影响；

（三）对审计工作底稿作出相应变动的时间和人员，以及复核的时间和人员。

第十六条 编制审计工作底稿的文字应当使用中文。少数民族自治地区可以同时使用少数民族文字。中国境内的中外合作会计师事务所、国际会计公司成员所可以同时使用某种外国文字。会计师事务所执行涉外业务时可以同时使用某种外国文字。

第十七条 注册会计师应当在审计报告日后及时将审计工作底稿归整为审计档案，并完成归整最终审计档案过程中的事务性工作。

审计工作底稿的归档期限为审计报告日后六十天内。如果注册会计师未能完成审计业务，审计工作底稿的归档期限为审计业务中止后的六十天内。

第十九条 会计师事务所应当自审计报告日起，对审计工作底稿至少保存十年。

如果注册会计师未能完成审计业务，会计师事务所应当自审计业务中止日起，对审计工作底稿至少保存十年。

第二十条 除本准则第十五条规定的情况外，在完成最终审计档案归整工作后，如果注册会计师发现有必要修改现有审计工作底稿或增加新的

审计工作底稿,无论修改或增加的性质如何,注册会计师均应当记录:

(一)修改或增加审计工作底稿的理由;

(二)修改或增加审计工作底稿的时间和人员,以及复核的时间和人员。

《中国注册会计师审计准则第 1141 号——财务报表审计中对舞弊的考虑》(2006)

第九条 对财务信息作出虚假报告通常表现为:

(一)对财务报表所依据的会计记录或相关文件记录的操纵、伪造或篡改;

(二)对交易、事项或其他重要信息在财务报表中的不真实表达或故意遗漏;

(三)对与确认、计量、分类或列报有关的会计政策和会计估计的故意误用。

第十三条 防止或发现舞弊是被审计单位治理层和管理层的责任。

第十七条 注册会计师应当在整个审计过程中保持职业怀疑态度,考虑管理层凌驾于控制之上的可能性,并应当意识到,可以有效发现错误的审计程序未必适用于发现舞弊导致的重大错报。

第二十二条 注册会计师应当在整个审计过程中以职业怀疑态度计划和实施审计工作,充分考虑由于舞弊导致财务报表发生重大错报的可能性,而不应依赖以往审计中对管理层、治理层诚信形成的判断。

第五十九条 管理层凌驾于控制之上的风险属于特别风险,注册会计师针对该特别风险应当实施的审计程序包括:

(一)测试日常会计核算过程中作出的会计分录以及为编制财务报表作出的调整分录是否适当;

(二)复核会计估计是否有失公允,从而可能产生舞弊导致的重大错报;

(三)对于注意到的、超出正常经营过程或基于对被审计单位及其环境的了解显得异常的重大交易,了解其商业理由的合理性。

《中国注册会计师审计准则第 1141 号——财务报表审计中与舞弊相关的责任》(2010)

第九条 在获取合理保证时,注册会计师有责任在整个审计过程中保持职业怀疑,考虑管理层凌驾于控制之上的可能性,并认识到对发现错误有效的审计程序未必对发现舞弊有效。

本准则的规定旨在帮助注册会计师识别和评估舞弊导致的重大错报风险,以及设计用以发现这类错报的审计程序。

第十三条 按照《中国注册会计师审计准则第 1101 号——注册会计师的总体目标和审计工作的基本要求》的规定,注册会计师应当在整个审计过程中保持职业怀疑,认识到存在由于舞弊导致的重大错报的可能性,而不应受到以前对管理层、治理层正直和诚信形成的判断的影响。

第十四条 除非存在相反的理由,注册会计师可以将文件和记录作为真品。但如果在审计过程中识别出的情况使注册会计师认为文件可能是伪造的或文件中的某些条款已发生变动但未告知注册会计师,注册会计师应当作出进一步调查。

第二十三条 注册会计师应当评价在实施分析程序时识别出的异常或偏离预期的关系(包括与收入账户有关的关系),是否表明存在由于舞弊导致的重大错报风险。

第二十四条 注册会计师应当考虑获取的其他信息是否表明存在由于舞弊导致的重大错报风险。

第二十五条 注册会计师应当评价通过其他风险评估程序和相关活动获取的信息,是否表明存在舞弊风险因素。

存在舞弊风险因素并不必然表明发生了舞弊,但在舞弊发生时通常存在舞弊风险因素,因此,舞弊风险因素可能表明存在由于舞弊导致的重大错报风险。

第二十七条 在识别和评估由于舞弊导致的重大错报风险时,注册会计师应当基于收入确认存在舞弊风险的假定，评价哪些类型的收入、收入交易或认定导致舞弊风险。

第三十一条 按照《中国注册会计师审计准则第1231号——针对评估的重大错报风险采取的应对措施》的规定，注册会计师应当设计和实施进一步审计程序，审计程序的性质、时间安排和范围应当能够应对评估的由于舞弊导致的认定层次重大错报风险。例如，针对由于舞弊导致的认定层次重大错报风险，注册会计师应当考虑实施函证程序以获取更多的相互印证的信息。

第三十三条 无论对管理层凌驾于控制之上的风险的评估结果如何，注册会计师都应当设计和实施审计程序，用以：

（一）测试日常会计核算过程中作出的会计分录以及编制财务报表过程中作出的其他调整是否适当；

（二）复核会计估计是否存在偏向，并评价产生这种偏向的环境是否表明存在由于舞弊导致的重大错报风险；

（三）对于超出被审计单位正常经营过程的重大交易，或基于对被审计单位及其环境的了解以及在审计过程中获取的其他信息而显得异常的重大交易，评价其商业理由（或缺乏商业理由）是否表明被审计单位从事交易的目的是为了对财务信息作出虚假报告或掩盖侵占资产的行为。

第三十六条 当按照本准则第三十三条至第三十五条实施的程序无法涵盖特定的管理层凌驾于控制之上的其他风险时，注册会计师还应当确定是否有必要实施其他审计程序，以应对识别出的管理层凌驾于控制之上的风险。

第五十一条 如果认为收入确认存在舞弊风险的假定不适用于业务的具体情况，注册会计师应当在审计工作底稿中记录得出该结论的理由。

《中国注册会计师审计准则第1141号——财务报表审计中与舞弊相关的责任》（2019）

第九条 在获取合理保证时，注册会计师有责任在整个审计过程中保持职业怀疑,考虑管理层凌驾于控制之上的可能性,并认识到对发现错误有效的审计程序未必对发现舞弊有效。本准则的规定旨在帮助注册会计师识别和评估舞弊导致的重大错报风险,以及设计用以发现这类错报的审计程序。

根据法律法规或相关职业道德要求,对于被审计单位的违反法律法规行为(包括舞弊),注册会计师可能承担额外责任。这些责任可能与本准则和其他审计准则不同,或超出了本准则和其他审计准则的规定,例如:

(一)应对识别出的或怀疑存在的违反法律法规行为,包括要求与管理层和治理层专门进行沟通,评价其对违反法律法规行为所作应对的适当性,并确定是否需要采取进一步行动;

(二)向其他注册会计师(例如,在集团财务报表审计中)沟通识别出的或怀疑存在的违反法律法规行为;

(三)对识别出的或怀疑存在的违反法律法规行为的记录要求。

对额外责任的履行,可能提供与注册会计师按照本准则和其他审计准则执行工作相关的进一步信息(如与管理层和治理层诚信相关的信息)。

第十三条 按照《中国注册会计师审计准则第 1101 号——注册会计师的总体目标和审计工作的基本要求》的规定,注册会计师应当在整个审计过程中保持职业怀疑,认识到存在由于舞弊导致的重大错报的可能性,而不应受到以前对管理层、治理层正直和诚信形成的判断的影响。

第十四条 除非存在相反的理由,注册会计师可以将文件和记录作为真品。但如果在审计过程中识别出的情况使注册会计师认为文件可能是伪造的或文件中的某些条款已发生变动但未告知注册会计师,注册会计师应当作出进一步调查。

第二十三条 注册会计师应当评价在实施分析程序时识别出的异常或偏离预期的关系(包括与收入账户有关的关系),是否表明存在由于舞弊导致的重大错报风险。

第二十四条 注册会计师应当考虑获取的其他信息是否表明存在由于舞弊导致的重大错报风险。

第二十五条 注册会计师应当评价通过其他风险评估程序和相关活动获取的信息,是否表明存在舞弊风险因素。存在舞弊风险因素并不必然表明发生了舞弊,但在舞弊发生时通常存在舞弊风险因素,因此,舞弊风险因素可能表明存在由于舞弊导致的重大错报风险。

第二十七条 在识别和评估由于舞弊导致的重大错报风险时,注册会计师应当基于收入确认存在舞弊风险的假定,评价哪些类型的收入、收入交易或认定导致舞弊风险。

如果认为收入确认存在舞弊风险的假定不适用于业务的具体情况,从而未将收入确认作为由于舞弊导致的重大错报风险领域,注册会计师应当按照本准则第五十一条的规定形成相应的审计工作底稿。

第二十八条 注册会计师应当将评估的由于舞弊导致的重大错报风险作为特别风险。如果此前未了解与此类风险相关的控制,注册会计师应当了解相关控制,包括了解控制活动。

第二十九条 按照《中国注册会计师审计准则第1231号——针对评估的重大错报风险采取的应对措施》的规定,注册会计师应当针对评估的由于舞弊导致的财务报表层次重大错报风险确定总体应对措施。

第三十一条 按照《中国注册会计师审计准则第1231号——针对评估的重大错报风险采取的应对措施》的规定,注册会计师应当设计和实施进一步审计程序,审计程序的性质、时间安排和范围应当能够应对评估的由于舞弊导致的认定层次重大错报风险。例如,针对由于舞弊导致的认定层次重大错报风险,注册会计师应当考虑实施函证程序以获取更多的相互印证的信息。

第三十三条 无论对管理层凌驾于控制之上的风险的评估结果如何,注册会计师都应当设计和实施审计程序,用以:

(一) 测试日常会计核算过程中作出的会计分录以及编制财务报表过程中作出的其他调整是否适当;

(二) 复核会计估计是否存在偏向,并评价产生这种偏向的环境是否表明存在由于舞弊导致的重大错报风险;

（三）对于超出被审计单位正常经营过程的重大交易，或基于对被审计单位及其环境的了解以及在审计过程中获取的其他信息而显得异常的重大交易，评价其商业理由（或缺乏商业理由）是否表明被审计单位从事交易的目的是为了对财务信息作出虚假报告或掩盖侵占资产的行为。

第三十六条 当按照本准则第三十三条至第三十五条实施的程序无法涵盖特定的管理层凌驾于控制之上的其他风险时，注册会计师还应当确定是否有必要实施其他审计程序，以应对识别出的管理层凌驾于控制之上的风险。

第四十一条 如果由于舞弊或舞弊嫌疑导致出现错报，致使注册会计师遇到对其继续执行审计业务的能力产生怀疑的异常情形，注册会计师应当：

（一）确定适用于具体情况的职业责任和法律责任，包括是否需要向审计业务委托人或监管机构报告；

（二）在相关法律法规允许的情况下，考虑是否需要解除业务约定。

第四十八条 《中国注册会计师审计准则第1211号——通过了解被审计单位及其环境识别和评估重大错报风险》规定注册会计师应当记录对被审计单位及其环境的了解以及对重大错报风险的评估结果。注册会计师应当将下列内容形成审计工作底稿：

（一）项目组内部就由于舞弊导致财务报表重大错报的可能性进行讨论所得出的重要结论；

（二）识别和评估的由于舞弊导致的财务报表层次和认定层次的重大错报风险。

第四十八条 《中国注册会计师审计准则第1211号——通过了解被审计单位及其环境识别和评估重大错报风险》规定注册会计师应当记录对被审计单位及其环境的了解以及对重大错报风险的评估结果。注册会计师应当将下列内容形成审计工作底稿：

（一）项目组内部就由于舞弊导致财务报表重大错报的可能性进行讨论所得出的重要结论；

（二）识别和评估的由于舞弊导致的财务报表层次和认定层次的重大错报风险。

第四十九条 《中国注册会计师审计准则第1231号——针对评估的重大错报风险采取的应对措施》规定注册会计师应当记录对评估的重大错报风险采取的应对措施。注册会计师应当将下列内容形成审计工作底稿：

（一）对评估的由于舞弊导致的财务报表层次的重大错报风险采取的总体应对措施；

（二）审计程序的性质、时间安排和范围；

（三）审计程序与评估的由于舞弊导致的认定层次的重大错报风险之间的联系；

（四）实施审计程序（包括用于应对管理层凌驾于控制之上的风险而实施的审计程序）的结果。

第五十一条 如果认为收入确认存在舞弊风险的假定不适用于业务的具体情况，注册会计师应当在审计工作底稿中记录得出该结论的理由。

《中国注册会计师审计准则第1142号——财务报表审计中对法律法规的考虑》（2006）

第二十七条 注册会计师应当考虑违反法规行为对审计的其他方面的影响，尤其对管理层声明可靠性的影响。

如果违反法规行为未被内部控制发现或未包含在管理层声明中，注册会计师应当重新考虑风险评估结果和管理层声明的有效性。

第二十九条 如果认为违反法规行为是故意和重大的，注册会计师应当就发现的情况立即与治理层沟通。

第三十条 如果怀疑违反法规行为涉及高级管理人员，注册会计师应当向被审计单位内部的审计委员会或监事会等更高层次的机构报告。

如果不存在更高层次的机构，或注册会计师认为报告不起作用，或难以确定向谁报告，注册会计师应当考虑征询法律意见。

《中国注册会计师审计准则第 1142 号——财务报表审计中对法律法规的考虑》（2010）

第二十七条 如果由于审计范围受到管理层或治理层以外的其他方面的限制而无法确定被审计单位是否存在违反法律法规行为，注册会计师应当按照《中国注册会计师审计准则第 1502 号——在审计报告中发表非无保留意见》的规定，评价这一情况对审计意见的影响。

第二十九条 如果识别出或怀疑存在违反法律法规行为，注册会计师应当确定法律法规或相关职业道德要求是否：（一）要求注册会计师向被审计单位以外的适当机构作出报告；（二）规定了相关责任，基于该责任注册会计师向被审计单位以外的适当机构报告在具体情形下可能是适当的。

《中国注册会计师审计准则第 1142 号——财务报表审计中对法律法规的考虑》（2019）

第二十七条 如果因管理层或治理层阻挠而无法获取充分、适当的审计证据，以评价是否存在或可能存在对财务报表产生重大影响的违反法律法规行为，注册会计师应当按照《中国注册会计师审计准则第 1502 号——在审计报告中发表非无保留意见》的规定，根据审计范围受到限制的程度，发表保留意见或无法表示意见。

第二十九条 如果识别出或怀疑存在违反法律法规行为，注册会计师应当确定法律法规或相关职业道德要求是否：

（一）要求注册会计师向被审计单位以外的适当机构作出报告；

（二）规定了相关责任，基于该责任注册会计师向被审计单位以外的适当机构报告在具体情形下可能是适当的。

第三十条 注册会计师应当在审计工作底稿中记录识别出的或怀疑存在的违反法律法规行为，以及：

（一）已实施的审计程序、作出的重大职业判断和形成的结论；

（二）与管理层、治理层和其他人员就违反法律法规行为相关的重大事项所作的讨论,包括管理层和治理层(如适用)如何应对这些事项。

《中国注册会计师审计准则第 1152 号——向治理层和管理层通报内部控制缺陷》(2010)

第九条　如果识别出内部控制缺陷,注册会计师应当根据已执行的审计工作,确定该缺陷单独或连同其他缺陷是否构成值得关注的内部控制缺陷。

第十条　注册会计师应当以书面形式及时向治理层通报审计过程中识别出的值得关注的内部控制缺陷。

第十一条　注册会计师还应当及时向相应层级的管理层通报下列内部控制缺陷:(一)已向或拟向治理层通报的值得关注的内部控制缺陷,除非在具体情况下不适合直接向管理层通报;(二)在审计过程中识别出的、其他方尚未向管理层通报而注册会计师根据职业判断认为足够重要从而值得管理层关注的内部控制其他缺陷。本条第一款第(一)项所述事项应当采取书面方式通报。

《中国注册会计师审计准则第 1153 号——前任注册会计师和后任注册会计师的沟通》(2010)

第七条　在接受委托前,后任注册会计师应当与前任注册会计师进行必要沟通,并对沟通结果进行评价,以确定是否接受委托。

第十条　在征得被审计单位书面同意后,前任注册会计师应当根据所了解的事实,对后任注册会计师的合理询问及时作出充分答复。

如果受到被审计单位的限制或存在法律诉讼的顾虑,决定不向后任注册会计师作出充分答复,前任注册会计师应当向后任注册会计师表明其答复是有限的,并说明原因。

如果得到的答复是有限的,或未得到答复,后任注册会计师应当考虑是否接受委托。

第十八条　后任注册会计师应当将沟通的情况记录于审计工作底稿。

《中国注册会计师审计准则第1201号——计划审计工作》(2010)

第七条 注册会计师应当制定总体审计策略,以确定审计工作的范围、时间安排和方向,并指导具体审计计划的制定。

第八条 在制定总体审计策略时,注册会计师应当考虑按照《中国注册会计师审计准则第1121号——对财务报表审计实施的质量管理》的要求获取的信息,并采取下列措施:

(一)确定审计业务的特征,以界定审计范围;

(二)明确审计业务的报告目标,以计划审计的时间安排和所需沟通的性质;

(三)根据职业判断,考虑用以指导项目组工作方向的重要因素;

(四)考虑初步业务活动的结果,并考虑项目合伙人对被审计单位执行其他业务时获得的经验是否与审计业务相关(如适用);

(五)确定执行业务所需资源的性质、时间安排和范围。

第九条 注册会计师应当制定具体审计计划。

具体审计计划应当包括下列内容:

(一)计划对项目组成员实施指导、监督并复核其工作的性质、时间安排和范围;

(二)按照《中国注册会计师审计准则第1211号——通过了解被审计单位及其环境识别和评估重大错报风险》的规定,计划实施的风险评估程序的性质、时间安排和范围;

(三)按照《中国注册会计师审计准则第1231号——针对评估的重大错报风险采取的应对措施》的规定,在认定层次计划实施的进一步审计程序的性质、时间安排和范围;

(四)根据审计准则的规定,计划应当实施的其他审计程序。

第十一条 注册会计师应当制定计划,确定对项目组成员的指导、监督以及对其工作进行复核的性质、时间安排和范围。

《中国注册会计师审计准则第 1201 号——计划审计工作》（2022）

第七条 注册会计师应当制定总体审计策略，以确定审计工作的范围、时间安排和方向，并指导具体审计计划的制定。

第八条 在制定总体审计策略时，注册会计师应当考虑按照《中国注册会计师审计准则第 1121 号——对财务报表审计实施的质量管理》的要求获取的信息，并采取下列措施：

（一）确定审计业务的特征，以界定审计范围；

（二）明确审计业务的报告目标，以计划审计的时间安排和所需沟通的性质；

（三）根据职业判断，考虑用以指导项目组工作方向的重要因素；

（四）考虑初步业务活动的结果，并考虑项目合伙人对被审计单位执行其他业务时获得的经验是否与审计业务相关（如适用）；

（五）确定执行业务所需资源的性质、时间安排和范围。

第九条 注册会计师应当制定具体审计计划。

具体审计计划应当包括下列内容：

（一）计划对项目组成员实施指导、监督并复核其工作的性质、时间安排和范围；

（二）按照《中国注册会计师审计准则第 1211 号——通过了解被审计单位及其环境识别和评估重大错报风险》的规定，计划实施的风险评估程序的性质、时间安排和范围；

（三）按照《中国注册会计师审计准则第 1231 号——针对评估的重大错报风险采取的应对措施》的规定，在认定层次计划实施的进一步审计程序的性质、时间安排和范围；

（四）根据审计准则的规定，计划应当实施的其他审计程序。

第十一条 注册会计师应当就下列事项形成审计工作底稿：

（一）总体审计策略；

（二）具体审计计划；

(三) 在审计过程中对总体审计策略或具体审计计划作出的任何重大修改及其理由,包括对项目组成员实施指导、监督和复核的计划作出的重大修改及其理由。

《中国注册会计师审计准则第 1211 号——通过了解被审计单位及其环境识别和评估重大错报风险》(2010)

第七条 注册会计师的目标是,通过了解被审计单位及其环境,识别和评估财务报表层次和认定层次的重大错报风险(无论该错报由于舞弊或错误导致),从而为设计和实施针对评估的重大错报风险采取的应对措施提供基础。

第八条 注册会计师应当实施风险评估程序,为识别和评估财务报表层次和认定层次的重大错报风险提供基础。但是,风险评估程序本身并不能为形成审计意见提供充分、适当的审计证据。

第九条 风险评估程序应当包括:
(一) 询问管理层以及被审计单位内部其他人员;
(二) 分析程序;
(三) 观察和检查。

需要询问的被审计单位内部其他人员,是注册会计师根据判断认为可能拥有某些信息的人员,这些信息有助于识别由于舞弊或错误导致的重大错报风险。

第十四条 注册会计师应当从下列方面了解被审计单位及其环境:
(一) 相关行业状况、法律环境和监管环境及其他外部因素,包括适用的财务报告编制基础;
(二) 被审计单位的性质,包括经营活动、所有权和治理结构、正在实施和计划实施的投资(包括对特殊目的实体的投资)的类型、组织结构和筹资方式。了解被审计单位的性质,可以使注册会计师了解预期在财务报表中反映的各类交易、账户余额和披露;
(三) 被审计单位对会计政策的选择和运用,包括变更会计政策的原因。注册会计师应当根据被审计单位的经营活动，评价会计政策是否适当，并与适用的财务报告编制基础、相关行业使用的会计政策保持一致；

（四）被审计单位的目标、战略以及可能导致重大错报风险的相关经营风险；

（五）对被审计单位财务业绩的衡量和评价；

（六）被审计单位的内部控制。

注册会计师应当根据本章第三节的规定了解内部控制。

第十五条 注册会计师应当了解与审计相关的内部控制。虽然大部分与审计相关的控制可能与财务报告相关，但并非所有与财务报告相关的控制都与审计相关。确定一项控制单独或连同其他控制是否与审计相关，需要注册会计师作出职业判断。

第十六条 在了解与审计相关的控制时，注册会计师应当综合运用询问被审计单位内部人员和其他程序，以评价这些控制的设计并确定其是否得到执行。

第二十一条 注册会计师应当从下列方面了解与财务报告相关的信息系统（包括相关业务流程）：

（一）在被审计单位经营过程中，对财务报表具有重大影响的各类交易；

（二）在信息技术和人工系统中，被审计单位的交易生成、记录、处理、必要的更正、结转至总账以及在财务报表中报告的程序；

（三）用以生成、记录、处理和报告（包括纠正不正确的信息以及信息如何结转至总账）交易的会计记录、支持性信息和财务报表中的特定账户；

（四）被审计单位的信息系统如何获取除交易以外的对财务报表重大的事项和情况；

（五）用于编制被审计单位财务报表（包括作出的重大会计估计和披露）的财务报告过程；

（六）与会计分录相关的控制，这些分录包括用以记录非经常性的、异常的交易或调整的非标准会计分录。

第二十八条 注册会计师应当在下列两个层次识别和评估重大错报风险，为设计和实施进一步审计程序提供基础：

（一）财务报表层次；

（二）各类交易、账户余额和披露的认定层次。

第二十九条 在识别和评估重大错报风险时，注册会计师应当实施下列审计程序：

（一）在了解被审计单位及其环境（包括与风险相关的控制）的整个过程中，结合对财务报表中各类交易、账户余额和披露的考虑，识别风险；

（二）评估识别出的风险，并评价其是否更广泛地与财务报表整体相关，进而潜在地影响多项认定；

（三）结合对拟测试的相关控制的考虑，将识别出的风险与认定层次可能发生错报的领域相联系；

（四）考虑发生错报的可能性（包括发生多项错报的可能性），以及潜在错报的重大程度是否足以导致重大错报。

第三十条 作为本准则第二十八条所述的风险评估的一部分，注册会计师应当根据职业判断，确定识别出的风险是否为特别风险。在进行判断时，注册会计师不应考虑识别出的控制对相关风险的抵消效果。

第三十三条 对于某些风险，注册会计师可能认为仅从实质性程序中获取充分、适当的审计证据是不可能或不可行的。这些风险可能与对日常和重大类别的交易或账户余额作出的不准确或不完整的记录相关，对这些交易或账户余额通常可以采用高度自动化处理，不存在或存在很少人工干预。在这种情况下，被审计单位针对这类风险建立的控制与审计相关，注册会计师应当了解这些控制。

第三十四条 注册会计师对认定层次重大错报风险的评估，可能随着审计过程中不断获取审计证据而作出相应的变化。

如果实施进一步审计程序获取的审计证据，或获取的新信息，与注会计师之前作出评估所依据的审计证据不一致,注册会计师应当修正风险评估结果,并相应修改原计划实施的进一步审计程序。

第三十五条 注册会计师应当就下列事项形成审计工作底稿:

(一)根据本准则第十三条的规定,项目组进行的讨论以及得出的重要结论;

(二)根据本准则第十四条的规定对被审计单位及其环境各个方面的了解要点、根据本准则第十七条至第二十七条的规定对内部控制各项要素的了解要点,获取上述了解的信息来源,以及实施的风险评估程序;

(三)根据本准则第二十八条的规定,在财务报表层次和认定层次识别和评估的重大错报风险;

(四)根据本准则第三十条至第三十三条的规定,识别出的风险和了解的相关控制。

《中国注册会计师审计准则第1211号——通过了解被审计单位及其环境识别和评估重大错报风险》(2019)

第七条 注册会计师的目标是,通过了解被审计单位及其环境,识别和评估财务报表层次和认定层次的重大错报风险(无论该错报由于舞弊或错误导致),从而为设计和实施针对评估的重大错报风险采取的应对措施提供基础。

第八条 注册会计师应当实施风险评估程序,为识别和评估财务报表层次和认定层次的重大错报风险提供基础。但是,风险评估程序本身并不能为形成审计意见提供充分、适当的审计证据。

第九条 风险评估程序应当包括:

(一)询问管理层、适当的内部审计人员(如有),以及注册会计师判断认为可能掌握有助于注册会计师识别由于舞弊或错误导致的重大错报风险的信息的被审计单位内部其他人员;

(二)分析程序;

(三)观察和检查。

需要询问的被审计单位内部其他人员,是注册会计师根据判断认为可能拥有某些信息的人员,这些信息有助于识别由于舞弊或错误导致的重大错报风险。

第十四条 注册会计师应当从下列方面了解被审计单位及其环境:

(一)相关行业状况、法律环境和监管环境及其他外部因素,包括适用的财务报告编制基础;

(二)被审计单位的性质,包括经营活动、所有权和治理结构、正在实施和计划实施的投资(包括对特殊目的实体的投资)的类型、组织结构和筹资方式。了解被审计单位的性质,可以使注册会计师了解预期在财务报表中反映的各类交易、账户余额和披露;

(三)被审计单位对会计政策的选择和运用,包括变更会计政策的原因。注册会计师应当根据被审计单位的经营活动,评价会计政策是否适当,并与适用的财务报告编制基础、相关行业使用的会计政策保持一致;

(四)被审计单位的目标、战略以及可能导致重大错报风险的相关经营风险;

(五)对被审计单位财务业绩的衡量和评价;

(六)被审计单位的内部控制。

注册会计师应当根据本章第三节的规定了解内部控制。

第十五条 注册会计师应当了解与审计相关的内部控制。虽然大部分与审计相关的控制可能与财务报告相关,但并非所有与财务报告相关的控制都与审计相关。确定一项控制单独或连同其他控制是否与审计相关,需要注册会计师作出职业判断。

第十六条 在了解与审计相关的控制时,注册会计师应当综合运用询问被审计单位内部人员和其他程序,以评价这些控制的设计并确定其是否得到执行。

第二十一条 注册会计师应当从下列方面了解与财务报告相关的信息系统(包括相关业务流程):

(一)在被审计单位经营过程中,对财务报表具有重大影响的各类交易；

（二）在信息技术和人工系统中，被审计单位的交易生成、记录、处理、必要的更正、结转至总账以及在财务报表中报告的程序；

（三）用以生成、记录、处理和报告（包括纠正不正确的信息以及信息如何结转至总账）交易的会计记录、支持性信息和财务报表中的特定账户；

（四）被审计单位的信息系统如何获取除交易以外的对财务报表重大的事项和情况；

（五）用于编制被审计单位财务报表（包括作出的重大会计估计和披露）的财务报告过程；

（六）与会计分录相关的控制，这些分录包括用以记录非经常性的、异常的交易或调整的非标准会计分录。

了解与财务报告相关的信息系统应当包括了解信息系统中与财务报表所披露信息相关的方面，无论该信息是从总账和明细账中获取，还是从总账和明细账之外的其他途径获取。

第二十三条　注册会计师应当了解与审计相关的控制活动。与审计相关的控制活动，是注册会计师为评估认定层次重大错报风险并设计进一步审计程序应对评估的风险而认为有必要了解的控制活动。审计并不要求了解与财务报表中每类重大交易、账户余额和披露或与其每项认定相关的所有控制活动。

第二十八条　注册会计师应当在下列两个层次识别和评估重大错报风险，为设计和实施进一步审计程序提供基础：

（一）财务报表层次；

（二）各类交易、账户余额和披露的认定层次。

第二十九条　在识别和评估重大错报风险时，注册会计师应当实施下列审计程序：

（一）在了解被审计单位及其环境（包括与风险相关的控制）的整个过程中，结合对财务报表中各类交易、账户余额和披露（包括定量披露和定性披露）的考虑，识别风险；

（二）评估识别出的风险，并评价其是否更广泛地与财务报表整体相关，进而潜在地影响多项认定；

（三）结合对拟测试的相关控制的考虑，将识别出的风险与认定层次可能发生错报的领域相联系；

（四）考虑发生错报的可能性（包括发生多项错报的可能性），以及潜在错报是否足以导致重大错报。

第三十条　作为本准则第二十八条所述的风险评估的一部分，注册会计师应当根据职业判断，确定识别出的风险是否为特别风险。在进行判断时，注册会计师不应考虑识别出的控制对相关风险的抵消效果。

第三十三条　对于某些风险，注册会计师可能认为仅从实质性程序中获取充分、适当的审计证据是不可能或不可行的。这些风险可能与对日常和重大类别的交易或账户余额作出的不准确或不完整的记录相关，对这些交易或账户余额通常可以采用高度自动化处理，不存在或存在很少人工干预。在这种情况下，被审计单位针对这类风险建立的控制与审计相关，注册会计师应当了解这些控制。

第三十四条　注册会计师对认定层次重大错报风险的评估，可能随着审计过程中不断获取审计证据而作出相应的变化。

如果实施进一步审计程序获取的审计证据，或获取的新信息，与注册会计师之前作出评估所依据的审计证据不一致，注册会计师应当修正风险评估结果，并相应修改原计划实施的进一步审计程序。

第三十五条　注册会计师应当就下列事项形成审计工作底稿：

（一）根据本准则第十三条的规定，项目组进行的讨论以及得出的重要结论；

（二）根据本准则第十四条的规定对被审计单位及其环境各个方面的了解要点、根据本准则第十七条至第二十七条的规定对内部控制各项要素的了解要点，获取上述了解的信息来源，以及实施的风险评估程序；

（三）根据本准则第二十八条的规定，在财务报表层次和认定层次识别和评估的重大错报风险；

（四）根据本准则第三十条至第三十三条的规定，识别出的风险和了解的相关控制。

第八十三条　注册会计师应当了解控制活动，以足够评估认定层次的重大错报风险和针对评估的风险设计进一步审计程序。

控制活动是指有助于确保管理层的指令得以执行的政策和程序，包括与授权、业绩评价、信息处理、实物控制和职责分离等相关的活动。

《中国注册会计师审计准则第1221号——计划和执行审计工作时的重要性》（2019）

第六条　在计划和执行审计工作，评价识别出的错报对审计的影响，以及未更正错报对财务报表和审计意见的影响时，注册会计师需要运用重要性概念。

第九条　注册会计师的目标是，在计划和执行审计工作时恰当地运用重要性概念。

第十条　在制定总体审计策略时，注册会计师应当确定财务报表整体的重要性。根据被审计单位的特定情况，如果存在一个或多个特定类别的交易、账户余额或披露，其发生的错报金额虽然低于财务报表整体的重要性，但合理预期可能影响财务报表使用者依据财务报表作出的经济决策，注册会计师还应当确定适用于这些交易、账户余额或披露的一个或多个重要性水平。

第十一条　注册会计师应当就下列事项形成审计工作底稿：

（一）总体审计策略；

（二）具体审计计划；

（三）在审计过程中对总体审计策略或具体审计计划作出的任何重大修改及其理由，包括对项目组成员实施指导、监督和复核的计划作出的重大修改及其理由。

第十四条　注册会计师应当在审计工作底稿中记录下列金额以及在确

定这些金额时考虑的因素：（一）财务报表整体的重要性；（二）特定类别的交易、账户余额或披露的一个或多个重要性水平（如适用）；（三）实际执行的重要性；（四）随着审计过程的推进，对本条第（一）项至第（三）项内容作出的任何修改。

《中国注册会计师审计准则第 1231 号——针对评估的重大错报风险采取的应对措施》（2010）

第六条　注册会计师应当针对评估的认定层次重大错报风险，设计和实施进一步审计程序，包括审计程序的性质、时间安排和范围。

第七条　在设计拟实施的进一步审计程序时，注册会计师应当：

（一）考虑形成某类交易、账户余额和披露的认定层次重大错报风险评估结果的依据；

（二）评估的风险越高，需要获取越有说服力的审计证据。

形成某类交易、账户余额和披露的认定层次重大错报风险评估结果的依据包括：

（一）因相关类别的交易、账户余额或披露的具体特征而导致重大错报的可能性（即固有风险）；

（二）风险评估是否考虑了相关控制（即控制风险），从而要求注册会计师获取审计证据以确定控制是否有效运行（即注册会计师在确定实质性程序的性质、时间安排和范围时，拟信赖控制运行的有效性）。

第八条　当存在下列情形之一时，注册会计师应当设计和实施控制测试，针对相关控制运行的有效性，获取充分、适当的审计证据：

（一）在评估认定层次重大错报风险时，预期控制的运行是有效的（即在确定实质性程序的性质、时间安排和范围时，注册会计师拟信赖控制运行的有效性）；

（二）仅实施实质性程序并不能够提供认定层次充分、适当的审计证据。

第九条　在设计和实施控制测试时，对控制有效性的信赖程度越高，注册会计师应当获取越有说服力的审计证据。

第十条 在设计和实施控制测试时，注册会计师应当：

（一）将询问与其他审计程序结合使用，以获取有关控制运行有效性的审计证据；

（二）确定拟测试的控制是否依赖其他控制（间接控制）。如果依赖其他控制，确定是否有必要获取支持这些间接控制有效运行的审计证据。

注册会计师获取的有关控制运行有效性的审计证据应当包括：

（一）控制在所审计期间的相关时点是如何运行的；

（二）控制是否得到一贯执行；

（三）控制由谁或以何种方式执行。

第十二条 如果已获取有关控制在期中运行有效性的审计证据，注册会计师应当：

（一）获取这些控制在剩余期间发生重大变化的审计证据；

（二）确定针对剩余期间还需获取的补充审计证据。

第十一条 注册会计师应当按照本准则第十二条和第十五条的规定，测试其拟信赖的特定时点或整个期间的控制，为预期信赖程度提供恰当的依据。

第十四条 如果拟利用以前审计获取的有关控制运行有效性的审计证据，注册会计师应当通过获取这些控制在以前审计后是否发生重大变化的审计证据，确定以前审计获取的审计证据是否与本期审计持续相关。注册会计师应当通过实施询问并结合观察或检查程序，获取这些控制是否发生重大变化的审计证据，以确认对这些控制的了解，并根据下列情况作出不同处理：

（一）如果已发生变化，且这些变化对以前审计获取的审计证据的持续相关性产生影响，注册会计师应当在本期审计中测试这些控制运行的有效性；

（二）如果未发生变化，注册会计师应当每三年至少对控制测试一次，并且在每年审计中测试部分控制，以避免将所有拟信赖控制的测试集中于某一年，而在之后的两年中不进行任何测试。

第十五条 如果确定评估的认定层次重大错报风险是特别风险，并拟信赖针对该风险实施的控制，注册会计师应当在本期审计中测试这些控制运行的有效性。

第十六条 在评价相关控制运行的有效性时，注册会计师应当评价通过实施实质性程序发现的错报是否表明控制未得到有效运行。但通过实质性程序未发现错报，并不能证明与所测试认定相关的控制是有效的。

第十七条 如果发现拟信赖的控制出现偏差，注册会计师应当进行专门查询以了解这些偏差及其潜在后果，并确定：

（一）已实施的控制测试是否为信赖这些控制提供了适当的基础；

（二）是否有必要实施追加的控制测试；

（三）是否需要针对潜在的错报风险实施实质性程序。

第二十条 注册会计师实施的实质性程序应当包括下列与财务报表编制完成阶段相关的审计程序：

（一）将财务报表与其所依据的会计记录进行核对或调节；

（二）检查财务报表编制过程中作出的重大会计分录和其他调整。

第二十一条 如果认为评估的认定层次重大错报风险是特别风险，注册会计师应当专门针对该风险实施实质性程序。如果针对特别风险实施的程序仅为实质性程序，这些程序应当包括细节测试。

第二十三条 如果期中检查出注册会计师在评估重大错报风险时未预期到的错报，注册会计师应当评价是否需要修改相关的风险评估结果以及针对剩余期间拟实施的实质性程序的性质、时间安排和范围。

第二十四条 注册会计师应当实施审计程序，评价财务报表的总体列报与相关披露是否符合适用的财务报告编制基础的规定。

第二十五条 在得出总体结论之前，注册会计师应当根据实施的审计程序和获取的审计证据，评价对认定层次重大错报风险的评估是否仍然适当。

第二十六条 注册会计师应当确定是否已获取充分、适当的审计证据。

在形成审计意见时，注册会计师应当考虑所有相关的审计证据，无论该证据与财务报表认定相互印证还是相互矛盾。

第二十七条　如果对重大的财务报表认定没有获取充分、适当的审计证据，注册会计师应当尽可能获取进一步的审计证据。

如果仍然不能获取充分、适当的审计证据，注册会计师应当对财务报表发表保留意见或无法表示意见。

第二十八条　注册会计师应当就下列事项形成审计工作底稿：

（一）针对评估的财务报表层次重大错报风险采取的总体应对措施，以及实施的进一步审计程序的性质、时间安排和范围；

（二）实施的进一步审计程序与评估的认定层次风险之间的联系；

（三）实施进一步审计程序的结果，包括在结果不明显时得出的结论。

第二十九条　如果拟利用在以前审计中获取的有关控制运行有效性的审计证据，注册会计师应当记录信赖这些控制的理由和结论。

第三十条　审计工作底稿应当能够证明财务报表与其所依据的会计记录是一致的或调节相符的。

第八十一条　如果对重大财务报表认定没有获取充分、适当的审计证据，注册会计师应当尽可能获取进一步的审计证据。

如果不能获取充分、适当的审计证据，注册会计师应当出具保留意见或无法表示意见的审计报告。

《中国注册会计师审计准则第1231号——针对评估的重大错报风险采取的应对措施》（2019）

第六条　注册会计师应当针对评估的认定层次重大错报风险，设计和实施进一步审计程序，包括审计程序的性质、时间安排和范围。

第七条　在设计拟实施的进一步审计程序时，注册会计师应当：

（一）考虑形成某类交易、账户余额和披露的认定层次重大错报风险评估结果的依据；

（二）评估的风险越高，需要获取越有说服力的审计证据。

形成某类交易、账户余额和披露的认定层次重大错报风险评估结果的依据包括：

（一）因相关类别的交易、账户余额或披露的具体特征而导致重大错报的可能性（即固有风险）；

（二）风险评估是否考虑了相关控制（即控制风险），从而要求注册会计师获取审计证据以确定控制是否有效运行（即注册会计师在确定实质性程序的性质、时间安排和范围时，拟信赖控制运行的有效性）。

第八条 当存在下列情形之一时，注册会计师应当设计和实施控制测试，针对相关控制运行的有效性，获取充分、适当的审计证据：

（一）在评估认定层次重大错报风险时，预期控制的运行是有效的（即在确定实质性程序的性质、时间安排和范围时，注册会计师拟信赖控制运行的有效性）；

（二）仅实施实质性程序并不能够提供认定层次充分、适当的审计证据。

第九条 在设计和实施控制测试时，对控制有效性的信赖程度越高，注册会计师应当获取越有说服力的审计证据。

第十条 在设计和实施控制测试时，注册会计师应当：

（一）将询问与其他审计程序结合使用，以获取有关控制运行有效性的审计证据；

（二）确定拟测试的控制是否依赖其他控制（间接控制）。如果依赖其他控制，确定是否有必要获取支持这些间接控制有效运行的审计证据。

注册会计师获取的有关控制运行有效性的审计证据应当包括：

（一）控制在所审计期间的相关时点是如何运行的；

（二）控制是否得到一贯执行；

（三）控制由谁或以何种方式执行。

第十一条 注册会计师应当按照本准则第十二条和第十五条的规定，测试其拟信赖的特定时点或整个期间的控制，为预期信赖程度提供恰当的依据。

第十二条 如果已获取有关控制在期中运行有效性的审计证据,注册会计师应当:

(一)获取这些控制在剩余期间发生重大变化的审计证据;

(二)确定针对剩余期间还需获取的补充审计证据。

第十四条 如果拟利用以前审计获取的有关控制运行有效性的审计证据,注册会计师应当通过获取这些控制在以前审计后是否发生重大变化的审计证据,确定以前审计获取的审计证据是否与本期审计持续相关。

注册会计师应当通过实施询问并结合观察或检查程序,获取这些控制是否发生重大变化的审计证据,以确认对这些控制的了解,并根据下列情况作出不同处理:

(一)如果已发生变化,且这些变化对以前审计获取的审计证据的持续相关性产生影响,注册会计师应当在本期审计中测试这些控制运行的有效性;

(二)如果未发生变化,注册会计师应当每三年至少对控制测试一次,并且在每年审计中测试部分控制,以避免将所有拟信赖控制的测试集中于某一年,而在之后的两年中不进行任何测试。

第十六条 在评价相关控制运行的有效性时,注册会计师应当评价通过实施实质性程序发现的错报是否表明控制未得到有效运行。但通过实质性程序未发现错报,并不能证明与所测试认定相关的控制是有效的。

第十七条 如果发现拟信赖的控制出现偏差,注册会计师应当进行专门查询以了解这些偏差及其潜在后果,并确定:

(一)已实施的控制测试是否为信赖这些控制提供了适当的基础;

(二)是否有必要实施追加的控制测试;

(三)是否需要针对潜在的错报风险实施实质性程序。

第二十条 注册会计师实施的实质性程序应当包括下列与财务报表编制完成阶段相关的审计程序:

(一)将财务报表中的信息与其所依据的会计记录进行核对或调节,

包括核对或调节披露中的信息，无论该信息是从总账和明细账中获取，还是从总账和明细账之外的其他途径获取；

（二）检查财务报表编制过程中作出的重大会计分录和其他调整。

第二十三条 如果期中检查出注册会计师在评估重大错报风险时未预期到的错报，注册会计师应当评价是否需要修改相关的风险评估结果以及针对剩余期间拟实施的实质性程序的性质、时间安排和范围。

第二十五条 在得出总体结论之前，注册会计师应当根据实施的审计程序和获取的审计证据，评价对认定层次重大错报风险的评估是否仍然适当。

第二十七条 如果对重大的财务报表认定没有获取充分、适当的审计证据，注册会计师应当尽可能获取进一步的审计证据。

如果仍然不能获取充分、适当的审计证据，注册会计师应当对财务报表发表保留意见或无法表示意见。

第二十八条 注册会计师应当就下列事项形成审计工作底稿：

（一）针对评估的财务报表层次重大错报风险采取的总体应对措施，以及实施的进一步审计程序的性质、时间安排和范围；

（二）实施的进一步审计程序与评估的认定层次风险之间的联系；

（三）实施进一步审计程序的结果，包括在结果不明显时得出的结论。

第二十九条 如果拟利用在以前审计中获取的有关控制运行有效性的审计证据，注册会计师应当记录信赖这些控制的理由和结论。

第三十条 审计工作底稿应当能够证明财务报表中的信息与其所依据的会计记录是一致的或调节相符的，包括核对或调节披露中的信息，无论该信息是从总账和明细账中获取，还是从总账和明细账之外的其他途径获取。

《中国注册会计师审计准则第1251号——评价审计过程中识别出的错报》（2019）

第六条 注册会计师应当累积审计过程中识别出的错报，除非错报明显微小。

第七条 如果出现下列情况之一，注册会计师应当确定是否需要修改总体审计策略和具体审计计划：

（一）识别出的错报的性质以及错报发生的环境表明可能存在其他错报，并且可能存在的其他错报与审计过程中累积的错报合计起来可能是重大的；

（二）审计过程中累积的错报合计数接近按照《中国注册会计师审计准则第 1221 号——计划和执行审计工作时的重要性》的规定确定的重要性。

第九条 除非法律法规禁止，注册会计师应当及时将审计过程中累积的所有错报与适当层级的管理层进行沟通。注册会计师还应当要求管理层更正这些错报。

《中国注册会计师审计准则第 1301 号——审计证据》（2006）

第四条 依据会计记录编制财务报表是被审计单位管理层的责任，注册会计师应当测试会计记录以获取审计证据。

会计记录中含有的信息本身并不足以提供充分的审计证据作为对财务报表发表审计意见的基础，注册会计师还应当获取用作审计证据的其他信息。

第六条 注册会计师应当获取充分、适当的审计证据，以得出合理的审计结论，作为形成审计意见的基础。

第七条 注册会计师应当保持职业怀疑态度，运用职业判断，评价审计证据的充分性和适当性。

第八条 审计证据的充分性是对审计证据数量的衡量，主要与注册会计师确定的样本量有关。

第十条 在确定审计证据的相关性时，注册会计师应当考虑：

（一）特定的审计程序可能只为某些认定提供相关的审计证据，而与其他认定无关；

（二）针对同一项认定可以从不同来源获取审计证据或获取不同性质的审计证据；

（三）只与特定认定相关的审计证据并不能替代与其他认定相关的审计证据。

第十一条 审计证据的可靠性受其来源和性质的影响，并取决于获取审计证据的具体环境。

注册会计师通常按照下列原则考虑审计证据的可靠性：

（一）从外部独立来源获取的审计证据比从其他来源获取的审计证据更可靠；

（二）内部控制有效时内部生成的审计证据比内部控制薄弱时内部生成的审计证据更可靠；

（三）直接获取的审计证据比间接获取或推论得出的审计证据更可靠；

（四）以文件记录形式（无论是纸质、电子或其他介质）存在的审计证据比口头形式的审计证据更可靠；

（五）从原件获取的审计证据比从传真或复印件获取的审计证据更可靠。

在运用本条前款第（一）项至第（五）项所述的原则评价审计证据的可靠性时，注册会计师应当注意可能出现的重大例外情况。

第十二条 审计工作通常不涉及鉴定文件记录的真伪，注册会计师也不是鉴定文件记录真伪的专家，但应当考虑用作审计证据的信息的可靠性，并考虑与这些信息生成与维护相关的控制的有效性。

如果在审计过程中识别出的情况使其认为文件记录可能是伪造的或文件记录中的某些条款已发生变动，注册会计师应当作出进一步调查，包括直接向第三方询证，或考虑利用专家的工作以评价文件记录的真伪。

第十三条 如果在实施审计程序时使用被审计单位生成的信息，注册会计师应当就这些信息的准确性和完整性获取审计证据。

第十五条 注册会计师可以考虑获取审计证据的成本与所获取信息的有用性之间的关系，但不应以获取审计证据的困难和成本为由减少不可替代的审计程序。

第二十四条 注册会计师可以采用下列审计程序获取审计证据：

（一）检查记录或文件；

（二）检查有形资产；

（三）观察；

（四）询问；

（五）函证；

（六）重新计算；

（七）重新执行；

（八）分析程序。

在实施风险评估程序、控制测试或实质性程序时，注册会计师可根据需要单独或综合运用本条前款第（一）项至第（八）项所列审计程序，以获取充分、适当的审计证据。

第三十二条 分析程序是指注册会计师通过研究不同财务数据之间以及财务数据与非财务数据之间的内在关系，对财务信息作出评价。

《中国注册会计师审计准则第1301号——审计证据》（2010）

第六条 审计证据的充分性，是对审计证据数量的衡量。注册会计师需要获取的审计证据的数量受其对重大错报风险评估的影响，并受审计证据质量的影响。

第七条 审计证据的适当性，是对审计证据质量的衡量，即审计证据在支持审计意见所依据的结论方面具有的相关性和可靠性。

第十条 注册会计师应当根据具体情况设计和实施恰当的审计程序，以获取充分、适当的审计证据。

第十一条 审计证据的可靠性受其来源和性质的影响，并取决于获取审计证据的具体环境。

注册会计师通常按照下列原则考虑审计证据的可靠性：

（一）从外部独立来源获取的审计证据比从其他来源获取的审计证据

更可靠；

（二）内部控制有效时内部生成的审计证据比内部控制薄弱时内部生成的审计证据更可靠；

（三）直接获取的审计证据比间接获取或推论得出的审计证据更可靠；

（四）以文件记录形式（无论是纸质、电子或其他介质）存在的审计证据比口头形式的审计证据更可靠；

（五）从原件获取的审计证据比从传真或复印件获取的审计证据更可靠。

在运用本条前款第（一）项至第（五）项所述的原则评价审计证据的可靠性时，注册会计师应当注意可能出现的重大例外情况。

第十二条 如果用作审计证据的信息在编制时利用了管理层的专家的工作，注册会计师应当考虑管理层的专家的工作对实现注册会计师目的的重要性，并在必要的范围内实施下列程序：

（一）评价管理层的专家的胜任能力、专业素质和客观性；

（二）了解管理层的专家的工作；

（三）评价将管理层的专家的工作用作相关认定的审计证据的适当性。

第十三条 在使用被审计单位生成的信息时，注册会计师应当评价该信息对实现审计目的是否足够可靠，包括根据具体情况在必要时实施下列程序：

（一）获取有关信息准确性和完整性的审计证据；

（二）评价信息对实现审计目的是否足够准确和详细。

第十五条 如果存在下列情形之一，注册会计师应当确定需要修改或追加哪些审计程序予以解决，并考虑存在的情形对审计其他方面的影响：

（一）从某一来源获取的审计证据与从另一来源获取的不一致；

（二）注册会计师对用作审计证据的信息的可靠性存有疑虑。

《中国注册会计师审计准则第1301号——审计证据》（2016）

第三条 审计证据的可靠性受其来源和性质的影响，并取决于获取审计证据的具体环境。判断审计证据可靠性的一般原则包括：

（一）从被审计单位外部独立来源获取的审计证据比从其他来源获取的审计证据更可靠；

（二）相关控制有效时内部生成的审计证据比控制薄弱时内部生成的审计证据更可靠；

（三）直接获取的审计证据比间接获取或推论得出的审计证据更可靠；

（四）以文件记录形式（包括纸质、电子或其他介质）存在的审计证据比口头形式的审计证据更可靠；

（五）从原件获取的审计证据比从复印、传真或通过拍摄、数字化或其他方式转化成电子形式的文件获取的审计证据更可靠。

通常情况下，注册会计师以函证方式直接从被询证者获取的审计证据，比被审计单位内部生成的审计证据更可靠。通过函证等方式从独立来源获取的相互印证的信息，可以提高注册会计师从会计记录或管理层书面声明中获取的审计证据的保证水平。

第九条　注册会计师的目标是，通过恰当的方式设计和实施审计程序，获取充分、适当的审计证据，以得出合理的结论，作为形成审计意见的基础。

第十条　注册会计师应当根据具体情况设计和实施恰当的审计程序，以获取充分、适当的审计证据。

第十一条　在设计和实施审计程序时，注册会计师应当考虑用作审计证据的信息的相关性和可靠性。

第十二条　如果用作审计证据的信息在编制时利用了管理层的专家的工作，注册会计师应当考虑管理层的专家的工作对实现注册会计师目的的重要性，并在必要的范围内实施下列程序：

（一）评价管理层的专家的胜任能力、专业素质和客观性；

（二）了解管理层的专家的工作；

（三）评价将管理层的专家的工作用作相关认定的审计证据的适当性。

第十三条　在使用被审计单位生成的信息时，注册会计师应当评价该

信息对实现审计目的是否足够可靠,包括根据具体情况在必要时实施下列程序:

(一) 获取有关信息准确性和完整性的审计证据;

(二) 评价信息对实现审计目的是否足够准确和详细。

第十五条 如果存在下列情形之一,注册会计师应当确定需要修改或追加哪些审计程序予以解决,并考虑存在的情形对审计其他方面的影响:

(一) 从某一来源获取的审计证据与从另一来源获取的不一致;

(二) 注册会计师对用作审计证据的信息的可靠性存有疑虑。

《中国注册会计师审计准则第1311号——存货监盘》(2007)

第五条 注册会计师应当根据被审计单位存货的特点、盘存制度和存货内部控制的有效性等情况,在评价被审计单位存货盘点计划的基础上,编制存货监盘计划,对存货监盘作出合理安排。

第六条 在编制存货监盘计划时,注册会计师应当实施下列审计程序:

(一) 了解存货的内容、性质、各存货项目的重要程度及存放场所;

(二) 了解与存货相关的内部控制;

(三) 评估与存货相关的重大错报风险和重要性;

(四) 查阅以前年度的存货监盘工作底稿;

(五) 考虑实地察看存货的存放场所,特别是金额较大或性质特殊的存货;

(六) 考虑是否需要利用专家的工作或其他注册会计师的工作;

(七) 复核或与管理层讨论其存货盘点计划。

第十条 存货监盘计划应当包括下列主要内容:

(一) 存货监盘的目标、范围及时间安排;

(二) 存货监盘的要点及关注事项;

(三) 参加存货监盘人员的分工;

(四) 检查存货的范围。

第十四条　注册会计师应当对已盘点的存货进行适当检查，将检查结果与被审计单位盘点记录相核对，并形成相应记录。

第十五条　在检查已盘点的存货时，注册会计师应当从存货盘点记录中选取项目追查至存货实物，以测试盘点记录的准确性；注册会计师还应当从存货实物中选取项目追查至存货盘点记录，以测试存货盘点记录的完整性。

第十九条　注册会计师应当获取盘点日前后存货收发及移动的凭证，检查库存记录与会计记录期末截止是否正确。

第二十二条　如果存货盘点日不是资产负债表日，注册会计师应当实施适当的审计程序，确定盘点日与资产负债表日之间存货的变动是否已作出正确的记录。

第二十九条　注册会计师应当根据已获取的审计证据，形成有关期末存货数量和状况的审计结论，并确定对审计报告的影响。

《中国注册会计师审计准则第1311号——对存货、诉讼和索赔、分部信息等特定项目获取审计证据的具体考虑》（2010）

第三条　注册会计师的目标是，针对特定项目的下列方面获取充分、适当的审计证据：

（一）存货的存在和状况；

（二）涉及被审计单位的诉讼和索赔事项的完整性；

（三）按照适用的财务报告编制基础对分部信息的列报与披露。

第四条　如果存货对财务报表是重要的，注册会计师应当实施下列审计程序，对存货的存在和状况获取充分、适当的审计证据：

（一）在存货盘点现场实施监盘（除非不可行）；

（二）对期末存货记录实施审计程序，以确定其是否准确反映实际的存货盘点结果。

在存货盘点现场实施监盘时，注册会计师应当实施下列审计程序：

（一）评价管理层用以记录和控制存货盘点结果的指令和程序；

（二）观察管理层制订的盘点程序的执行情况；

（三）检查存货；

（四）执行抽盘。

第五条　如果存货盘点在财务报表日以外的其他日期进行，注册会计师除实施本准则第四条规定的审计程序外，还应当实施其他审计程序，以获取审计证据，确定存货盘点日与财务报表日之间的存货变动是否已得到恰当的记录。

第七条　如果在存货盘点现场实施存货监盘不可行，注册会计师应当实施替代审计程序，以获取有关存货的存在和状况的充分、适当的审计证据。如果不能实施替代审计程序，注册会计师应当按照《中国注册会计师审计准则第1502号——在审计报告中发表非无保留意见》的规定，在审计报告中发表非无保留意见。

第九条　注册会计师应当设计和实施审计程序，以识别涉及被审计单位的可能导致重大错报风险的诉讼和索赔事项。这些审计程序包括：（一）询问管理层和被审计单位内部其他人员，包括询问被审计单位内部法律顾问；（二）查阅治理层的会议纪要和被审计单位与外部法律顾问之间的往来信函；（三）复核法律费用账户记录。

第十二条　注册会计师应当要求管理层和治理层（如适用）提供书面声明，确认已向注册会计师披露所有其知悉的、已经或可能发生的、在编制财务报表时应当考虑其影响的诉讼和索赔事项，并确认已按照适用的财务报告编制基础进行了会计处理和披露。

《中国注册会计师审计准则第1311号——对存货、诉讼和索赔、分部信息等特定项目获取审计证据的具体考虑》（2019）

第四条　如果存货对财务报表是重要的，注册会计师应当实施下列审计程序，对存货的存在和状况获取充分、适当的审计证据：

（一）在存货盘点现场实施监盘（除非不可行）；

（二）对期末存货记录实施审计程序，以确定其是否准确反映实际的存货盘点结果。

在存货盘点现场实施监盘时，注册会计师应当实施下列审计程序：

（一）评价管理层用以记录和控制存货盘点结果的指令和程序；

（二）观察管理层制订的盘点程序的执行情况；

（三）检查存货；

（四）执行抽盘。

第七条 如果在存货盘点现场实施存货监盘不可行，注册会计师应当实施替代审计程序，以获取有关存货的存在和状况的充分、适当的审计证据。如果不能实施替代审计程序，注册会计师应当按照《中国注册会计师审计准则第1502号——在审计报告中发表非无保留意见》的规定，在审计报告中发表非无保留意见。

第九条 注册会计师应当设计和实施审计程序，以识别涉及被审计单位的可能导致重大错报风险的诉讼和索赔事项。

这些审计程序包括：

（一）询问管理层和被审计单位内部其他人员，包括询问被审计单位内部法律顾问；

（二）查阅治理层的会议纪要和被审计单位与外部法律顾问之间的往来信函；

（三）复核法律费用账户记录。

第十二条 注册会计师应当要求管理层和治理层（如适用）提供书面声明，确认已向注册会计师披露所有其知悉的、已经或可能发生的、在编制财务报表时应当考虑其影响的诉讼和索赔事项，并确认已按照适用的财务报告编制基础进行了会计处理和披露。

《中国注册会计师审计准则第1312号——函证》（2006）

第四条 注册会计师在实施函证时，应当保持应有的关注。

第五条 注册会计师应当确定是否有必要实施函证以获取认定层次的充分、适当的审计证据。在作出决策时，注册会计师应当考虑评估的认定层次重大错报风险，以及通过实施其他审计程序获取的审计证据如何将检查风险降至可接受的水平。

第十二条 当被审计单位管理层要求对拟函证的某些账户余额或其他信息不实施函证时，注册会计师应当考虑该项要求是否合理。

如果认为管理层的要求合理，注册会计师应当实施替代审计程序，以获取与这些账户余额或其他信息相关的充分、适当的审计证据。

如果认为管理层的要求不合理，且被其阻挠而无法实施函证，注册会计师应当视为审计范围受到限制，并考虑对审计报告可能产生的影响。

第十三条 在分析管理层要求不实施函证的原因时，注册会计师应当保持职业怀疑态度，并考虑：

（一）管理层是否诚信；

（二）是否可能存在重大的舞弊或错误；

（三）替代审计程序能否提供与这些账户余额或其他信息相关的充分、适当的审计证据。

第十四条 注册会计师应当根据特定审计目标设计询证函。

第十七条 积极的函证方式通常比消极的函证方式提供的审计证据可靠。当同时存在下列情况时，注册会计师可考虑采用消极的函证方式：

（一）重大错报风险评估为低水平；

（二）涉及大量余额较小的账户；

（三）预期不存在大量的错误；

（四）没有理由相信被询证者不认真对待函证。

第十八条 当实施函证时，注册会计师应当对选择被询证者、设计询证函以及发出和收回询证函保持控制。

第十九条 注册会计师应当采取下列措施对函证实施过程进行控制：

（一）将被询证者的名称、地址与被审计单位有关记录核对；

（二）将询证函中列示的账户余额或其他信息与被审计单位有关资料核对；

（三）在询证函中指明直接向接受审计业务委托的会计师事务所回函；

（四）询证函经被审计单位盖章后，由注册会计师直接发出；

（五）将发出询证函的情况形成审计工作记录；

（六）将收到的回函形成审计工作记录，并汇总统计函证结果。

第二十一条 如果采用积极的函证方式实施函证而未能收到回函，注册会计师应当考虑与被询证者联系。

如果未能得到被询证者的回应，注册会计师应当实施替代审计程序。替代审计程序应当能够提供实施函证所能够提供的同样效果的审计证据。

第二十三条 在评价实施函证和替代审计程序获取的审计证据是否充分、适当时，注册会计师应当考虑：

（一）函证和替代审计程序的可靠性；

（二）不符事项的原因、频率、性质和金额；

（三）实施其他审计程序获取的审计证据。

《中国注册会计师审计准则第1312号——函证》（2010）

第四条 下列审计准则明确了实施函证程序以获取审计证据的重要性：

（一）《中国注册会计师审计准则第1231号——针对评估的重大错报风险采取的应对措施》规定，注册会计师应当针对评估的财务报表层次重大错报风险，设计和实施总体应对措施，针对评估的认定层次重大错报风险，设计和实施进一步审计程序，包括审计程序的性质、时间安排和范围；无论评估的重大错报风险结果如何，注册会计师都应当针对所有重大类别的交易、账户余额和披露，设计和实施实质性程序；注册会计师应当考虑是否将函证程序用作实质性程序。

（二）《中国注册会计师审计准则第1231号——针对评估的重大错报风险采取的应对措施》规定，评估的风险越高，需要获取越有说服力的审计证据。为此，注册会计师可以增加审计证据的数量或者获取更相关、更可靠的审计证据，或将两种方式结合使用。例如，注册会计师更加重视直接从第三方获取审计证据，或从不同的独立来源获取相互印证的审计证据。实施函证程序,可以帮助注册会计师获取可靠性高的审计证据,以应对由于舞弊或错误导致的特别风险。

(三)《中国注册会计师审计准则第1141号——财务报表审计中与舞弊相关的责任》规定,针对由于舞弊导致的认定层次重大错报风险,注册会计师应当考虑实施函证程序以获取更多的相互印证的信息。

(四)《中国注册会计师审计准则第1301号——审计证据》规定,通过函证等方式从独立来源获取的相互印证的信息,可以提高注册会计师从会计记录或管理层书面声明中获取的审计证据的保证水平。

第五条 函证(即外部函证),是指注册会计师直接从第三方(被询证者)获取书面答复作为审计证据的过程,书面答复可以采用纸质、电子或其他介质等形式。

第十二条 注册会计师应当对银行存款(包括零余额账户和在本期内注销的账户)、借款及与金融机构往来的其他重要信息实施函证程序,除非有充分证据表明某一银行存款、借款及与金融机构往来的其他重要信息对财务报表不重要且与之相关的重大错报风险很低。

如果不对这些项目实施函证程序,注册会计师应当在审计工作底稿中说明理由。

第十三条 注册会计师应当对应收账款实施函证程序,除非有充分证据表明应收账款对财务报表不重要,或函证很可能无效。

如果认为函证很可能无效,注册会计师应当实施替代审计程序,获取相关、可靠的审计证据。

如果不对应收账款函证,注册会计师应当在审计工作底稿中说明理由。

第十四条 当实施函证程序时,注册会计师应当对询证函保持控制,包括:

(一)确定需要确认或填列的信息;

(二)选择适当的被询证者;

(三)设计询证函,包括正确填列被询证者的姓名和地址,以及被询证者直接向注册会计师回函的地址等信息；

（四）发出询证函并予以跟进，必要时再次向被询证者寄发询证函。

第十七条 如果存在对询证函回函的可靠性产生疑虑的因素，注册会计师应当进一步获取审计证据以消除这些疑虑。

第十八条 如果认为询证函回函不可靠，注册会计师应当评价其对评估的相关重大错报风险（包括舞弊风险），以及其他审计程序的性质、时间安排和范围的影响。

第十九条 在未回函的情况下，注册会计师应当实施替代程序以获取相关、可靠的审计证据。

第二十一条 注册会计师应当调查不符事项，以确定是否表明存在错报。

第二十三条 注册会计师应当评价实施函证程序的结果是否提供了相关、可靠的审计证据，或是否有必要进一步获取审计证据。

《中国注册会计师审计准则第 1313 号——分析程序》（2006）

第五条 在实施分析程序时，注册会计师应当考虑将被审计单位的财务信息与下列各项信息进行比较：

（一）以前期间的可比信息；

（二）被审计单位的预期结果或者注册会计师的预期数据；

（三）所处行业或同行业中规模相近的其他单位的可比信息。

第六条 在实施分析程序时，注册会计师还应当考虑下列关系：

（一）财务信息各构成要素之间的关系；

（二）财务信息与相关非财务信息之间的关系。

第二十一条 当通过实施分析程序识别出与其他相关信息不一致或者偏离预期数据的重大波动或关系时，注册会计师应当进行调查并获取充分的解释和恰当的佐证审计证据。

第二十二条 在调查异常波动和关系时，注册会计师应当在询问管理层的基础上采取下列措施：

（一）将管理层的答复与注册会计师对被审计单位的了解以及在审计过程中获取的其他审计证据进行比较，以印证管理层的答复；

（二）如果管理层不能提供解释或者解释不充分，考虑是否需要运用其他审计程序。

《中国注册会计师审计准则第1313号——分析程序》（2010）

第五条 在设计和实施实质性分析程序时，无论单独使用或与细节测试结合使用，注册会计师都应当：

（一）考虑针对所涉及认定评估的重大错报风险和实施的细节测试（如有），确定特定实质性分析程序对这些认定的适用性；

（二）考虑可获得信息的来源、可比性、性质和相关性以及与信息编制相关的控制，评价在对已记录的金额或比率作出预期时使用数据的可靠性；

（三）对已记录的金额或比率作出预期，并评价预期值是否足够精确以识别重大错报（包括单项重大的错报和单项虽不重大但连同其他错报可能导致财务报表产生重大错报的错报）；

（四）确定已记录金额与预期值之间可接受的，且无需按本准则第七条的要求作进一步调查的差异额。

第六条 在临近审计结束时，注册会计师应当设计和实施分析程序，帮助其对财务报表形成总体结论，以确定财务报表是否与其对被审计单位的了解一致。

第七条 如果按照本准则的规定实施分析程序，识别出与其他相关信息不一致的波动或关系，或与预期值差异重大的波动或关系，注册会计师应当采取下列措施调查这些差异：

（一）询问管理层，并针对管理层的答复获取适当的审计证据；

（二）根据具体情况在必要时实施其他审计程序。

《中国注册会计师审计准则第1314号——审计抽样》（2010）

第十五条 在设计审计样本时，注册会计师应当考虑审计程序的目的和抽样总体的特征。

第十六条 注册会计师应当确定足够的样本规模,以将抽样风险降至可接受的低水平。

第十七条 注册会计师在选取样本项目时,应当使总体中的每个抽样单元都有被选取的机会。

第十八条 注册会计师应当根据选取的每个项目,实施适合具体目的的审计程序。

第二十一条 注册会计师应当调查识别出的所有偏差或错报的性质和原因,并评价其对审计程序的目的和审计的其他方面可能产生的影响。

第二十四条 注册会计师应当对下列方面进行评价:

(一)样本结果;

(二)使用审计抽样是否已为注册会计师针对所测试的总体得出的结论提供合理基础。

《中国注册会计师审计准则第1321号——审计会计估计(包括公允价值会计估计)和相关披露》(2010)

第二十条 对导致特别风险的会计估计,除实施《中国注册会计师审计准则第1231号——针对评估的重大错报风险采取的应对措施》规定的其他实质性程序外,注册会计师还应当:(一)评价管理层如何考虑替代性的假设或结果,以及拒绝采纳的原因,或者在管理层没有考虑替代性的假设或结果的情况下,评价管理层在作出会计估计时如何处理估计不确定性;(二)评价管理层使用的重大假设是否合理;(三)当管理层实施特定措施的意图和能力与其使用的重大假设的合理性或对适用的财务报告编制基础的恰当应用相关时,评价这些意图和能力。

第二十三条 注册会计师应当根据获取的审计证据,评价财务报表中的会计估计在适用的财务报告编制基础下是合理的还是存在错报。

《中国注册会计师审计准则第1323号——关联方》(2006)

第八条 注册会计师应当按照适用的会计准则和相关会计制度的规

定，确定被审计单位对关联方关系的披露是否充分。

第十一条 在审计过程中，注册会计师应当对显得异常的交易保持警惕，考虑是否存在以前尚未识别出的关联方。

这些交易主要包括：

（一）价格、利率、担保和付款等条件异常的交易；

（二）商业理由明显不合乎逻辑的交易；

（三）实质与形式不符的交易；

（四）处理方式异常的交易；

（五）与某些顾客或供货商进行的大量或重大交易；

（六）未予记录的交易。

第十六条 如果无法就关联方和关联方交易获取充分、适当的审计证据，或关联方和关联方交易的披露不充分，注册会计师应当出具恰当的非无保留意见的审计报告。

第十七条 本准则自2007年1月1日起施行。

（注：本版无第二十条、第二十四条、第二十九条）

《中国注册会计师审计准则第1323号——关联方》（2010）

第八条 由于存在未披露关联方关系及其交易的可能性，注册会计师按照《中国注册会计师审计准则第1101号——注册会计师的总体目标和审计工作的基本要求》的规定，在计划和实施与关联方关系及其交易有关的审计工作时，保持职业怀疑尤为重要。

本准则旨在帮助注册会计师识别和评估与关联方关系及其交易有关的重大错报风险，以及设计审计程序以应对评估的风险。

第十一条 注册会计师的目标是：

（一）无论适用的财务报告编制基础是否对关联方作出规定，充分了解关联方关系及其交易，以便能够确认由此产生的、与识别和评估由于舞弊导致的重大错报风险相关的舞弊风险因素（如有）；根据获取的审计证据，就财务报表受到关联方关系及其交易的影响而言，确定财务报表是否实现公允反映。

（二）如果适用的财务报告编制基础对关联方作出规定，获取充分、适当的审计证据，确定关联方关系及其交易是否已按照适用的财务报告编制基础得到恰当识别、会计处理和披露。

第十六条 某些安排或其他信息可能显示管理层以前未识别或未向注册会计师披露的关联方关系或关联方交易，在审计过程中检查记录或文件时，注册会计师应当对这些安排或其他信息保持警觉。

注册会计师应当检查下列记录或文件，以确定是否存在管理层以前未识别或未向注册会计师披露的关联方关系或关联方交易：

（一）注册会计师实施审计程序时获取的银行和律师的询证函回函；

（二）股东会和治理层会议的纪要；

（三）注册会计师认为必要的其他记录或文件。

第十七条 在实施本准则第十六条规定的审计程序或其他审计程序时，如果识别出被审计单位超出正常经营过程的重大交易，注册会计师应当向管理层询问这些交易的性质以及是否涉及关联方。

第二十二条 如果识别出可能表明存在管理层以前未识别出或未向注册会计师披露的关联方关系或交易的安排或信息，注册会计师应当确定相关情况是否能够证实关联方关系或关联方交易的存在。

第二十四条 对于识别出的超出正常经营过程的重大关联方交易，注册会计师应当：

（一）检查相关合同或协议（如有）；

（二）获取交易已经恰当授权和批准的审计证据。

如果检查相关合同或协议，注册会计师应当评价：

（一）交易的商业理由（或缺乏商业理由）是否表明被审计单位从事交易的目的可能是为了对财务信息作出虚假报告或为了隐瞒侵占资产的行为；

（二）交易条款是否与管理层的解释一致；

（三）关联方交易是否已按照适用的财务报告编制基础得到恰当会计

处理和披露。

第二十九条 注册会计师应当就识别出的关联方名称、关联方关系的性质以及关联方交易类型和交易要素形成审计工作底稿。

《中国注册会计师审计准则第1324号——持续经营》（2006）

第十条 被审计单位在其他方面存在的可能导致对持续经营假设产生重大疑虑的事项或情况主要包括：

（一）严重违反有关法律法规或政策；

（二）异常原因导致停工、停产；

（三）有关法律法规或政策的变化可能造成重大不利影响；

（四）经营期限即将到期且无意继续经营；

（五）投资者未履行协议、合同、章程规定的义务，并有可能造成重大不利影响；

（六）因自然灾害、战争等不可抗力因素遭受严重损失。

《中国注册会计师审计准则第1324号——持续经营》（2010）

第十条 针对有关可能导致对被审计单位持续经营能力产生重大疑虑的事项或情况的审计证据，注册会计师应当在整个审计过程中保持警觉。

《中国注册会计师审计准则第1324号——持续经营》（2016）

第十条 针对有关可能导致对被审计单位持续经营能力产生重大疑虑的事项或情况的审计证据，注册会计师应当在整个审计过程中保持警觉。

《中国注册会计师审计准则第1331号——首次审计业务涉及的期初余额》（2010）

第八条 注册会计师应当通过采取下列措施，获取充分、适当的审计证据，以确定期初余额是否包含对本期财务报表产生重大影响的错报：

（一）确定上期期末余额是否已正确结转至本期，或在适当的情况下已作出重新表述；（二）确定期初余额是否反映对恰当会计政策的运用；（三）实施一项或多项审计程序。注册会计师实施的一项或多项审计程序包括：（一）如果上期财务报表已经审计，查阅前任注册会计师的审计工作底稿，以获取有关期初余额的审计证据；（二）评价本期实施的审计程序是否提供了有关期初余额的审计证据；（三）实施其他专门的审计程序，以获取有关期初余额的审计证据。

第十一条 如果上期财务报表已由前任注册会计师审计，并发表了非无保留意见，注册会计师应当按照《中国注册会计师审计准则第1211号——通过了解被审计单位及其环境识别和评估重大错报风险》的规定，在评估本期财务报表重大错报风险时，评价导致对上期财务报表发表非无保留意见的事项的影响。

《中国注册会计师审计准则第1331号——首次审计业务涉及的期初余额》（2019）

第八条 在与前任注册会计师沟通时，注册会计师应当遵守职业道德规范和《中国注册会计师审计准则第1152号——前后任注册会计师的沟通》的规定。

第十一条 如果上期财务报表已由前任注册会计师审计，并发表了非无保留意见，注册会计师应当按照《中国注册会计师审计准则第1211号——通过了解被审计单位及其环境识别和评估重大错报风险》的规定，在评估本期财务报表重大错报风险时，评价导致对上期财务报表发表非无保留意见的事项的影响。

《中国注册会计师审计准则第1332号——期后事项》（2010）

第八条 注册会计师的目标是：

（一）获取充分、适当的审计证据，以确定财务报表日至审计报告日之间发生的、需要在财务报表中调整或披露的事项是否已经按照适用的财务报告编制基础在财务报表中得到恰当反映；

（二）恰当应对在审计报告日后注册会计师知悉的、且如果在审计报告日知悉可能导致注册会计师修改审计报告的事实。

第九条 注册会计师应当设计和实施审计程序，获取充分、适当的审计证据，以确定所有在财务报表日至审计报告日之间发生的、需要在财务报表中调整或披露的事项均已得到识别。但是，注册会计师并不需要对之前已实施审计程序并已得出满意结论的事项执行追加的审计程序。

第十条 注册会计师应当按照本准则第九条的规定实施审计程序，以使审计程序能够涵盖财务报表日至审计报告日（或尽可能接近审计报告日）之间的期间。

在确定审计程序的性质和范围时，注册会计师应当考虑风险评估的结果。这些程序应当包括：

（一）了解管理层为确保识别期后事项而建立的程序；

（二）询问管理层和治理层（如适用），确定是否已发生可能影响财务报表的期后事项；

（三）查阅被审计单位的所有者、管理层和治理层在财务报表日后举行会议的纪要，在不能获取会议纪要的情况下，询问此类会议讨论的事项；

（四）查阅被审计单位最近的中期财务报表（如有）。

第十一条 在实施本准则第九条和第十条规定的审计程序后，如果注册会计师识别出需要在财务报表中调整或披露的事项，应当确定这些事项是否按照适用的财务报告编制基础的规定在财务报表中得到恰当反映。

《中国注册会计师审计准则第1332号——期后事项》（2016）

第六条 注册会计师的责任是，就管理层在编制和列报财务报表时运用持续经营假设的适当性获取充分、适当的审计证据，并就持续经营能力是否存在重大不确定性得出结论。即使编制财务报表时采用的财务报告编制基础没有明确要求管理层对持续经营能力作出专门评估，注册会计师的这种责任仍然存在。

第八条 注册会计师的目标是:

(一) 获取充分、适当的审计证据,以确定财务报表日至审计报告日之间发生的、需要在财务报表中调整或披露的事项是否已经按照适用的财务报告编制基础在财务报表中得到恰当反映;

(二) 恰当应对在审计报告日后注册会计师知悉的、且如果在审计报告日知悉可能导致注册会计师修改审计报告的事实。

第九条 注册会计师应当设计和实施审计程序,获取充分、适当的审计证据,以确定所有在财务报表日至审计报告日之间发生的、需要在财务报表中调整或披露的事项均已得到识别。但是,注册会计师并不需要对之前已实施审计程序并已得出满意结论的事项执行追加的审计程序。

第十条 注册会计师应当按照本准则第九条的规定实施审计程序,以使审计程序能够涵盖财务报表日至审计报告日(或尽可能接近审计报告日)之间的期间。

在确定审计程序的性质和范围时,注册会计师应当考虑风险评估的结果。这些程序应当包括:

(一) 了解管理层为确保识别期后事项而建立的程序;

(二) 询问管理层和治理层(如适用),确定是否已发生可能影响财务报表的期后事项;

(三) 查阅被审计单位的所有者、管理层和治理层在财务报表日后举行会议的纪要,在不能获取会议纪要的情况下,询问此类会议讨论的事项;

(四) 查阅被审计单位最近的中期财务报表(如有)。

第十一条 在实施本准则第九条和第十条规定的审计程序后,如果注册会计师识别出需要在财务报表中调整或披露的事项,应当确定这些事项是否按照适用的财务报告编制基础的规定在财务报表中得到恰当反映。

《中国注册会计师审计准则第 1401 号——对集团财务报表审计的特殊考虑》(2010)

第十八条 重要组成部分,是指集团项目组识别出的具有下列特征之一的组成部分：

（一）单个组成部分对集团具有财务重大性；

（二）由于单个组成部分的特定性质或情况，可能存在导致集团财务报表发生重大错报的特别风险。

第三十条 注册会计师应当通过了解被审计单位及其环境，识别和评估财务报表重大错报风险。集团项目组应当：（一）在业务承接或保持阶段获取信息的基础上，进一步了解集团及其环境、集团组成部分及其环境，包括集团层面控制；（二）了解合并过程，包括集团管理层向组成部分下达的指令。

第三十一条 集团项目组应当对集团及其环境、集团组成部分及其环境获取充分的了解，以足以：（一）确认或修正最初识别的重要组成部分；（二）评估由于舞弊或错误导致集团财务报表发生重大错报的风险。

第三十八条 在确定对合并过程或组成部分财务信息拟执行的工作的性质、时间安排和范围时，如果预期集团层面控制运行有效，或者仅实施实质性程序不能提供认定层次的充分、适当的审计证据，集团项目组应当测试或要求组成部分注册会计师测试这些控制运行的有效性。

第三十九条 就集团而言，对于具有财务重大性的单个组成部分，集团项目组或代表集团项目组的组成部分注册会计师应当运用该组成部分的重要性，对组成部分财务信息实施审计。

第四十条 对由于其特定性质或情况，可能存在导致集团财务报表发生重大错报的特别风险的重要组成部分，集团项目组或代表集团项目组的组成部分注册会计师应当执行下列一项或多项工作：

（一）使用组成部分重要性对组成部分财务信息实施审计；

（二）针对与可能导致集团财务报表发生重大错报的特别风险相关的一个或多个账户余额、一类或多类交易或披露事项实施审计；

（三）针对可能导致集团财务报表发生重大错报的特别风险实施特定的审计程序。

《中国注册会计师审计准则第 1421 号——利用专家的工作》（2010）

第八条 如果在会计或审计以外的某一领域的专长对获取充分、适当的审计证据是必要的，注册会计师应当确定是否利用专家的工作。

第九条 本准则第十条至第十四条规定的审计程序的性质、时间安排和范围，将随着具体情况的变化而变化。

在确定本准则第十条至第十四条规定的审计程序的性质、时间安排和范围时，注册会计师应当考虑下列事项：

（一）与专家工作相关的事项的性质；

（二）与专家工作相关的事项中存在的重大错报风险；

（三）专家的工作在审计中的重要程度；

（四）注册会计师对专家以前所做工作的了解，以及与之接触的经验；

（五）专家是否需要遵守会计师事务所的质量控制政策和程序。

第十二条 注册会计师应当评价专家的工作是否足以实现审计目的，包括：

（一）专家的工作结果或结论的相关性和合理性，以及与其他审计证据的一致性；

（二）如果专家的工作涉及使用重要的假设和方法，这些假设和方法在具体情况下的相关性和合理性；

（三）如果专家的工作涉及使用重要的原始数据，这些原始数据的相关性、完整性和准确性。

第十三条 如果确定专家的工作不足以实现审计目的，注册会计师应当采取下列措施之一：

（一）就专家拟执行的进一步工作的性质和范围，与专家达成一致意见；

（二）根据具体情况，实施追加的审计程序。

《中国注册会计师审计准则第 1421 号——利用专家的工作》（2022）

第八条 如果在会计或审计以外的某一领域的专长对获取充分、适当的审计证据是必要的，注册会计师应当确定是否利用专家的工作。

第九条 本准则第十条至第十四条规定的审计程序的性质、时间安排和范围，将随着具体情况的变化而变化。

在确定本准则第十条至第十四条规定的审计程序的性质、时间安排和范围时，注册会计师应当考虑下列事项：

（一）与专家工作相关的事项的性质；

（二）与专家工作相关的事项中存在的重大错报风险；

（三）专家的工作在审计中的重要程度；

（四）注册会计师对专家以前所做工作的了解，以及与之接触的经验；

（五）专家是否需要遵守会计师事务所的质量管理体系。

第十三条 注册会计师应当评价专家的工作是否足以实现审计目的，包括：

（一）专家的工作结果或结论的相关性和合理性，以及与其他审计证据的一致性；

（二）如果专家的工作涉及使用重要的假设和方法，这些假设和方法在具体情况下的相关性和合理性；

（三）如果专家的工作涉及使用重要的原始数据，这些原始数据的相关性、完整性和准确性。

第十四条 如果确定专家的工作不足以实现审计目的，注册会计师应当采取下列措施之一：

（一）就专家拟执行的进一步工作的性质和范围，与专家达成一致意见；

（二）根据具体情况，实施追加的审计程序。

《中国注册会计师审计准则第1501号——对财务报表形成审计意见和出具审计报告》（2010）

第十二条 注册会计师的目标是：

（一）在评价根据审计证据得出的结论的基础上，对财务报表形成审

计意见;

（二）通过书面报告的形式清楚地表达审计意见，说明其形成基础。

第十三条 注册会计师应当就财务报表是否在所有重大方面按照适用的财务报告编制基础编制并实现公允反映形成审计意见。

第十四条 为了形成审计意见，针对财务报表整体是否不存在由于舞弊或错误导致的重大错报，注册会计师应当得出结论，确定是否已就此获取合理保证。

在得出结论时，注册会计师应当考虑下列方面：

（一）按照《中国注册会计师审计准则第1231号——针对评估的重大错报风险采取的应对措施》的规定，是否已获取充分、适当的审计证据；

（二）按照《中国注册会计师审计准则第1251号——评价审计过程中识别出的错报》的规定，未更正错报单独或汇总起来是否构成重大错报；

（三）本准则第十五条至第十八条要求作出的评价。

第十八条 注册会计师应当评价财务报表是否恰当提及或说明适用的财务报告编制基础。

《中国注册会计师审计准则第1501号——对财务报表形成审计意见和出具审计报告》（2016）

第十三条 注册会计师应当评价财务报表是否在所有重大方面按照适用的财务报告编制基础的规定编制。

在评价时，注册会计师应当考虑被审计单位会计实务的质量，包括表明管理层的判断可能出现偏向的迹象。

第十八条 当存在下列情形之一时，注册会计师应当按照《中国注册会计师审计准则第1502号——在审计报告中发表非无保留意见》的规定，在审计报告中发表非无保留意见：

（一）根据获取的审计证据，得出财务报表整体存在重大错报的结论；

（二）无法获取充分、适当的审计证据，不能得出财务报表整体不存在重大错报的结论。

第三十三条 注册会计师对财务报表审计的责任部分应当包括下列内容：

（一）说明注册会计师的目标是对财务报表整体是否不存在由于舞弊或错误导致的重大错报获取合理保证，并出具包含审计意见的审计报告；

（二）说明合理保证是高水平的保证，但并不能保证按照审计准则执行的审计在某一重大错报存在时总能发现；

（三）说明错报可能由于舞弊或错误导致。

在说明错报可能由于舞弊或错误导致时，注册会计师应当从下列两种做法中选取一种：

（一）描述如果合理预期错报单独或汇总起来可能影响财务报表使用者依据财务报表作出的经济决策，则通常认为错报是重大的；

（二）根据适用的财务报告编制基础，提供关于重要性的定义或描述。

第三十四条 注册会计师对财务报表审计的责任部分还应当包括下列内容：

（一）说明在按照审计准则执行审计工作的过程中，注册会计师运用职业判断，并保持职业怀疑；

（二）通过说明注册会计师的责任，对审计工作进行描述。这些责任包括：

1. 识别和评估由于舞弊或错误导致的财务报表重大错报风险，设计和实施审计程序以应对这些风险，并获取充分、适当的审计证据，作为发表审计意见的基础。由于舞弊可能涉及串通、伪造、故意遗漏、虚假陈述或凌驾于内部控制之上，未能发现由于舞弊导致的重大错报的风险高于未能发现由于错误导致的重大错报的风险。

2. 了解与审计相关的内部控制，以设计恰当的审计程序，但目的并非对内部控制的有效性发表意见。当注册会计师有责任在财务报表审计的同时对内部控制的有效性发表意见时，应当略去上述"目的并非对内部控制的有效性发表意见"的表述。

3. 评价管理层选用会计政策的恰当性和作出会计估计及相关披露的合

理性。

4. 对管理层使用持续经营假设的恰当性得出结论。同时，根据获取的审计证据，就可能导致对被审计单位持续经营能力产生重大疑虑的事项或情况是否存在重大不确定性得出结论。如果注册会计师得出结论认为存在重大不确定性，审计准则要求注册会计师在审计报告中提请报表使用者关注财务报表中的相关披露；如果披露不充分，注册会计师应当发表非无保留意见。注册会计师的结论基于截至审计报告日可获得的信息。然而，未来的事项或情况可能导致被审计单位不能持续经营。

5. 评价财务报表的总体列报、结构和内容（包括披露），并评价财务报表是否公允反映相关交易和事项。

（三）当《中国注册会计师审计准则第1401号——对集团财务报表审计的特殊考虑》适用时，通过说明下列事项，进一步描述注册会计师在集团审计业务中的责任：

1. 注册会计师的责任是就集团中实体或业务活动的财务信息获取充分、适当的审计证据，以对合并财务报表发表审计意见；

2. 注册会计师负责指导、监督和执行集团审计；

3. 注册会计师对审计意见承担全部责任。

第三十九条　审计报告应当由项目合伙人和另一名负责该项目的注册会计师签名和盖章。

《中国注册会计师审计准则第1501号——对财务报表形成审计意见和出具审计报告》（2019）

第十三条　注册会计师应当评价财务报表是否在所有重大方面按照适用的财务报告编制基础的规定编制。

在评价时，注册会计师应当考虑被审计单位会计实务的质量，包括表明管理层的判断可能出现偏向的迹象。

第十四条　注册会计师应当依据适用的财务报告编制基础特别评价下列内容：

（一）财务报表是否恰当披露了所选择和运用的重要会计政策。作出这一评价时，注册会计师应当考虑会计政策与被审计单位的相关性，以及会计政策是否以可理解的方式予以表述；

（二）所选择和运用的会计政策是否符合适用的财务报告编制基础，并适合被审计单位的具体情况；

（三）管理层作出的会计估计是否合理；

（四）财务报表列报的信息是否具有相关性、可靠性、可比性和可理解性。作出这一评价时，注册会计师应当考虑：

1. 应当包括的信息是否均已包括，这些信息的分类、汇总或分解以及描述是否适当；

2. 财务报表的总体列报（包括披露）是否由于包括不相关的信息或有碍正确理解所披露事项的信息而受到不利影响。

（五）财务报表是否作出充分披露，使预期使用者能够理解重大交易和事项对财务报表所传递信息的影响；

（六）财务报表使用的术语（包括每一财务报表的标题）是否适当。

第三十三条 注册会计师对财务报表审计的责任部分应当包括下列内容：

（一）说明注册会计师的目标是对财务报表整体是否不存在由于舞弊或错误导致的重大错报获取合理保证，并出具包含审计意见的审计报告；

（二）说明合理保证是高水平的保证，但并不能保证按照审计准则执行的审计在某一重大错报存在时总能发现；

（三）说明错报可能由于舞弊或错误导致。

在说明错报可能由于舞弊或错误导致时，注册会计师应当从下列两种做法中选取一种：

（一）描述如果合理预期错报单独或汇总起来可能影响财务报表使用者依据财务报表作出的经济决策，则通常认为错报是重大的；

（二）根据适用的财务报告编制基础，提供关于重要性的定义或描述。

第三十四条 注册会计师对财务报表审计的责任部分还应当包括下列

内容：

（一）说明在按照审计准则执行审计工作的过程中，注册会计师运用职业判断，并保持职业怀疑；

（二）通过说明注册会计师的责任，对审计工作进行描述。这些责任包括：

1. 识别和评估由于舞弊或错误导致的财务报表重大错报风险，设计和实施审计程序以应对这些风险，并获取充分、适当的审计证据，作为发表审计意见的基础。由于舞弊可能涉及串通、伪造、故意遗漏、虚假陈述或凌驾于内部控制之上，未能发现由于舞弊导致的重大错报的风险高于未能发现由于错误导致的重大错报的风险。

2. 了解与审计相关的内部控制，以设计恰当的审计程序，但目的并非对内部控制的有效性发表意见。当注册会计师有责任在财务报表审计的同时对内部控制的有效性发表意见时，应当略去上述"目的并非对内部控制的有效性发表意见"的表述。

3. 评价管理层选用会计政策的恰当性和作出会计估计及相关披露的合理性。

4. 对管理层使用持续经营假设的恰当性得出结论。同时，根据获取的审计证据，就可能导致对被审计单位持续经营能力产生重大疑虑的事项或情况是否存在重大不确定性得出结论。如果注册会计师得出结论认为存在重大不确定性，审计准则要求注册会计师在审计报告中提请报表使用者关注财务报表中的相关披露；如果披露不充分，注册会计师应当发表非无保留意见。注册会计师的结论基于截至审计报告日可获得的信息。然而，未来的事项或情况可能导致被审计单位不能持续经营。

5. 评价财务报表的总体列报（包括披露）、结构和内容，并评价财务报表是否公允反映相关交易和事项。

（三）当《中国注册会计师审计准则第1401号——对集团财务报表审计的特殊考虑》适用时，通过说明下列事项，进一步描述注册会计师在集团审计业务中的责任：

1. 注册会计师的责任是就集团中实体或业务活动的财务信息获取充分、适当的审计证据，以对合并财务报表发表审计意见；

2. 注册会计师负责指导、监督和执行集团审计；

3. 注册会计师对审计意见承担全部责任。

第三十九条 审计报告应当由项目合伙人和另一名负责该项目的注册会计师签名和盖章。

第四十二条 审计报告应当注明报告日期。审计报告日不应早于注册会计师获取充分、适当的审计证据，并在此基础上对财务报表形成审计意见的日期。

在确定审计报告日时，注册会计师应当确信已获取下列两方面的审计证据：

（一）构成整套财务报表的所有报表（含披露）已编制完成；

（二）被审计单位的董事会、管理层或类似机构已经认可其对财务报表负责。

《中国注册会计师审计准则第 1501 号——对财务报表形成审计意见和出具审计报告》（2022）

第十二条 为了形成审计意见，针对财务报表整体是否不存在由于舞弊或错误导致的重大错报，注册会计师应当得出结论，确定是否已就此获取合理保证。

在得出结论时，注册会计师应当考虑下列方面：

（一）按照《中国注册会计师审计准则第 1231 号——针对评估的重大错报风险采取的应对措施》的规定，是否已获取充分、适当的审计证据；

（二）按照《中国注册会计师审计准则第 1251 号——评价审计过程中识别出的错报》的规定，未更正错报单独或汇总起来是否构成重大错报；

（三）本准则第十三条至第十六条要求作出的评价。

第十三条 注册会计师应当评价财务报表是否在所有重大方面按照适用的财务报告编制基础的规定编制。

在评价时，注册会计师应当考虑被审计单位会计实务的质量，包括表明管理层的判断可能出现偏向的迹象。

第十五条 按照本准则第十三条和第十四条的规定作出的评价还应当包括财务报表是否实现公允反映。

在评价财务报表是否实现公允反映时，注册会计师应当考虑下列方面：

（一）财务报表的总体列报（包括披露）、结构和内容是否合理；

（二）财务报表是否公允地反映了相关交易和事项。

第二十一条 审计报告应当包括下列要素：

（一）标题；

（二）收件人；

（三）审计意见；

（四）形成审计意见的基础；

（五）管理层对财务报表的责任；

（六）注册会计师对财务报表审计的责任；

（七）按照相关法律法规的要求报告的事项（如适用）；

（八）注册会计师的签名和盖章；

（九）会计师事务所的名称、地址和盖章；

（十）报告日期。

在适用的情况下，注册会计师还应当按照《中国注册会计师审计准则第1324号——持续经营》《中国注册会计师审计准则第1504号——在审计报告中沟通关键审计事项》《中国注册会计师审计准则第1521号——注册会计师对其他信息的责任》的相关规定，在审计报告中对与持续经营相关的重大不确定性、关键审计事项、被审计单位年度报告中包含的除财务报表和审计报告之外的其他信息进行报告。

第三十三条 注册会计师对财务报表审计的责任部分应当包括下列内容：

（一）说明注册会计师的目标是对财务报表整体是否不存在由于舞弊

或错误导致的重大错报获取合理保证，并出具包含审计意见的审计报告；

（二）说明合理保证是高水平的保证，但并不能保证按照审计准则执行的审计在某一重大错报存在时总能发现；

（三）说明错报可能由于舞弊或错误导致。

在说明错报可能由于舞弊或错误导致时，注册会计师应当从下列两种做法中选取一种：

（一）描述如果合理预期错报单独或汇总起来可能影响财务报表使用者依据财务报表作出的经济决策，则通常认为错报是重大的；

（二）根据适用的财务报告编制基础，提供关于重要性的定义或描述。

第三十四条 注册会计师对财务报表审计的责任部分还应当包括下列内容：

（一）说明在按照审计准则执行审计工作的过程中，注册会计师运用职业判断，并保持职业怀疑；

（二）通过说明注册会计师的责任，对审计工作进行描述。这些责任包括：

1. 识别和评估由于舞弊或错误导致的财务报表重大错报风险，设计和实施审计程序以应对这些风险，并获取充分、适当的审计证据，作为发表审计意见的基础。由于舞弊可能涉及串通、伪造、故意遗漏、虚假陈述或凌驾于内部控制之上，未能发现由于舞弊导致的重大错报的风险高于未能发现由于错误导致的重大错报的风险。

2. 了解与审计相关的内部控制，以设计恰当的审计程序，但目的并非对内部控制的有效性发表意见。当注册会计师有责任在财务报表审计的同时对内部控制的有效性发表意见时，应当略去上述"目的并非对内部控制的有效性发表意见"的表述。

3. 评价管理层选用会计政策的恰当性和作出会计估计及相关披露的合理性。

4. 对管理层使用持续经营假设的恰当性得出结论。同时，根据获取的审计证据，就可能导致对被审计单位持续经营能力产生重大疑虑的事项或情况是否存在重大不确定性得出结论。如果注册会计师得出结论认为存在重大不确定性，审计准则要求注册会计师在审计报告中提请报表使用者关注财务报表中的相关披露；如果披露不充分，注册会计师应当发表非无保留意见。注册会计师的结论基于截至审计报告日可获得的信息。然而，未来的事项或情况可能导致被审计单位不能持续经营。

5. 评价财务报表的总体列报（包括披露）、结构和内容，并评价财务报表是否公允反映相关交易和事项。

（三）当《中国注册会计师审计准则第1401号——对集团财务报表审计的特殊考虑》适用时，通过说明下列事项，进一步描述注册会计师在集团审计业务中的责任：

1. 注册会计师的责任是就集团中实体或业务活动的财务信息获取充分、适当的审计证据，以对合并财务报表发表审计意见；

2. 注册会计师负责指导、监督和执行集团审计；

3. 注册会计师对审计意见承担全部责任。

第三十九条 审计报告应当由项目合伙人和另一名负责该项目的注册会计师签名和盖章。

第四十二条 审计报告应当注明报告日期。审计报告日不应早于注册会计师获取充分、适当的审计证据，并在此基础上对财务报表形成审计意见的日期。

在确定审计报告日时，注册会计师应当确信已获取下列两方面的审计证据：

（一）构成整套财务报表的所有报表（含披露）已编制完成；

（二）被审计单位的董事会、管理层或类似机构已经认可其对财务报表负责。

《中国注册会计师审计准则第1502号——在审计报告中发表非无保留意见》（2010）

第八条 当存在下列情形之一时，注册会计师应当发表保留意见：

（一）在获取充分、适当的审计证据后，注册会计师认为错报单独或汇总起来对财务报表影响重大，但不具有广泛性；

（二）注册会计师无法获取充分、适当的审计证据以作为形成审计意见的基础，但认为未发现的错报（如存在）对财务报表可能产生的影响重大，但不具有广泛性。

第十条 如果无法获取充分、适当的审计证据以作为形成审计意见的基础，但认为未发现的错报（如存在）对财务报表可能产生的影响重大且具有广泛性，注册会计师应当发表无法表示意见。

第十二条 在承接审计业务后，如果注意到管理层对审计范围施加了限制，且认为这些限制可能导致对财务报表发表保留意见或无法表示意见，注册会计师应当要求管理层消除这些限制。

第十三条 如果管理层拒绝消除本准则第十二条提及的限制，除非治理层全部成员参与管理被审计单位，注册会计师应当就此事项与治理层沟通，并确定能否实施替代程序以获取充分、适当的审计证据。

第十四条 如果无法获取充分、适当的审计证据，注册会计师应当通过下列方式确定其影响：

（一）如果未发现的错报（如存在）可能对财务报表产生的影响重大，但不具有广泛性，注册会计师应当发表保留意见；

（二）如果未发现的错报（如存在）可能对财务报表产生的影响重大且具有广泛性，以至于发表保留意见不足以反映情况的严重性，注册会计师应当在可行时解除业务约定（除非法律法规禁止）；如果在出具审计报告之前解除业务约定被禁止或不可行，应当发表无法表示意见。

《中国注册会计师审计准则第1502号——在审计报告中发表非无保留意见》（2019）

第八条 当存在下列情形之一时，注册会计师应当发表保留意见：

（一）在获取充分、适当的审计证据后，注册会计师认为错报单独或汇总起来对财务报表影响重大，但不具有广泛性；

（二）注册会计师无法获取充分、适当的审计证据以作为形成审计意见的基础，但认为未发现的错报（如存在）对财务报表可能产生的影响重大，但不具有广泛性。

第十二条 在承接审计业务后，如果注意到管理层对审计范围施加了限制，且认为这些限制可能导致对财务报表发表保留意见或无法表示意见，注册会计师应当要求管理层消除这些限制。

第十三条 如果管理层拒绝消除本准则第十二条提及的限制，除非治理层全部成员参与管理被审计单位，注册会计师应当就此事项与治理层沟通，并确定能否实施替代程序以获取充分、适当的审计证据。

第十四条 如果无法获取充分、适当的审计证据，注册会计师应当通过下列方式确定其影响：

（一）如果未发现的错报（如存在）可能对财务报表产生的影响重大，但不具有广泛性，注册会计师应当发表保留意见；

（二）如果未发现的错报（如存在）可能对财务报表产生的影响重大且具有广泛性，以至于发表保留意见不足以反映情况的严重性，注册会计师应当在可行时解除业务约定（除非法律法规禁止）；如果在出具审计报告之前解除业务约定被禁止或不可行，应当发表无法表示意见。

第二十一条 如果因无法获取充分、适当的审计证据而导致发表非无保留意见，注册会计师应当在形成审计意见的基础部分说明无法获取审计证据的原因。

第三十一条 当拟在审计报告中发表非无保留意见时，注册会计师应当与治理层沟通导致拟发表非无保留意见的情况，以及拟使用的非无保留意见措辞。

《中国注册会计师审计准则第1502号——在审计报告中发表非无保留意见》（2019）

第八条 当存在下列情形之一时，注册会计师应当发表保留意见：

（一）在获取充分、适当的审计证据后，注册会计师认为错报单独或

汇总起来对财务报表影响重大,但不具有广泛性;

(二)注册会计师无法获取充分、适当的审计证据以作为形成审计意见的基础,但认为未发现的错报(如存在)对财务报表可能产生的影响重大,但不具有广泛性。

第十二条 在承接审计业务后,如果注意到管理层对审计范围施加了限制,且认为这些限制可能导致对财务报表发表保留意见或无法表示意见,注册会计师应当要求管理层消除这些限制。

第十三条 如果管理层拒绝消除本准则第十二条提及的限制,除非治理层全部成员参与管理被审计单位,注册会计师应当就此事项与治理层沟通,并确定能否实施替代程序以获取充分、适当的审计证据。

第十四条 如果无法获取充分、适当的审计证据,注册会计师应当通过下列方式确定其影响:

(一)如果未发现的错报(如存在)可能对财务报表产生的影响重大,但不具有广泛性,注册会计师应当发表保留意见;

(二)如果未发现的错报(如存在)可能对财务报表产生的影响重大且具有广泛性,以至于发表保留意见不足以反映情况的严重性,注册会计师应当在可行时解除业务约定(除非法律法规禁止);如果在出具审计报告之前解除业务约定被禁止或不可行,应当发表无法表示意见。

《中国注册会计师审计准则第1521号——注册会计师对其他信息的责任》(2016)

第十五条 注册会计师应当阅读其他信息。在阅读时,注册会计师应当:

(一)考虑其他信息和财务报表之间是否存在重大不一致。作为考虑的基础,注册会计师应当将其他信息中选取的金额或其他项目(这些金额或其他项目旨在与财务报表中的金额或其他项目相一致,或对其进行概括,或为其提供更详细的信息)与财务报表中的相应金额或其他项目进行比较,以评价其一致性;

（二）在已获取审计证据并已得出审计结论的背景下，考虑其他信息与注册会计师在审计中了解到的情况是否存在重大不一致。

《中国注册会计师审计准则第 1503 号——在审计报告中增加强调事项段和其他事项段》

第九条 如果认为有必要提醒财务报表使用者关注已在财务报表中列报，且根据职业判断认为对财务报表使用者理解财务报表至关重要的事项，在同时满足下列条件时，注册会计师应当在审计报告中增加强调事项段：

按照《中国注册会计师审计准则第 1502 号——在审计报告中发表非无保留意见》的规定，该事项不会导致注册会计师发表非无保留意见；

当《中国注册会计师审计准则第 1504 号——在审计报告中沟通关键审计事项》适用时，该事项未被确定为在审计报告中沟通的关键审计事项。

《中国注册会计师审计准则问题解答第 12 号——货币资金审计》

六、注册会计师在对其他货币资金实施审计程序时，需要特别关注哪些事项？

答：注册会计师在对其他货币资金实施审计程序时，通常可能需要特别关注以下事项：

1. 保证金存款的检查，检查开立银行承兑汇票的协议或银行授信审批文件。可以将保证金账户对账单与相应的交易进行核对，根据被审计单位应付票据的规模合理推断保证金数额。检查信用证的开立协议与保证金是否相符，检查保证金与相关债务的比例是否与合同约定一致，特别关注是否存在有保证金发生而被审计单位无对应保证事项的情形。

2. 对于存出投资款，跟踪资金流向，并获取董事会决议等批准文件、开户资料、授权操作资料等。如果投资于证券交易业务，通常结合相应金融资产项目审计，核对证券账户户名是否与被审计单位相符，获取证券公司证券交易结算资金账户的交易流水，抽查大额的资金收支，关注资金收支的账面记录与资金流水是否相符。

3. 因互联网支付留存于第三方支付平台的资金。了解是否开立支付宝、微信等第三方支付账户，如是，获取相关开户信息资料，了解其用途和使用情况，获取与第三方支付平台签订的协议，了解第三方平台使用流程等内部控制，比照验证银行存款或银行交易的方式对第三方平台支付账户函证交易发生额和余额（如可行）。获取第三方支付平台发生额及余额明细，并与账面记录进行核对，对大额交易考虑实施进一步的检查程序。

《质量控制准则第 5101 号——会计师事务所对执行财务报表审计和审阅、其他鉴证和相关服务业务实施的质量控制》（2010）

第三十一条　会计师事务所应当建立并保持质量控制制度。

质量控制制度包括针对下列要素而制定的政策和程序：

（一）对业务质量承担的领导责任；

（二）相关职业道德要求；

（三）客户关系和具体业务的接受与保持；

（四）人力资源；

（五）业务执行；

（六）监控。

第三十六条　会计师事务所应当制定政策和程序，以合理保证会计师事务所及其人员和其他受独立性要求约束的人员（包括网络事务所的人员），保持相关职业道德要求规定的独立性。

这些政策和程序应当使会计师事务所能够：

（一）向会计师事务所人员以及其他受独立性要求约束的人员传达独立性要求；

（二）识别和评价对独立性产生不利影响的情形，并采取适当的行动消除这些不利影响；或通过采取防范措施将其降至可接受的水平；或如果认为适当，在法律法规允许的情况下解除业务约定。

第三十七条 本准则第三十六条提及的政策和程序应当要求：

（一）项目合伙人向会计师事务所提供与客户委托业务相关的信息（包括服务范围），以使会计师事务所能够评价这些信息对保持独立性的总体影响；

（二）会计师事务所人员立即向会计师事务所报告对独立性产生不利影响的情形，以便会计师事务所采取适当行动；

（三）会计师事务所收集相关信息，并向适当人员传达。

会计师事务所应当向适当人员传达收集的相关信息，以便：

（一）会计师事务所及其人员能够容易地确定自身是否满足独立性要求；

（二）会计师事务所能够保持和更新与独立性相关的记录；

（三）会计师事务所能够针对识别出的、对独立性产生超出可接受水平的不利影响采取适当的行动。

第四十一条 会计师事务所应当制定有关客户关系和具体业务接受与保持的政策和程序，以合理保证只有在下列情况下，才能接受或保持客户关系和具体业务：

（一）能够胜任该项业务，并具有执行该项业务必要的素质、时间和资源；

（二）能够遵守相关职业道德要求；

（三）已考虑客户的诚信，没有信息表明客户缺乏诚信。

第四十四条 会计师事务所应当制定政策和程序，合理保证拥有足够的具有胜任能力和必要素质并承诺遵守职业道德要求的人员，以使：

（一）会计师事务所按照职业准则和适用的法律法规的规定执行业务；

（二）会计师事务所和项目合伙人能够出具适合具体情况的报告。

第四十六条 会计师事务所应当制定政策和程序，委派具有必要胜任能力和素质的适当人员，以便：

（一）按照职业准则和适用的法律法规的规定执行业务；

（二）会计师事务所和项目合伙人能够出具适合具体情况的报告。

第四十七条 会计师事务所应当制定政策和程序，以合理保证按照职业准则和适用的法律法规的规定执行业务，使会计师事务所和项目合伙人能够出具适合具体情况的报告。

这些政策和程序应当包括：

（一）与保持业务执行质量一致性相关的事项；

（二）监督责任；

（三）复核责任。

第四十八条 会计师事务所在安排复核工作时，应当由项目组内经验较多的人员复核经验较少的人员的工作。会计师事务所应当根据这一原则，确定有关复核责任的政策和程序。

第五十一条 会计师事务所应当制定政策和程序，以明确项目质量控制复核的性质、时间安排和范围。这些政策和程序应当要求，只有完成项目质量控制复核，才可以签署业务报告。

第五十二条 会计师事务所应当制定政策和程序，要求项目质量控制复核包括下列工作：

（一）就重大事项与项目合伙人进行讨论；

（二）复核财务报表或其他业务对象信息及拟出具的报告；

（三）复核选取的与项目组作出重大判断和得出的结论相关的业务工作底稿；

（四）评价在编制报告时得出的结论，并考虑拟出具报告的恰当性。

第六十三条 会计师事务所应当制定监控政策和程序，以合理保证与质量控制制度相关的政策和程序具有相关性和适当性，并正在有效运行。

监控过程应当包括：

（一）持续考虑和评价会计师事务所质量控制制度；

（二）要求委派一个或多个合伙人，或会计师事务所内部具有足够、适当的经验和权限的其他人员负责监控过程；

（三）要求执行业务或实施项目质量控制复核的人员不参与该项业务的检查工作。

持续考虑和评价会计师事务所质量控制制度应当包括：

（一）周期性地选取已完成的业务进行检查，周期最长不得超过三年；

（二）在每个周期内，对每个项目合伙人，至少检查一项已完成的业务。

《会计师事务所质量管理准则第 5102 号——项目质量复核》

第三十一条 会计师事务所应当制定政策和程序，要求项目质量复核人员负责就项目质量复核形成工作底稿。